本书是贵州大学中喀研究院"一流学科"2018年重大基础研究招标课题
（编号：GNYL[2017]002）资助的研究成果

IAD框架下贵州省
精准扶贫的地方经验

杨志军　伍国勇　◎著

西南交通大学出版社

·成　都·

图书在版编目（CIP）数据

IAD 框架下贵州省精准扶贫的地方经验 / 杨志军，伍国勇著. —成都：西南交通大学出版社，2023.1

ISBN 978-7-5643-9067-9

Ⅰ. ①I… Ⅱ. ①杨… ②伍… Ⅲ. ①扶贫 – 案例 – 贵州 Ⅳ. ①F127.73

中国版本图书馆 CIP 数据核字（2022）第 246447 号

IAD Kuangjia Xia Guizhou Sheng Jingzhun Fupin de Difang Jingyan
IAD 框架下贵州省精准扶贫的地方经验

杨志军　伍国勇　著

责任编辑	郭发仔
封面设计	吴　兵

出版发行	西南交通大学出版社 （四川省成都市金牛区二环路北一段 111 号 　西南交通大学创新大厦 21 楼）
邮政编码	610031
发行部电话	028-87600564　　028-87600533
网址	http://www.xnjdcbs.com
印刷	成都中永印务有限责任公司

成品尺寸	170 mm × 230 mm
印张	13
字数	232 千
版次	2023 年 1 月第 1 版
印次	2023 年 1 月第 1 次
书号	ISBN 978-7-5643-9067-9
定价	52.00 元

图书如有印装质量问题　本社负责退换
版权所有　盗版必究　举报电话：028-87600562

目录

- **1 贵州精准扶贫多元共治模式的提出**
  - 1.1 经济学视角下精准扶贫相关研究 ······ 001
  - 1.2 社会学视角下精准扶贫相关研究 ······ 003
  - 1.3 民族学视角下精准扶贫相关研究 ······ 004
  - 1.4 公共管理学视角下精准扶贫相关研究 ······ 006
  - 1.5 精准扶贫多元共治模式研究 ······ 008
  - 1.6 中央关于精准扶贫"多元共治"相关政策 ······ 010
  - 1.7 文献总结与述评 ······ 011

- **2 IAD框架研究内容及其应用领域**
  - 2.1 IAD框架内涵介绍 ······ 014
  - 2.2 IAD框架应用领域 ······ 018
  - 2.3 IAD框架文献述评 ······ 022
  - 2.4 IAD框架解释精准扶贫行为的优势 ······ 023

- **3 贵州精准扶贫多元共治模式的政策内容**
  - 3.1 内容分析法概述 ······ 028
  - 3.2 内容分析法下政策文本量化分析 ······ 030
  - 3.3 政策文本量化分析的启示 ······ 052

- **4 贵州精准扶贫多元共治模式的形成过程**
  - 4.1 IAD框架下精准扶贫的外部变量 ······ 053
  - 4.2 IAD框架下精准扶贫的行动舞台 ······ 059
  - 4.3 IAD框架下贵州省精准扶贫的相互作用模式 ······ 063

  4.4 IAD 框架下贵州省精准扶贫的评价准则 …………………… 070

  4.5 IAD 框架下贵州省精准扶贫的成效结果 …………………… 073

5 贵州精准扶贫多元共治模式的影响因素

  5.1 Logistic 回归方法基本介绍 ………………………………… 078

  5.2 Logistic 回归方法的操作过程 ……………………………… 081

  5.3 Logistic 回归方法的运用领域 ……………………………… 082

  5.4 建立贵州精准扶贫多元共治指标体系 ……………………… 086

  5.5 精准扶贫多元共治模式检验 ………………………………… 089

  5.6 贵州精准扶贫多元共治模式的实证结果 …………………… 094

6 贵州精准扶贫多元共治模式的类型比较

  6.1 贵州精准扶贫多元共治主要模式 …………………………… 100

  6.2 产业扶贫作为贵州精准扶贫多元共治的关键举措 ………… 102

  6.3 贵州精准扶贫多元共治模式的要素 ………………………… 104

  6.4 贵州精准扶贫多元共治相互作用模式及其结果 …………… 115

7 贵州精准扶贫多元共治模式的地方样本

  7.1 实业兴村示范提供产业扶贫模板 …………………………… 118

  7.2 企业包县做法注入精准扶贫动力 …………………………… 119

  7.3 "五融五帮"措施增加贫困农户收入 ……………………… 120

  7.4 "三带"实践树立造血扶贫榜样 …………………………… 122

  7.5 "1+5"做法开创扶贫搬迁新格局 ………………………… 123

  7.6 多种合作模式促进旅游发展 ………………………………… 124

  7.7 利益建设机制保障旅游扶贫效果 …………………………… 125

  7.8 学生资助体系保证教育扶贫普惠 …………………………… 127

  7.9 教学改革办法提升教育扶贫质量 …………………………… 128

  7.10 苗侗医药产业深化健康扶贫要素 ………………………… 129

  7.11 医疗救助体系满足健康扶贫需求 ………………………… 130

  7.12 有机农产品构筑扶贫特色高地 …………………………… 131

8 贵州精准扶贫多元共治模式的经验总结

  8.1 战略协同经验 ………………………………………………… 133

- 8.2 组织协同经验 …………………………………… 134
- 8.3 政策协同经验 …………………………………… 136
- 8.4 社会协同经验 …………………………………… 138
- 8.5 资金协同经验 …………………………………… 140
- 8.6 宣传协同经验 …………………………………… 142
- 8.7 技术协同经验 …………………………………… 144
- 8.8 帮扶协同经验 …………………………………… 145

- **9 贵州精准扶贫多元共治模式的改进措施**
  - 9.1 问题与不足 …………………………………… 147
  - 9.2 具体措施 ……………………………………… 152

- **10 余 论**
  - 10.1 扶贫先扶志是贵州精准扶贫多元共治的战略支撑 …… 161
  - 10.2 多元共治大扶贫：谱写贵州反贫困历史新篇章 …… 163

参考文献 ……………………………………………… 168

附录1 IAD框架下贵州精准扶贫多元共治模式调查问卷 …… 175

附录2 IAD框架下贵州精准扶贫多元共治模式访谈资料 …… 179

附录3 《贵州省大扶贫条例》 ………………………… 186

1 贵州精准扶贫多元共治模式的提出

2012年年底,习近平总书记到河北阜平革命老区考察扶贫,强调"小康不小康,关键看老乡";2013年11月,习近平总书记在湖南花垣县十八洞村考察,首次提出"精准扶贫",指明了新时期脱贫攻坚方向。2021年2月25日,习近平总书记在全国脱贫攻坚总结表彰大会上的讲话中向全世界庄严宣告,经过全党全国各族人民的共同努力,在迎来中国共产党成立一百周年的重要时刻,我国脱贫攻坚战取得了全面胜利,现行标准下9899万农村贫困人口全部脱贫,832个贫困县全部摘帽,12.8万个贫困村全部出列,区域性整体贫困得到解决,完成了消除绝对贫困的艰巨任务,创造了又一个彪炳史册的人间奇迹!精准扶贫战略作为打赢脱贫攻坚战的关键一招,在彻底打赢脱贫攻坚战、全面建成小康社会之际,我们需要聚焦地方各级党委和政府在推动精准扶贫、精准脱贫战略的实施上,到底积累和形成了哪些经验模式?这些经验模式是否可以予以科学概况、提炼和推广?基于此,我们把目光放在脱贫攻坚的"省级样板"——贵州,将贵州省精准扶贫经验概括为一种"多元共治"模式,这种模式重在政府、社会和市场之间共同发力、协同推进。对此模式进行深入分析和总结,不仅有利于巩固脱贫攻坚成果,对可持续防贫和阻断返贫机制具有重要意义,而且还有利于推动脱贫攻坚与乡村振兴之间的有效衔接,有助于地方政府治理的一致性和连续性。下面首先从经济学、社会学、民族学和公共管理学的视角对精准扶贫相关研究进行文献扫描,然后从精准扶贫多元共治模式进行文献总结,最后对中央关于精准扶贫"多元共治"模式的相关政策进行梳理。

1.1 经济学视角下精准扶贫相关研究

关于精准扶贫研究中的经济领域,牛胜强指出,产业扶贫是精准扶贫推进过程中的新趋势,企业力量的加入有助于提高贫困治理效率。[①]从农户自身

---

① 牛胜强. 乡村振兴背景下深度贫困地区产业扶贫困境及发展思路[J]. 理论月刊, 2019(10): 124-131.

积累资本方面来看,农户几乎没有剩余资金进行农业资本投资;就银行信贷资金而言,信贷资金很难获取且资金有限,直接造成接连不断的特殊贫困地区的贫困和落后。①在扶贫资金主要来自转移支付的财政支持体制下,扶贫领域在客观上存在一些问题,如欺诈性使用扶贫资金,扶贫项目管理不规范,扶贫资金使用效率低下,导致贫困户无法参与分享扶贫利益、产业扶贫目标偏离等扶贫顽疾出现,这些对政策的顺利实施有一定负面影响。②经济扶贫作为精准扶贫的主要手段之一,对政策绩效有着直接的影响。辜胜阻等人指出,在中国扶贫开发过程中,财政投入不足、贫困人口识别不精准、产业及金融扶贫等"造血"式扶贫收效甚微等问题制约了贫困地区的进一步发展,应高效利用产业扶贫和金融扶贫,增加扶贫资金的投入,加大对产业扶贫的投入和整合,着力发展贫困地区特色产业。③

为实现扶贫的可持续,需要转变贫困地区农村经济发展模式。李春明认为必须要注重投融资体制改革创新,拓宽扶贫投入渠道,完善信贷扶贫投入机制,加大财政资金投入,提高贫困地区和贫困家庭的信贷准入率;通过农村土地承包经营权、村民住房产权、集体建设用地使用权、林权抵押等相关改革,增加贫困户资产收益。④陈银娥等人指出,要提高普惠金融发展助推精准脱贫的效率,"必须整合农业政策性金融职能定位;深化农业政策性金融机构改革;加快农村贫困地区普惠金融生态环境建设;建立健全贫困农户信用和经济档案"⑤。李伟和周才云认为金融经济社会的发展有重大推动作用,是消除贫困、实现共同富裕的关键要素。惠普金融和精准扶贫有很高的契合度,但惠普金融在政策环境的优化、专业人才的加强、信贷资金的拓宽、激励机制的完善等方面还需改进。⑥蔡则祥等人指出,金融促进经济发展,提高国民收入水平,完善收入分配机制,有利于缓解绝对贫困和相对贫困。金融发展可以通过改善宏观经济环境和市场运作,为弱势群体创造更多就业

---

① 赵曦,赵朋飞.我国农村精准扶贫机制构建研究[J].经济纵横,2016(7):58-63.
② 高帅,毕洁颖.农村人口动态多维贫困:状态持续与转变[J].中国人口·资源与环境,2016(2):76-83.
③ 辜胜阻,李睿,杨艺贤,庄芹芹.推进"十三五"脱贫攻坚的对策思考[J].财政研究,2016(2):7-16.
④ 李春明.精准扶贫的经济学思考[J].理论月刊,2015(11):5-8.
⑤ 陈银娥,尹湘.普惠金融发展助推精准脱贫效率研究——基于中国贫困地区精准脱贫的实证分析[J].福建论坛(人文社会科学版),2019(10):190-200.
⑥ 周才云,李伟.普惠金融助力精准扶贫的适应性、瓶颈制约与创新路径[J].理论探索,2017(6):95-99.

机会和投资人力资本，帮助他们间接摆脱贫困，有利于精准扶贫脱贫目标的进一步实现。[1]

1.2 社会学视角下精准扶贫相关研究

自然环境及其相应条件对该地区农民的收入和生活水平有很大影响。贫困地区多为丘陵地带、山区，耕地等生产资料缺乏，交通不畅，通信渗透率低，水利基础设施薄弱，这些对当地经济发展有重大影响。[2]从社会责任视角来看，很多企业会有扶贫行为，精准扶贫行为的主要影响因素是公司业绩、公司规模和国有产权，并且企业对精准扶贫的投入强度与公司业绩、公司规模成正比。[3]有学者从国家与社会关系的视角，研究政府与公民对公共生活的合作程度，以乡村振兴战略为背景，对乡村治理模式发生的变迁路径以及演化逻辑进行阐释。[4]侯斌认为影响精准扶贫政策绩效在社会领域的因素主要包括国家推行的养老保险和医疗保险所带来的社会福利等。[5]

社会文化也是精准扶贫中一个不可忽视的因素，社会文化的发展存在于精准扶贫的发展格局之中，能够为精准扶贫工作的深入推进提供源源不断的精神动力。[6]社会工作与精准扶贫之间高度契合，其最终目的都是对困难群体进行一定的帮扶。扶贫不只是需要在经济、基础设施、生活条件上对群众进行帮扶，更需要软性条件的变化，将扶志、扶智放在扶贫战略位置上。而社会文化是扶志的一项重要内容。社会主义价值观、现代市场文化体系和现代国家文化理念等在内的一整套文化观念的发展对精准扶贫内在体制的构建、完善方面有很大作用。挖掘本土文化也是非常重要的一方面。可以通过对这些传统文化的挖掘和推广，在贫困地区建立起积极的文化体系，在村民中塑造良好家风和村风。[7]从社会工作与精准扶贫关系的视角分析，社会工作是精

---

[1] 蔡则祥，杨雯. 普惠金融与金融扶贫关系的理论研究[J]. 经济问题，2019（10）：26-31.
[2] 刘道平. 制约农村贫困群体进入全面小康的因素及对策[J]. 农村经济，2015（7）：55-59.
[3] 杜世风，石恒贵，张依群. 中国上市公司精准扶贫行为的影响因素研究——基于社会责任的视角[J]. 财政研究，2019（2）：104-115.
[4] 曾庆捷. 乡村中的国家与社会关系：理论范式与实践[J]. 南开学报（哲学社会科学版），2018（3）：47-56.
[5] 侯斌. 精准扶贫背景下家庭支持、社会支持对城乡贫困老年人口脱贫的影响[J]. 四川理工学院学报（社会科学版），2019（2）：38-55.
[6] 王晓晖. 民族地区精准扶贫与社会文化基础[J]. 北方民族大学学报（哲学社会科学版），2017（3）：36-39.
[7] 刘升. 政策边缘人：理解基层政策执行难的一个视角——以精准扶贫中的"争贫"为例[J]. 华中农业大学学报（社会科学版），2019（4）：115-122.

准扶贫社会参与机制的催化剂，能够推进精准扶贫工作由问题型向发展型转变，并且有助于提升脱贫能力与可持续性。社会工作参与精确扶贫有助于构建政府主导政策方向和社会组织积极参与的新模式，有利于解决扶贫目标内在动力不足、社会力量参与不足等问题。[1]左停等人认为，在当前农村扶贫阶段，贫困人口的社会和生理因素是贫困的，因此加强社会保障、社会权利救济、社会保障等是非常必要的。除此之外，还需重视多主体的反贫困协作治理框架构建的问题。[2]

侯斌从社会层面给出了以下四个建议：一是根据人口老龄化和精准脱贫的现实，树立积极的助老理念。二是完善家庭养老和社会养老方式，提升社会保障水平。三是整合社会资源，通过社会力量介入缓解老年贫困。四是明确综合的扶贫理念，为贫困老年人口精准施策。[3]唐顺利认为，社会主要矛盾变化是提升精准扶贫实效性的前提条件。人民群众物质文化需求量已经发生了质的变化，但由于各地区位、资源、基础设施、劳动力供给及发展软环境等层面的差异，区域经济发展、城乡发展不平衡问题仍然比较突出。[4]卫志民等人指出，社会救助制度是社会保障体系的一部分，主要向生活困难的贫困人群提供实质性的帮助，具有法定性、稳定性、持续性和广泛性。应当把社会救助当作基础性的反贫困政策，以使贫困人口绝对减少。[5]

1.3 民族学视角下精准扶贫相关研究

在民族学领域，关于精准扶贫的研究，有学者指出，某些政策优惠和资金支持在一些少数民族地区的边际效用可能会变小，导致政策支持不能够完全发挥其效用。[6]这些群体包含自治县。国家对少数民族区县有一系列政策倾斜，由于边际效应递减，相同政策优惠的边际效用和财政支持在这些地区可能会减少。导致部分少数民族地区贫困的原因是多维度的，其中包括自然环

---

[1] 金昱彤. 社会工作参与精准扶贫：从救助个案到改变系统[J]. 甘肃社会科学，2017（6）：165-170.

[2] 左停，赵梦媛，金菁. 路径、机理与创新：社会保障促进精准扶贫的政策分析[J]. 华中农业大学学报（社会科学版），2018（1）：1-12.

[3] 侯斌. 精准扶贫背景下家庭支持、社会支持对城乡贫困老年人口脱贫的影响[J]. 四川理工学院学报（社会科学版），2019（2）：38-55.

[4] 唐顺利. 新时代精准扶贫要紧扣社会主要矛盾变化[J]. 人民论坛，2019（18）：60-61.

[5] 卫志民，于松浩，张迪. 政策群视域下的扶贫政策体系研究：演化过程、政策衔接与路径优化[J]. 江苏行政学院学报，2019（1）：36-43.

[6] 张国建，佟孟华，李慧，陈飞. 扶贫改革试验区的经济增长效应及政策有效性评估[J]. 中国工业经济，2019（8）：136-154.

境恶劣，区位封闭，带来物质贫困；市场化水平低，导致收入贫困；生活方式落后，影响财富积累，导致能力贫困；思想观念封闭，导致精神贫困；教育医疗资源短缺，导致人力资本匮乏。①范莉娜等人指出，旅游已成为许多民族传统村落脱贫的重要手段。因此，有必要在乡村居民的旅游支持行为中加强培养，提高他们的服务技能、专业水平和对传统文化的了解。同时，还应努力增强村民的文化自信和民族认同感。②李榛指出，少数民族地区在金融扶贫方面有亟待解决的问题：少数民族地区金融扶贫研究队伍急需扩大；金融精准扶贫及风险防控机制研究需要加强；金融扶贫研究的整体性和系统性需要深化；金融扶贫法治保障、脱贫稳贫机制需要强化。③我国深度贫困问题主要集中在民族地区，民族地区深度贫困主要表现为贫困发生率高、脆弱性程度高、返贫风险高，文化差异是根本因素。民族地区扶贫面临资源变现难度大、扶贫资金使用效率低和基层扶贫队伍服务能力有限，且对基本公共服务关注不够等困境。深度贫困民族地区高标准扶贫可能会产生"福利陷阱"，容易导致"农户脱贫内生动力不足"。④

在少数民族地区实施精准扶贫的最终目标是减少贫困人口，而关键在于使这些地区拥有自我发展和自我造血能力，因而需要通过有效的减贫资源和减贫途径，从根本上使少数民族地区的人口摆脱贫困。确保经济和社会发展以及少数民族地区人民生活水平的提高，调整少数民族地区的经济结构，培育富裕产业，发展特色产业，培育新的经济生产点，是少数民族地区精准扶贫的核心。⑤为强化少数民族地区的文化内涵，需要抓住文化精准扶贫政策的着力点、汇聚多元主体协同的系统发展合力，从而在文化产业层面凝神聚力，以精准驱动激发文化精准扶贫的内生力与原动力。通过文化精准扶贫，培育共同的情感、价值、理想、精神，最终实现少数民族群众对精准扶贫政策的认同，进而实现对中国特色社会主义道路、理论、制度、文化的认同。⑥张丽君等人指出，在现有扶贫政策体系基础上，进一步强化民族地区社会文明建

---

① 张跃平，徐凯. 深度贫困民族地区贫困特征及"扶志"与"扶智"的耦合机制建设——基于四川甘孜、凉山两州的调研思考[J]. 中南民族大学学报（人文社会科学版），2019（5）：149-153.
② 范莉娜，董强，吴茂英. 精准扶贫战略下民族传统村落居民旅游支持中的特性剖析——基于黔东南三个侗寨的实证研究[J]. 贵州民族研究，2019（8）：109-117.
③ 李榛. 少数民族地区金融扶贫问题研究[J]. 贵州民族研究，2019（5）：49-55.
④ 张丽君，罗玲，吴本健. 民族地区深度贫困治理：内涵、特征与策略[J]. 北方民族大学学报（哲学社会科学版），2019（1）：18-23.
⑤ 贾毅. 基于精准脱贫视角的民族地区脱贫路径研究——以东乡族自治县为例[J]. 兰州学刊，2018（12）：149-157.
⑥ 周明星. 新时代广西少数民族地区文化精准扶贫研究[J]. 广西民族研究，2019（2）：130-138.

设，并且针对特殊贫困群体采取差异化扶贫措施，以提高公共服务供给水平和构建合理的扶贫标准。①

鉴于少数民族地区具有的特殊性，贫困群体的救助是全方位的，同时也是一个长期的过程。因为少数民族的地区性社会结构转型是一个漫长的过程，在这个过程中需要政治、经济、文化、教育等各个方面的共同支撑和促进。②民族地区的深度贫困不仅由外在因素构成，内因也在很大程度上产生制约。邢成举等人指出，在深度贫困地区与贫困作斗争，需要着重突破不利于消除贫困的结构性制约因素，其重点是突破在地方文化、消费观念层面形成的障碍。为了解决家庭观念和社会结构的结构性制约，需要刺激贫困个人及其家庭的发展，真正实现内生发展。③张同认为，对于少数民族不同地区来说，民族关系的构建问题是打破脱贫攻坚阻滞的重点，因而需要重视民族关系的建设和多民族关系的整合。此外，通过产业链的相互依存，可以促进不同民族之间的信任，从而形成一种相互信任、互利共赢的民族关系新格局。④

1.4 公共管理学视角下精准扶贫相关研究

2013年首次提出精准扶贫概念后，2013年年底在全国范围内实施精准扶贫战略，各级党委和政府是推动和执行精准扶贫战略的主体。公共管理学视角侧重分析广义的政府治理主体开展精准扶贫战略的政策决策和执行以及行动改进等。郭春甫和薛倩雯指出，扶贫政策执行中的形式主义影响脱贫攻坚的成效。扶贫政策执行的过程中出现"不作为"现象的主要原因是：政策目标的内在限制性与调整不兼容性、执行机构合力不足与"避责"外显、执行资源供需失衡与利用低效、执行人员权力能力式微与"趋利避害"心理、执行自然环境恶劣与"夹心层"压力。⑤

各级政府部门的行动能力始终是关注的焦点。扶贫过程中存在许多亟须解决的问题："一是精准扶贫的多层次政策输送系统出现误差；二是扶贫行动

---

① 张丽君，罗玲，吴本健. 民族地区深度贫困治理：内涵、特征与策略[J]. 北方民族大学学报（哲学社会科学版），2019（1）：18-23.
② 张继焦，刘佳丽. 民族地区的社会结构及其转型——以广东省连南瑶族自治县为例[J]. 黔南民族师范学院学报，2018（1）：1-8.
③ 邢成举，李小云，张世勇. 转型贫困视角下的深度贫困问题研究——以少数民族深度贫困村为例[J]. 民族研究，2019（2）：52-63.
④ 张同. 多民族杂居地区脱贫攻坚的阻滞问题及化解[J]. 甘肃社会科学，2018（6）：183-188.
⑤ 郭春甫，薛倩雯. 扶贫政策执行中的形式主义：类型特征、影响因素及治理策略[J]. 理论与改革，2019（5）：140-152.

整体机制与资源体系破碎;三是政策执行误差和目标错位。"①章亮明和万长威从识别对象的不精确、识别程序的不透明、扶贫资源分配不均衡三个方面来阐释精准扶贫过程中存在的问题。②我国传统农村扶贫机制设计的主要不足之处是:"扶贫对象不精准、扶贫资源投入不集中、管理监督评价体系不健全、扶贫激励约束机制以及社会主体参与机制不完善等。"③刘国斌和马嘉爽在我国传统扶贫开发机制存在的问题的基础上补充了两点,分别是贫困退出机制不合理以及扶贫开发管理体制不完备。④

精准扶贫政策的实施内容十分繁杂,在落实该政策的过程中需要投入大量的人力、物力和社会资源。在各项资源具备的前提下,政策执行是非常关键的一步,执行是否到位直接关乎政策的效果。在公共管理领域的研究中,强化政策执行过程的手段有很多。首先是进行横向部门间共治,横向部门间文化与价值的认同和政策要服务于公共利益;其次是地方部门利益协调,要合理规划部门间的职能,建立健全协调机制,以法制的形式在各部门进行沟通。⑤为了进一步提升政策效率,应当把新型城镇化与贫困地区基础设施完善有机结合起来,塑造一种新型城乡关系;全面落实精准扶贫,实施精神帮扶。⑥为了使精准扶贫利益最大化,应切合各地实际情况,根据地域差异,强化和完善精准扶贫对象识别、扶贫标准、扶贫方式、扶贫形式等关键问题的理论和实践研究。⑦

贫困地区的人口能力提升机制也是增强政策绩效的途径之一,应加快完善教育扶贫机制、建立健全贫困人口利益表达机制和参与机制、创新能力提升的扶贫资源统筹整合机制、着力完善非政府组织的参与机制、探索建立人力资本投资的长效机制。⑧刘道平认为:"扶贫工作的全面展开,在思想上需要坚守精准扶贫的战略要求;在精准扶贫的实施内容方面,需要更加注重细

---

① 金昱彤. 社会工作参与精准扶贫:从救助个案到改变系统[J]. 甘肃社会科学,2017(6):165-170.
② 章亮明,万长威. 当前扶贫攻坚中维护稳定的法律建构[J]. 江西社会科学,2017(4):199-205.
③ 赵曦,赵朋飞. 我国农村精准扶贫机制构建研究[J]. 经济纵横,2016(7):58-63.
④ 刘国斌,马嘉爽. 脱贫攻坚体制机制创新研究[J]. 商业研究,2018(6):1-6.
⑤ 郭春甫,薛倩雯. 扶贫政策执行中的形式主义:类型特征、影响因素及治理策略[J]. 理论与改革,2019(5):140-152.
⑥ 田丰韶. 从体制区隔走向协同治理:兰考精准脱贫的实践与思考[J]. 中国农业大学学报(社会科学版),2017,(5):61-69.
⑦ 刘春腊,黄嘉钦,龚娟,谢炳庚. 中国精准扶贫的省域差异及影响因素[J]. 地理科学,2018(7):1098-1106.
⑧ 宋媛,张源洁,胡晶. 云南"直过民族"聚居区贫困人口能力提升机制研究[J]. 云南社会科学,2019(4):111-117.

节、讲求实效，摒弃过去粗放式简单化的扶贫路线。"①为了提高精准扶贫工作效率，需要因地制宜提出与之适应的扶贫政策。孙菲和王文举认为："首先，要加大对贫困地区农村基础设施的投入，改善和提高生产和生活水平；其次，要加大对贫困地区教育和就业的支持力度；最后，要完善保障政策和措施，重视后期的跟进和效益工作。"②

1.5 精准扶贫多元共治模式研究

贫困问题具有多样性、复杂性和社会性，仅靠一种力量、一种机制来解决是难以奏效的，应充分发挥社会多方力量，运用多种不同机制。因此，培育和发展非营利性社会组织，鼓励非营利性社会组织进入农村，是创建有效的外生性、准确性扶贫机制的重要途径。③夏一璞在精准扶贫背景下多元主体协作模式的研究中指出："在精准扶贫的顶层设计下，中国实施了多主体参与合作扶贫的运行机制，按照扶贫的原则，构建了政府、企业、社会、农民相互依存、互动的系统工程。以发展为目标，共建共享，走出一条有中国特色的扶贫之路。"④代鑫等人认为政府的主导以及参与群体的积极主动配合是其成功的共性，其中"政府主导+多元主体主动参与"这一模式对我国扶贫事业的发展有着事半功倍的效果。⑤

在农户意愿及参与度方面，不同类型贫困户的搬迁意愿以及扶贫效果不同，专业大户等高收入农民搬迁意愿更强。⑥李伟民和薛启航从三个方面给出了建议与对策：一是完善扶贫补贴激励机制，二是重视对合作社扶贫的监督检查，三是保障拓宽贫困小农成长道路。⑦邵苗苗认为，新时期应形成政府、企业、社会组织协同推进的脱贫格局，首先需要构建"以村民为中心，多元主体参与"扶贫格局；其次是构建精准扶贫多元主体协调机制；最后是完善

---

① 刘道平. 制约农村贫困群体进入全面小康的因素及对策[J]. 农村经济, 2015（7）: 55-59.
② 孙菲, 王文举. 中国农村贫困成因区域差异性研究[J]. 贵州民族研究, 2017（6）: 25-29.
③ 陆益龙. 打好"三大攻坚战"——"精准脱贫机制创新"系列笔谈之三精准有效社会扶贫机制的构建路径[J]. 改革, 2017（10）: 58-61.
④ 夏一璞. 论精准扶贫中多元主体协同运行机制[J]. 经济研究参考, 2018（37）: 72-77.
⑤ 代鑫, 张春颜. 精准扶贫中多元主体"主观能动性"的发挥——日、韩经验与启示[J]. 未来与发展, 2019,（7）: 33-38.
⑥ 金梅, 申云. 易地扶贫搬迁模式与农户生计资本变动——基于准实验的政策评估[J]. 广东财经大学学报, 2017（5）: 70-81.
⑦ 李伟民, 薛启航. 新型农业经营主体参与精准扶贫的优势与困境: 基于多元主体视角[J]. 农村经济, 2019（3）: 73-79.

精准扶贫多元主体评估反馈机制。①王文彬和徐顽强指出，党和各级政府、村级组织、广大民众和社会组织是扶贫的多元主体体系，并且各要素在此基础上形成了多元主体自觉的高度聚合。党主动承担扶贫的领导任务，各级政府能够不断强化扶贫工作的统筹工作，村级组织自觉承接扶贫工作，广大农民积极主动参与脱贫，以及社会力量持续壮大并援助扶贫。②

为了扶贫工作的长远发展，汪三贵从多元主体参与视角给出意见，认为政府应该提供扶贫资金，资金的进一步使用和具体的管理应当主要由专业的民间机构和农民自身负责。③深化反贫困斗争需要发挥政府、企业、社会组织、大众等多元主体的合力，通过共同努力和共同治理实现新的减贫模式。在精准扶贫的整个过程中，政府应发挥总体规划的作用，领导全局。企业应主动发展扶贫产业，承担相应的社会责任。社会组织要进行精细管理，提供精准的扶贫服务。公众应提供多方面的帮助，以帮助贫困人口。贫困人口应从决心、增强智力和互动开始，以培养内生的发展动力。④刘春腊等人认为，建立外部多维减贫与内部自我扶贫之间的良性互动机制，对于进一步发展精准扶贫具有重要意义，因此政府应发挥主导作用。同时，要增加企业、非政府组织和个人参与扶贫工作，积极引导和促进公众参与，促进内外共同努力。⑤

在精准扶贫中充分发挥市场机制的作用，有利于提高贫困地区参与市场运行的积极性与竞争力，发展贫困地区生产力水平以及提高贫困地区生产者的能力与素质。⑥合作和参与等治理理念是多元主体参与模式的思想基础，在此过程中，应充分调动政府、社会组织、企业和扶贫对象等主体多元共治，强化三者之间的联系，最大限度减少政府、企业和农户在精准扶贫过程中的分歧，提高扶贫效率。⑦

---

① 邵苗苗. 乡村振兴背景下多元主体协同助推精准扶贫路径分析——以潍坊市为例[J]. 时代金融，2019（23）：43-44.
② 王文彬，徐顽强. 脱贫攻坚实践与进路：一个主体自觉分析框架[J]. 甘肃社会科学，2019（3）：137-143.
③ 汪三贵. 扶贫体制改革的未来方向[J]. 人民论坛，2011（36）：36-37.
④ 刘琼莲. 脱贫攻坚需多元主体"同频共振"[J]. 人民论坛，2018（21）：38-40.
⑤ 刘春腊，黄嘉钦，龚娟，谢炳庚. 中国精准扶贫的省域差异及影响因素[J]. 地理科学，2018（7）：1098-1106.
⑥ 宋媛，张源洁，胡晶. 云南"直过民族"聚居区贫困人口能力提升机制研究[J]. 云南社会科学，2019（4）：111-117.
⑦ 沈菊. 农村精准扶贫多元主体协同机制研究[J]. 沈阳农业大学学报（社会科学版），2017（3）：264-268.

1.6 中央关于精准扶贫"多元共治"相关政策

精准扶贫"多元共治"模式在实践中与"大扶贫"开发格局相联结,在思想和理论上与中央政策特别是与习近平总书记的多次论述息息相关。

2013年12月18日,中共中央办公厅、国务院办公厅联合印发《关于创新机制扎实推进农村扶贫开发工作的意见》(中办发〔2013〕25号),指出消除贫困,改善民生,实现共同富裕,是社会主义的本质要求。当前和今后一个时期,扶贫开发工作要进一步解放思想,开拓思路,深化改革,创新机制,使市场在资源配置中起决定性作用和更好发挥政府作用,更加广泛、更为有效地动员社会力量,构建政府、市场、社会协同推进的大扶贫开发格局,在全国范围内整合配置扶贫开发资源,形成扶贫开发合力。

2014年12月4日,国务院办公厅印发《关于进一步动员社会各方面力量参与扶贫开发的意见》(国办发〔2014〕58号),提出广泛动员全社会力量共同参与扶贫开发,是我国扶贫开发事业的成功经验,是中国特色扶贫开发道路的重要特征。要大力弘扬社会主义核心价值观,大兴友善互助、守望相助的社会风尚,创新完善人人皆愿为、人人皆可为、人人皆能为的社会扶贫参与机制,形成政府、市场、社会协同推进的大扶贫格局。

2015年6月18日,习近平总书记在贵州召开的部分省区市党委主要负责同志座谈会上强调,扶贫开发是全党全社会的共同责任,要动员和凝聚全社会力量广泛参与。要坚持专项扶贫、行业扶贫、社会扶贫等多方力量、多种举措有机结合和互为支撑的"三位一体"大扶贫格局,健全东西部协作、党政机关定点扶贫机制,广泛调动社会各界参与扶贫开发积极性。

2015年10月16日,"2015减贫与发展高层论坛"在北京人民大会堂举行。国家主席习近平出席论坛并发表题为《携手消除贫困 促进共同发展》的主旨演讲,他指出,我们坚持动员全社会参与,发挥中国制度优势,构建了政府、社会、市场协同推进的大扶贫格局,形成了跨地区、跨部门、跨单位、全社会共同参与的多元主体的社会扶贫体系。

2015年11月29日,中共中央、国务院作出《关于打赢脱贫攻坚战的决定》,指出打赢脱贫攻坚战,是促进全体人民共享改革发展成果、实现共同富裕的重大举措,是体现中国特色社会主义制度优越性的重要标志,也是经济发展新常态下扩大国内需求、促进经济增长的重要途径。坚持政府主导,增强社会合力。强化政府责任,引领市场、社会协同发力,鼓励先富帮后富,构建专项扶贫、行业扶贫、社会扶贫互为补充的大扶贫格局。

2017年10月18日至24日，中国共产党第十九次全国代表大会在北京召开。习近平总书记在大会上提出：要动员全党全国全社会力量，坚持精准扶贫、精准脱贫，坚持中央统筹、省负总责、市县抓落实的工作机制，强化党政一把手负总责的责任制，坚持大扶贫格局，注重扶贫同扶志、扶智相结合，深入实施东西部扶贫协作，重点攻克深度贫困地区脱贫任务，确保到2020年我国现行标准下农村贫困人口实现脱贫，贫困县全部摘帽，解决区域性整体贫困，做到脱真贫、真脱贫。

中国是全球最早实现千年发展目标中减贫目标的发展中国家，为全球减贫事业作出了重大贡献。党的十八大以来，习近平总书记站在全面建成小康社会、实现中华民族伟大复兴中国梦的战略高度，把脱贫攻坚摆到治国理政突出位置，提出一系列新思想新观点，作出一系列新决策新部署，推动中国减贫事业取得巨大成就，对世界减贫进程作出了重大贡献。为打赢脱贫攻坚战，习近平总书记亲自谋划、亲自部署、亲自推动。8年来，习近平总书记先后7次主持召开中央扶贫工作座谈会，50多次实地调研扶贫工作，走遍14个集中连片特困地区。在打赢脱贫攻坚战的伟大实践中，习近平总书记提出一系列关于扶贫工作的重要论述，深刻阐明中国特色减贫道路的内涵，系统建立新时期我国扶贫开发的重大理论，形成了内涵丰富、思想深刻、体系完整的精准扶贫战略思想，开创了马克思主义反贫困理论中国化新境界，贡献了中国智慧和中国方案。

1.7 文献总结与述评

综上所述，国内专家学者们总体从精准扶贫的两大特征，即精准扶贫的理论性与实践性进行深入研究，取得了较为殷实的研究成果。本书主要通过不同的学科理论视角对精准扶贫理论进行深入研究，总体可划分为经济学视角、社会学视角、民族学视角、公共管理学视角以及多元主体参与扶贫的多元共治视角。不同学科的专业研究者们在研究精准扶贫的实践基础上强化了精准扶贫的理论研究，进一步凸显研究内容的复杂性、多学科性、多层次性，构建了中国特色的扶贫话语体系。

从经济学视角来看，多数学者着重从产业扶贫、引入市场机制、资源配置有效性视角来解读精准扶贫，强调从改善宏观经济环境和市场运行状况、发挥财政扶贫资金的杠杆作用、转变经济发展方式、优化农户资源配置效率等方面进行补充和完善。

在社会学方面,研究者从致贫的自然条件、企业的社会责任、国家与社会关系以及社会文化等方面研究精准扶贫,从整合社会资源、强化社会工作、凝聚社会力量、重视社会主要矛盾和社会文化维度给出解决路径。

从民族学视角分析,多数学者关注少数民族地区的边际效应、文化差异、特色旅游产业以及区位条件等问题,并且从重视民族地区的经济、教育、经济、基础设施方面提出相关措施。还有的从关注政策制定在少数民族地区的特殊性、强化精神文化产业层面的凝神聚力、构建合理的扶贫标准等方面进行阐释。

从公共管理学视角来看,大多学者从精准识别问题、政策执行的影响因素、扶贫视角、激励约束机制等较为宏观的层面提出问题,并且大多从建立完善的扶贫机制、强化政策执行手段、加强农村公共产品供给、精准识别扶贫对象以及因地制宜实施扶贫政策等方面进行阐释。

在多元主体参与的多元共治精准扶贫模式下,学者们对多元主体(政府、企业、社会、农户)协同运行机制、多主体多渠道的资源筹集机制、新型农业经营主体发展模式、生态补偿脱贫、政府与社会组织的合作关系、市场机制的引入等方面进行了深入的研究。在精准扶贫过程中,普遍意识到应充分发挥政府、市场、社会组织、扶贫对象的职能与责任,确保各个参与主体协同一致发挥最大效力,科学规范地展开精准扶贫工作,使扶贫工作立竿见影。

精准扶贫战略作为新时期脱贫攻坚的主要战略,在中央到地方到基层"东西南北中"的区域和党政军民学各方力量上,本身就是一种多元共治精准扶贫模式,我们可以理解为中央抓统筹、地方负总责、基层抓落实,各部门各行业各机构齐配合。正如《中共中央 国务院关于打赢脱贫攻坚战的决定》中所指出的那样,实行中央统筹、省(自治区、直辖市)负总责、市(地)县抓落实的工作机制,坚持片区为重点、精准到村到户。党中央、国务院主要负责统筹制定扶贫开发大政方针,出台重大政策举措,规划重大工程项目。省(自治区、直辖市)党委和政府对扶贫开发工作负总责,抓好目标确定、项目下达、资金投放、组织动员、监督考核等工作。市(地)党委和政府要做好上下衔接、域内协调、督促检查工作,把精力集中在贫困县如期摘帽上。县级党委和政府承担主体责任,书记和县长是第一责任人,做好进度安排、项目落地、资金使用、人力调配、推进实施等工作。要层层签订脱贫攻坚责任书,扶贫开发任务重的省(自治区、直辖市)党政主要领导要向中央签署脱贫责任书,每年要向中央作扶贫脱贫进展情况的报告。省(自治区、直辖市)党委和政府要向市(地)、县(市)、乡镇提出要求,层层落实责任制。

中央和国家机关各部门要按照部门职责落实扶贫开发责任，实现部门专项规划与脱贫攻坚规划有效衔接，充分运用行业资源做好扶贫开发工作。军队和武警部队要发挥优势，积极参与地方扶贫开发。因此，多元共治精准扶贫模式是举全党全社会之力，坚决打赢脱贫攻坚战的集成表达，是治国理政的组成要件。

　　作为脱贫攻坚的省级样板，贵州深入贯彻扶贫开发战略，突出精准扶贫、精准脱贫基本方略，大力实施"大扶贫战略行动"，5年累计减少贫困人口776万人，贫困发生率降低到10.6%。2016年9月30日贵州省第十二届人民代表大会常务委员会第二十四次会议通过的《贵州省大扶贫条例》，于同年11月1号起施行。贵州不仅是全国第一个制定出台大扶贫条例的省份，第一次将多元共治、协同治理的战略理念以政策的形式落实下来，而且在长期的实践中不断探索创新，将多元共治的模式贯穿于精准扶贫的治理实践中。省委省政府统揽经济社会发展全局，构建政府、社会、市场协同推进和专项扶贫、行业扶贫、社会扶贫等多方力量、多种举措有机结合的大扶贫格局，争取国家和其他省（区、市）支持，动员和凝聚全社会力量广泛参与，通过政策、资金、人才、技术等资源，实现脱贫攻坚和全面小康同频共振。

2 IAD 框架研究内容及其应用领域

2.1 IAD 框架内涵介绍

无论是"公地悲剧"还是"囚徒困境",抑或"集体行动的逻辑",都向我们揭示:个人的理性行动最终导致的都是集体的非理性行动。对此,以往学者分别提出了国家理论和市场理论两种解决方案。但由于公有制和私有制具有啮合性、相互依存性,因此这两种理论都无法很好地解决集体行动的困境。而埃莉诺·奥斯特罗姆超越了前两者的逻辑假设,尝试从行动者主体出发,提出了多中心的治理理论,证实人类可以通过集体行动对公共事务进行良好的自主治理。这为解决"公地悲剧"开辟出第三种解决之道。①

制度分析和发展框架（Institutional Analysis and Development framework,简称 IAD 框架）是以埃莉诺·奥斯特罗姆为代表的布鲁明顿学派提出的一项政策过程理论。它致力于考察"行动舞台中的共同体如何利用信息、规则、物品等资源影响行动舞台,以及共同体如何采取行动策略、产生相应结果并对结果进行评估"②。IAD 框架具有广阔视野,强调行动主体的多元互动,并将影响框架的内外生变量都纳入其中,能深入地解释自主治理的结果与种种变量间的作用机理,帮助行动者有效识别可靠的合作伙伴,为其建立信任基础。此外,该框架还能通过评估机制帮助行动者有效改善制度设计,使其具有可调性和发展性。

行动舞台是 IAD 框架的核心概念单位。所谓行动舞台是指"一个广泛存在于公司、市场、地方、国家、国际等各种和各级事务中间的社会空间",可用来"分析、预测和解释制度安排下的行为"。行动舞台包括行动情景和该行动情景下的行动者。行动情景是一个矗立于行动舞台空间中的立体结构,包括相互作用、产生行动并且对行动进行评价的行动者。因此,研究者在分析时又可将行动舞台视作行动情景。

---

① [美]埃莉诺·奥斯特罗姆. 公共事务的治理之道[M]. 毛寿龙译. 上海:三联书店, 2000.
② Ostrom E. Understanding Institutional Diversity[M]. Princeton, NJ: Princeton University Press, 2005.

受博弈论的启发，奥斯特罗姆将行动情景概括为七个构成要素：(1)行动者数量，指从资源系统中获取资源单位的行动主体及数量。(2)职位，指行动情景中存在的职位，亦是行动者拥有的身份。(3)允许的行动，行动者在行动情景中需要有一定的权利来采取行动。(4)潜在结果，行动者会产生的影响、结果及行动与结果之间的发生链条。(5)对选择的控制，指的是行动者的行动是否足够自主。诸如其能否单独行动，是否需要其他人员的同意，该要素将这些问题都囊括进来。(6)可获取的信息，行动者与资源本身以及与其他行动者之间的信息。信息能够将行动者的行动与结果联系起来。(7)对于行动和结果所分配的报酬，指行动者的行动成本及收益。①见图 2-1。

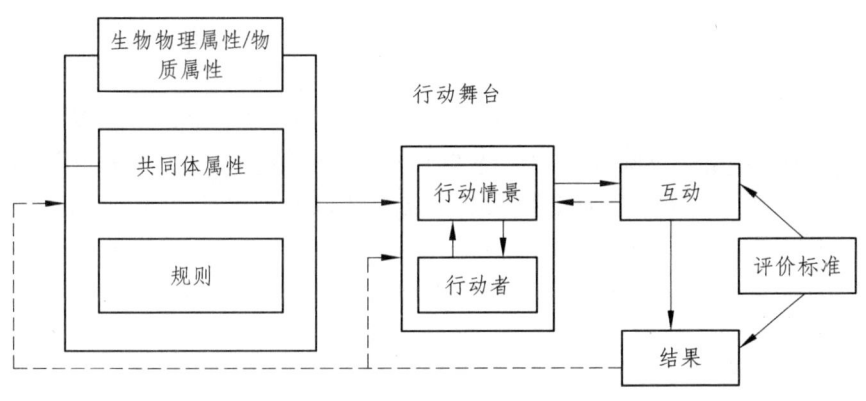

图 2-1 IAD 框架

资料来源：Ostrom E. Understanding Institutional Diversity. Princeton, NJ: Princeton University Press, 2005.

行动情景的结构由三组外生变量决定：(1)自然物质条件，即物的属性。该属性广泛影响行动情境中的各要素，不过其影响程度还与行动情景本身类型有关。在其他条件相同的情况下，行动情景与自然物质条件匹配度越高，越利于行动者取得较好的结果。(2)经济社会属性，即文化或意识形态的属性。包括公认的行为标准、行动者对行动场的认可度、偏好的同质性、成员间的资源分配度四点。自然物质条件和经济社会属性是先于行动情景存在的宏观背景，较难改变。(3)制度规则，规定了行动者行为合理性的边界，是

---

① 李文钊. 制度分析与发展框架：传统、演进与展望[J]. 甘肃行政学院学报，2016(12)：4-18.

真正运行的规则。[①]由于制度规则具有普遍性以及相对较易改变性，因而其成为 IAD 框架的分析重点。其具有三大特性：一是情景性，指适用范围是某一行动场景，这为行动领域设置了空间界限。二是规定性，指处于行动情境中的行动者知道自身能够如何做、应该如何做，若违背规则就会受到何种惩戒。它规定了人们的权利、义务、活动边界，是不同行动者间能够共同相处的重要前提。三是可被遵守性，即行动者存在遵守规则或违反规则的可能性。正是这三大特性将制度规则与自然属性区分开来，使其具有可调控性。

制度激励和约束行动者的行为，使行动者的互动结果呈现模式化的特点，并最终改变行动情景的结构。由此，奥斯特罗姆将行动情景的七个构成要素引申出七组对应规则：[②]

一是身份规则（Positions Rules）。身份规则规定身份的种类和数量以及行动者的容许行为。承担某种身份的行动者的数量可以是确定的，也可以是不确定的。也就是说，同一身份下可以有一个行动者或多个行动者。

二是边界规则（Boundary Rules）。边界规则确立个体取得或者脱离某种身份的程序、标准、要求和费用。它既可以具有自愿性，通过"邀请"或"竞争"的方式进入，也可以具有强制性，使个体以非被迫的方式进入。

三是选择规则（Choice Rules）。选择规则规定从属于身份的行动集合，与行动者的身份以及之前的选择相关。选择规则可以改变个体的权利，进而改变行动情境中的权力总和及分配。

四是聚合规则（Aggregation Rules）。聚合规则决定处于不同身份状态的个体对行动结果的控制力。它可以分为三类：不对称聚合规则——只有某些具有特定身份的行动者或其代表可以参加决策；对称聚合规则——所有参与者均享有选择权；协议缺失规则——协议没有达成的情况下的处置情况。

五是范围规则（Scope Rules）。范围规则确定在行动情景内可能出现的结果的集合。在稳定的行动情景内，行动者的行动与结果是一致的。相反，若行动情景可变，范围规则可通过改变结果参数的方式，间接改变参与者的行为。

六是信息规则（Information Rules）。信息规则决定行动情景结构的信息，以及情景内所有个体现在、过去行动中的所有信息及可获取度。它主要囊括信息流通渠道、交流频率、信息准确性以及主题等。信息规则能揭示其他行动者过去的行动，帮助行动者甄别、选择可靠的合作伙伴，为共同行动建立信任基础。

---

① 柴盈，曾云敏. 奥斯特罗姆对经济理论与方法论的贡献[J]. 经济学动态，2009(12)：100-103.
② 王群. 奥斯特罗姆制度分析与发展框架评介[J]. 经济学动态，2010（4）：137-142.

七是偿付规则（Payoff Rules）。行动选择产生相应行动结果，偿付规则决定该结果带来的回报与制裁。具体而言，它规定个体的回报方式以及惩罚性支出两方面（见图2-2）。

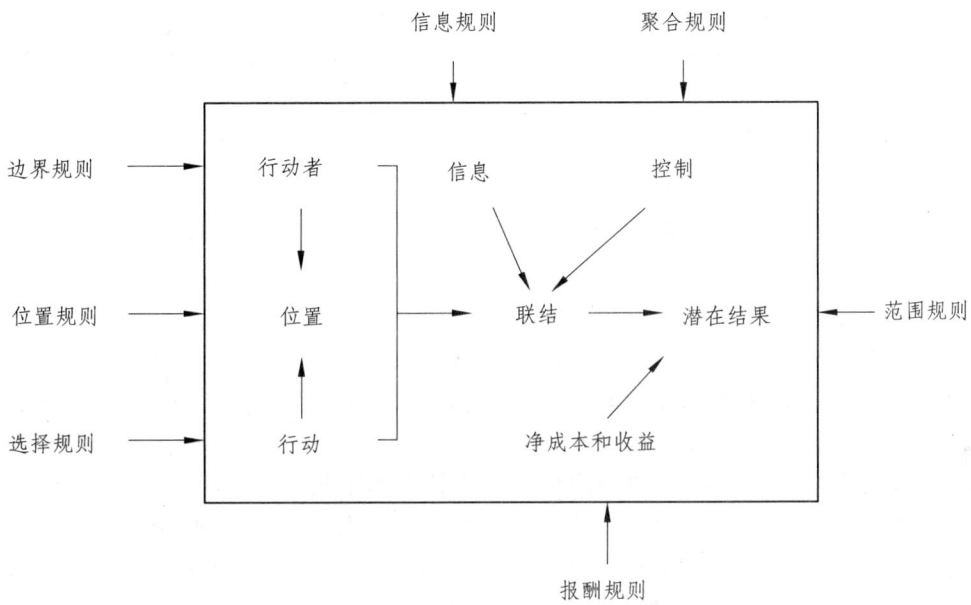

图2-2　IAD框架的七组规则结构运行

资料来源：Ostrom E. Understanding Institutional Diversity. Princeton, NJ: Princeton University Press, 2005.

值得注意的是，每一类规则都与行动情景的要素一一对应，但并不意味着其只作用于一组要素，还可以通过间接的方式改变其他变量，以改变行动情景。因此，我们应从整体的角度来看待应用规则，关注不同规则之间的关系。应用规则的整体联动性决定其可以存在部分缺失。在一个行动情景内，七类规则未必全部都存在，这种情况是可能发生的。反过来，其整体联动性，也决定了行动情景内必须至少存在部分规则，因为"如果一个行动情景内没有任何规则，那么该情景就处于'霍布斯'状态，势必导致秩序混乱和参与者行为的非理性化"[①]。

基于理性人假设的前提，行动者的行动结果是可以预测的。奥斯特罗姆继承了西蒙的有限理性理论，认为个体虽是理性的，但理性有限度。因为高

---

① 王群. 奥斯特罗姆制度分析与发展框架评介[J]. 经济学动态，2010（4）：137-142.

昂的信息成本以及人类信息处理的有限性，使人不可能拥有完全理性。因此，个体抉择往往建立在其不完备的知识以及自身偏好的基础之上。由此，奥斯特罗姆发展出预测人类潜在行为的模型，即人类心智模型（Mental Model）。它包含个体的理性程度、获取信息的能力、收益预期等行动者自身状况的因素，以及制度、社会资本、规范等外在因素。人类心智模型因具有广阔的视野，成为理解制度影响个人知识的重要工具，是 IAD 框架下分析行动者的关键方法。

此外，IAD 框架还建立了一套评价标准，以帮助行动者对结果进行评估，以便对行动舞台及其影响效果进行反馈，促进行动者完善自己心智，对自身行动甚至制度进行调整、互动以及建构，帮助行动者未来采取更满意的行动。评价标准包括经济效率、财政平衡式公平、再分配式公平、责任性、更一般道德标准和适应性等一系列价值系统。这些标准在评估时不一定能够完全符合，因此行动者在进行评价时，需要针对行动目标以及需求等因素，对价值系统内的不同要素进行权衡。[①]

最后，根据政治过程的相似性，奥斯特罗姆还将 IAD 框架划分为一个多层次的嵌套分析系统：（1）微观上的操作层次，指对作用于世界状态变量有直接影响的个人行为，主要包括个体的占用、提供、监督和强制实行监督的过程。（2）中观上的集体选择层次。该层次中的个人行为直接作用于操作情景的行动规则，主要包括政策的制定、管理和评判过程。（3）宏观上的立宪层次，指主要作用于集体行动的规则，包括决策者对宪法决策的规划设计、治理、评判和修改等过程，它指引了集体层次的行动。[②]将 IAD 框架的分析系统进行分层，有两个方面的意义：一是可以对问题的局部进行切入，剖析不同层次的行动者在与其身份对应时的战略选择和行动状态，从而更透彻深入地理解问题。二是可以注意到不同层次行为选择间的相互联系贯通性，以关注层次间的关系和互动作用，帮助研究者整体全面地分析问题。

2.2 IAD 框架应用领域

IAD 框架主要应用于农村治理、公共池塘资源、城市公共服务等领域，这些领域包含具有一定排他性、非竞争性的公共物品或准公共物品。由于此类特性，这些公共事务往往更容易面临集体选择的行动困境，是 IAD 框架的

---

① 李文钊. 制度分析与发展框架：传统、演进与展望[J]. 甘肃行政学院学报，2016（6）：4-18.
② 王亚华. 对制度分析与发展（IAD）框架的再评估[J]. 公共管理评论，2017（1）：3-21.

重点解决目标。

2.2.1 灌溉资源管理领域

公共池塘资源领域是 IAD 框架研究的主场。公共池塘资源是指难以排他但分别享用的物品，其中以灌溉资源尤为突出。它具有共同消费、高排他性成本和竞用性收益的特征，由此产生了"占有"和"使用"两方面的问题。一方面，水资源有限而人们的使用往往不受限且可自由进用，容易导致"过度利用"，从而引起水资源短缺的问题。另一方面，灌溉系统的投入、建设、维护、管理成本又较为高昂且难以平摊到个体身上，容易产生"搭便车"的问题。

针对灌溉资源领域，奥斯特罗姆等学者利用 IAD 框架创立了"公共池塘资源数据库""NIS 数据库""国际森林资源和制度数据库"等，并发表了大量研究成果，推动灌溉领域治理的发展。受此启发和鼓舞，菲律宾、印度、日本等学者着眼于灌溉系统的制度分析，建立了相应数据库并见效显著。这些数据库的成功运行使得 IAD 框架在公共池塘资源治理领域逐渐成为显学。

例如，周茜通过案例研究，揭示了中国灌溉治理领域中的行动困境并提出治理之道；林维峰采取一种新颖的研究视角，运用 IAD 框架将中国台湾地区的灌溉管理与尼泊尔地区的研究进行了比较。IAD 框架在公共池塘资源领域中的广泛运用，彰显出其在该领域的专业性以及普适性。王亚华受到 NIS 等项目的鼓舞，整体运用 IAD 框架建立了中国的灌溉管理，推动中国灌溉资源治理领域的发展。[①]诸如此类的研究，极大地提高了 IAD 框架在不同学科之间的共享度，这与框架本身的强大适用性和解释力相关，也是各学科学者都普遍意识到框架能够指导本学科和本专业的研究的产物。

2.2.2 森林资源领域

森林资源管理是 IAD 框架应用于公共池塘资源领域的特色，其中以奥斯特罗姆牵头的"国际森林资源和制度（IFRI）"项目最为典型。通过设置相同研究标准，建立起国际协作网络，该项目深入分析了全球几十个国家的森林资源使用者、管理者以及相关组织的行动逻辑，成为公共池塘资源研究领域最大型的林业研究项目。正是 IFRI 项目丰厚的实践资料，帮助奥斯特罗姆发现了正式与非正式制度在森林资源管理中的作用，极大促进了 IAD 框架的完

---

① 王亚华，汪训佑. 中国渠系灌溉管理绩效及其影响因素[J]. 公共管理评论，2014，16（1）：47-68.

善。并且,项目的成功运行还使奥斯特罗姆声名远扬,对她荣膺诺贝尔经济学奖功不可没。

IFRI 项目带动了一批学者利用 IAD 框架研究森林资源管理。E. Coleman 利用该项目收集的 14 个国家的森林数据,建立了相应模型用以检验该理论,由此发现获得资源管理权是影响森林资源外部监测和制裁的决定性因素,并且外部援助机构和非政府组织的数量也是一个重要因素。[①]Marion 等通过调研印尼国家公园来研究森林资源的管理。其团队以 IAD 框架为抓手,利用深度访谈等定性研究方法,了解并评估了森林保护区的规则、参与者和保护成果,将自然资源利用的正式规则与非正式规则、传统方式与现代方式进行比较,发现在森林保护区建设中,国家强制实施的正式规则没有得到成功实施,而自主治理的方式取得了较好效果。该结论再次印证了奥斯特罗姆的结论:森林资源在自主治理的形势下能有效避免过度开发。[②]

2.2.3 农村治理领域

在中国,IAD 框架被广泛运用于农村治理。其中,农村治理又分为三大领域:一是农村政治领域。王恒尚[③]、李琴[④]、何凌霄[⑤]等人研究了农村制度运行情况,探索更优的改革方案以改善中国农村的治理结构和治理状况,优化农村政治生态。二是农村社会问题研究领域。聂飞[⑥]、曹裕[⑦]等人从农村现实问题出发,具体研究了留守家庭离散、农户征地等问题并尝试提出解决之道,以促进农村社会的繁荣、发展。三是农村垃圾治理研究领域,并且以该领域研究最盛。目前,农村垃圾治理工作仍以政府为主。然而,政府毕竟无法包揽一切,囿于人力、财政、技术等因素,其对于该领域的投入相当匮乏。因此,如何更有成效地、可持续性地治理农村生活垃圾成为学者们关注的重点。

---

① Eric Coleman, Brian Steed. Monitoring and sanctioning in the commons: An application to forestry[J]. Ecological Economics, 2009(7).
② Mehring Marion, Seeberg Christina, Koch Sebastian. Local institutions: Regulation and valuation of forest use—Evidence from Central Sulawesi, Indonesia. Land Use Policy[J]. 2011(10).
③ 王恒尚. IAD 框架下村务监督委员会抑制村庄腐败的制度运行现状研究[D]. 兰州大学硕士学位论文, 2019.
④ 李琴. 行动情境:IAD 框架下女村官治村的治理情境分析[J]. 兰州学刊, 2014(10):192.
⑤ 何凌霄, 张忠根, 南永清, 林俊瑛. 制度规则与干群关系:破解农村基础设施管护行动的困境——基于 IAD 框架的农户管护意愿研究[J]. 农业经济问题, 2017(1):9-21.
⑥ 聂飞. 农村留守家庭离散问题的制度与规则分析——基于 IAD 框架的应用规则模型[J]. 内蒙古社会科学(汉文版), 2015(4):18-23.
⑦ 曹裕, 吴次芳, 朱一中. 基于 IAD 框架延伸决策模型的农户征地意愿研究[J]. 经济地理, 2015(1):141-148.

对此,学者们引入强调多元主体共同治理的 IAD 框架研究此问题。朱洪蕊[①]、王艳[②]、王芳[③]等人尝试借助 IAD 框架,全面深入分析我国农村垃圾治理中的内外部因素,以及相关主体的行动逻辑,为垃圾治理问题提出解决方案。

2.2.4　城市公共服务领域

在美国,奥斯特罗姆通过研究不同社区的警察局规模及服务水平,厘清了城市治安服务提供者的行动模式和产出,并建立了相关理论。[④]随后,她又填充和完善了 IAD 框架,使之被广泛运用于治理制度研究、公共设施建设、政治秩序建构等与公共事务密切相关的领域。研究者希望利用 IAD 框架,为公共事业的可持续发展提供借鉴和支持。[⑤]

在中国,由于社区是提供城市公共服务的重要主体,因此,学者们利用 IAD 框架研究该领域时往往以社区为切入点。徐靖逸[⑥]、王学伦[⑦]等人通过研究社区的公共物品供给情况以及社区制度的结构,从社区的属性、特点及应用规则等方面分析外生变量,对社区的管理运行机制进行分析,根据 IAD 框架指出其中的不足并提出相关建议,以促进中国社区治理的发展。

2.2.5　政府改革治理领域

在中国,IAD 框架在政府改革治理领域运用较多。其中,李德国[⑧]以研究"海淀模式"为切入口,在 IAD 框架下研究公共服务体制改革的创新与不足,尝试对事业单位改革以及公共服务提供的机制与方式进行新的探讨,是对 IAD 框架应用的创新。

不过,更多学者还是将目光投向政府经济改革领域。具体有以谭江华为代表的政府预算改革研究,以及以董藩等人为代表的中国住房政策研究。谭

---

① 朱洪蕊. 基于 IAD 框架的农村生活垃圾治理公共物品的供给影响因素分析[D]. 南京农业大学硕士学位论文,2010.
② 王艳,卢虹好. 关中地区农村生活垃圾治理影响因素研究[J]. 西安电子科技大学学报(社会科学版),2017(2):52-59.
③ 王芳,孙庆刚,白增博. 以绿色发展引领乡村振兴——来自日本的经验借鉴[J]. 世界农业,2018(12):45-48.
④ 朱玉贵. 中国伏季休渔效果研究[D]. 中国海洋大学博士学位论文,2009.
⑤ 李文钊. 多中心的政治经济学——埃莉诺·奥斯特罗姆的探索[J]. 北京航空航天大学学报(社会科学版),2011(6):1-9.
⑥ 徐靖逸. 上海基层社区文化中心的制度分析和发展(IAD 框架)研究[D]. 复旦大学硕士学位论文,2014.
⑦ 王学伦. 社区运行的制度解析[D]. 山东大学硕士学位论文,2008.
⑧ 李德国. 公共服务体制改革的"海淀模式"——从制度分析与发展的视角看[J]. 东南学术,2011(2):108-116.

江华尤为关注预算改革的制度逻辑。他通过分析预算改革的行动舞台及相应评估准则,来探究影响预算改革的制度要素,了解预算改革制度要素的结构及作用机制,以全面把握改革中的制度逻辑。①

董藩等人利用 IAD 框架研究中国住房政策。他们着眼于小产权房政策,通过分析冲突舞台参与者、冲突的外生变量等因素,挖掘出冲突的根源是政府的实际行为与目标的分离,提出要从三个外生变量入手来解决小产权住房问题。②朱丽菲则关注保障房研究领域。她从保障房的自然属性、社区文化和社区规则三个外生变量入手,阐释了保障房的供应现状,并借鉴奥斯特罗姆的多中心互动思想,提出构建保障房多中心协同供应体系。这为该领域研究提供了新的视野。③徐涛、魏淑艳在两者基础上更进一步,采取了更高层次的分析视角,从中观上的集体选择层面出发来研究住房政策的制度、管理和评判过程,并通过住房政策的各舞台分析,尝试解决中国住房政策的产出过程以及政策过程的影响因素。④

纵观所有领域,就学者们对 IAD 框架的运用方式而言,大体可以归为两种类型。一是对于整体运用,学者们通过 IAD 框架来指引政策的制定与发展,推动大规模的公共事务治理研究;二是局部应用,学者们主要选取 IAD 框架的制度规则、决策模型以及行动情境三大重点对其进行深入研究。总体而言,IAD 框架的局部应用研究多于整体运用研究。

2.3 IAD 框架文献述评

目前,IAD 框架文献的引介已较为成熟。IAD 框架最早被国内学者毛寿龙引入,后经由王群、王亚华、李文钊等学者的系统性介绍,IAD 框架的作用原理、基本结构、应用领域等方面都得以深入详尽地引介。然而,未来 IAD 框架的引介工作仍有很大发展空间。首先,国内学者对于奥斯特罗姆的 IAD 框架介绍主要停留在理论层面,对于其操作的具体介绍仍然较为片面。IAD 框架的一大特色就是系统完备的理论与广泛深入的实践紧密结合,通过理论

---

① 谭江华. 预算改革的制度逻辑——基于 IAD 框架的分析[J]. 湖南社会科学,2016(2): 117-123.
② 董藩,郑雪峰. 小产权房现实与政策要求的背离——基于制度分析与发展(IAD)框架的商榷意见[J]. 学术界,2017(10): 118-130.
③ 朱丽菲. 基于 IAD 框架的保障房多中心协同供应机制研究[D]. 东南大学硕士学位论文,2016.
④ 徐涛,魏淑艳. 制度分析与发展框架下中国住房政策过程透析[J]. 东北大学学报(社会科学版),2013(3): 282-287.

框架来指导实践，并用实践经验来检验和发展理论框架，并取得了丰厚的实证研究成果。因此，国内学者的引介还应关注 IAD 框架实证成果，对其进行系统化的介绍。其次，国内学者对于 IAD 框架评估不足。大多数引介文献只是对其进行基础性介绍，缺乏批判思考，对其内在缺陷认识不够深刻，不利于 IAD 框架的发展演进。最后，对 IAD 框架的中国化思考不足。IAD 框架的大多数引介文献都是放在美国背景下进行的，很少将其放在中国的行动情景下进行理论思考，引介缺乏中国特色，尚未借助 IAD 框架衍生出具有一般性意义和普遍适用性的理论框架和科学方法，来指导、规范中国实践。

IAD 框架的实证研究主要集中在公共池塘资源以及其他部分公共事务领域，各领域研究数量相对较少，呈现出研究较分散、规模较小、应用方法较为浅显的特点，后续研究需要继续深入。具体而言，目前主要存在以下三个问题：一是对于框架整体运用较少。这可能与 IAD 框架较为费时费力的缺陷有关，但作为制度分析的一种元理论，IAD 框架的整体运用可以产生深远的影响。通过深入分析某个具体领域，则可全面深刻把握公共事务资源整个领域的运行机理。并且，中国幅员辽阔，公共资源丰富，若能利用 IAD 框架探索出一种可复制的公共事务治理模式，则能带动其他地区进行探索与改革，节省大量人力物力，具有连片式政策效应。因此，学界仍应重点强调 IAD 框架的整体运用。二是国内学者进行实证研究时，视野往往局限于单个案例，尚未对其进行比较研究。这一现象折射出对中国本土的 IAD 框架研究思考不足，且比较缺乏国际视野。三是分析层次有待提高。国内学者利用 IAD 框架分析时，往往局限于操作选择层面，对于更高层行动者的行为分析研究较为匮乏，且各层次的相互作用关系依然阐述得不够清晰。

2.4　IAD 框架解释精准扶贫行为的优势

2.4.1　贵州精准扶贫是公共治理的典型

中国西部地区共有 12 个省区，西部地区大部分处于全国 14 个集中连片特困地区，贫困人口共有 7017 万人。贵州省是全国贫困人口最多、贫困面最大、贫困程度最深的省份。贫困人口绝对数、贫困人口占全国贫困人口的比重、贫困发生率均居全国第一，农村贫困人口占全国农村总贫困人口的 1/7，是扶贫开发的"主战场"。2013 年以来，贵州省深入贯彻全新出台的《关于坚决打赢扶贫攻坚战　确保同步全面建成小康社会的决定》及 10 个配套文件，全面开展产业和就业扶贫行动、社会力量包干扶贫行动、特困地区特困群体扶贫行动、财政金融扶贫行动等"十项行动";全面坚持易地扶贫搬迁、产业脱贫、绿色贵州建设、基础设施建设、教育医疗脱贫和社会保障兜底"六个精准";全面实施"五个一批",朝着减贫100万人、8个贫困县和120个贫困乡镇"摘帽"、2000个贫困村退出的目标坚实迈进。可以说,贵州省精准扶贫战略的实施过程就是一个公共治理体系升级和模式再造的过程。

公共治理是一个上下互动的管理过程,包括公共问题确认、政策议程和目标设定、正常程序制定、方案设计与优化、公共问题商谈与方案抉择等环节。① 精准扶贫作为一项具有高度可操作性的治理项目,具有主体多元化、实施方式多样化、治理内容的国家公共性等国家治理属性。② 要把制度和改革有机结合起来,综合运用政府、市场、社会三大机制和三种资源,系统地增强贫困地区贫困人口的内生发展动力。③ 公共治理的目标与精准扶贫的深层目标相吻合,本质上都是对社会资源的创造和再分配。④ 换言之,有针对性的扶贫目标和公共治理目标具有相同的结构和内在的统一性,有针对性的扶贫政策已经嵌入公共治理体系中。实现这一长期目标需要健全的公共治理环境和有针对性的减贫政策。将公共治理理论引入有针对性的扶贫工作,将有利于当前扶贫政策在实践中的进一步探索。

从精准扶贫的主体来看,还有利于充分发挥政治组织、社会组织和经济组织等多个主体的作用,加快推进脱贫攻坚战的进展。从精准扶贫的方式出发,可以突破传统救济式扶贫的路径依赖,促进各主体共同参与和协同共治,探索发展式扶贫的新路径。从精准扶贫的内容来看,应充分考虑每个贫困地区的基本情况和贫困人口的情况,以及贫困人口的实际情况,遵循客观规律。在精准扶贫战略背景下,我国的公共治理体系已进行了深层次的调整,在获取信息、政治和体制保障、综合对策、资源动员和政策实施方面的能力得到了显著改善,治理理论的思维与精准扶贫制度建设高度兼容。将治理理论和运作过程引入扶贫事业,可以全面深刻地理解精准扶贫。简而言之,作为公共治理的重要组成部分,我们有必要从公共治理的角度把握精准扶贫的内涵。这是在认知水平上理解精确扶贫的本质要求,也是在实践水平上推进精确扶贫战略的必要条件。

---

① 柳家富,张杰. 公共治理视角下我国地方政府机构改革分析[J]. 中国集体经济,2012(7):49-50.
② 傅熠华. 国家治理视阈下的精准扶贫[J]. 学习与实践,2017(10):18-25.
③ 吕方. 精准扶贫与国家减贫治理体系现代化[J]. 中国农业大学学报(社会科学版),2017(5):17-23.
④ 高飞,向德平. 社会治理视角下精准扶贫的政策启示[J]. 南京农业大学学报(社会科学版),2017(4):21-27.

2.4.2 IAD 框架的中国实践不能缺少精准扶贫

这主要有两点原因。一是 IAD 框架的中国实践主要集中于公共池塘资源管理、城市公共服务以及农村治理等领域，亟需对精准扶贫进行研究。通过 IAD 框架分析精准扶贫政策的行动者特征，厘清各方行动逻辑以及互动模式运行机理，并指引精准扶贫模式的考核评估，可帮助我们全面深刻把握精准扶贫的难点、对策及扶贫的路径。并且，精准扶贫政策涉及广泛的公共事务，可作为 IAD 框架研究的典型。二是精准扶贫政策的研究是 IAD 框架应用的创新。以往围绕 IAD 框架开展的实证应用研究大多较为单一片面，集中于公共池塘资源领域。本研究将精准扶贫政策执行过程作为研究对象，尝试从 IAD 角度对其管理运行机制进行分析，是 IAD 框架运用在扶贫领域的实证研究，具有一定创新性和理论价值。

具体而言，我们认为可能有三大研究价值：一是通过分析精准扶贫各主体的行动模式及作用机制，能验证以及填充 IAD 框架，为治理框架的完善以及应用创新提供思路。二是能在一定程度上推动 IAD 框架的中国化运用。IAD 框架运用在扶贫领域中也有许多新形式、新特点、新难题，通过深入分析 IAD 框架与扶贫研究领域的作用机理，能增强二者的契合性。并且，作为一种元语言，IAD 框架能衍生出很多变种，未来也许有学者能够从中国的 IAD 实践出发整合提炼出一个具有中国特色、中国话语权的研究框架。三是拓宽 IAD 框架的研究视野，使其更加国际化。中国的精准扶贫成效在国际上首屈一指，将精准扶贫研究领域纳入 IAD 框架，能使其更加全面化、国际化，为后续比较分析提供借鉴。

2.4.3 贵州精准扶贫多元共治模式与 IAD 框架契合

在脱贫攻坚的实践中，贵州省各项工作都向脱贫攻坚聚焦，各种资源都向脱贫攻坚聚集，各方力量都向脱贫攻坚聚合，凝聚决战脱贫攻坚、决胜同步小康的强大合力，探索了精准脱贫的"贵州大扶贫路径"。在此阶段，贵州省出台了《关于坚决打赢扶贫攻坚战 确保同步全面建成小康社会的决定》和 10 个配套文件，制定易地扶贫搬迁"1+6"政策措施，实施《贵州省大扶贫条例》和退出、督查、考核、问责 4 项办法；建立了完善的脱贫攻坚机制，由上至下逐级形成了完善的责任分工机制，极大地加快了贵州扶贫开发工作的进展。

2016 年 9 月 30 日，贵州省第十二届人民代表大会常务委员会第二十四次会议通过《贵州省大扶贫条例》，于同年 11 月 1 号起施行。所谓大扶贫，是指把脱贫攻坚作为头等大事和第一民生工程，统揽经济社会发展全局，构建政府、社会、市场协同推进和专项扶贫、行业扶贫、社会扶贫等多方力量、多种举措有机结合的大扶贫格局，争取国家和其他省（区、市）支持，动员和凝聚全社会力量广泛参与，通过政策、资金、人才、技术等资源，全力、全面帮助本省贫困地区和贫困人口增强发展能力，实现脱贫致富的活动。在此过程中，树立创新、协调、绿色、开放、共享的发展理念，坚持开发式扶贫的方针，贯彻精准扶贫、精准脱贫的基本方略，遵循政府主导、社会参与、多元投入、群众主体的原则。

首先，贵州精准扶贫是互动的，是一个基于政府、市场与社会的多元主体结构之上的互动过程。[①]其中心思想在于撬动社会力量、广泛整合多方资源来进行扶贫治理。换言之，精准扶贫不是传统的政府主导的单向式扶贫，不是传统的仅由政府单一控制的互动型扶贫模式，而是强调多主体的互动。精准扶贫尤为注重帮扶对象的主观能动性以及主体间的沟通协作，具体体现了以人为本思想和现代治理理念。

贵州精准扶贫的互动性强调扶贫主客体间的参与互动。这种参与互动，一是体现在扶贫主客体间合作互动的双向交流模式。双方借助该模式了解贫困问题以及贫困产生的内因，提出相应解决措施，形成一个上下交互的动态模式，以实现精准扶贫目标。二是具体表现在扶贫双方在资源使用中的较量。比如政府向村庄投入扶贫资源后，还会对资源的使用进行规定和限制。但同时，村庄也会运用多方力量来获取扶贫资源，并依据村庄现状调整扶贫资源的使用，这就是精准扶贫政策双方典型的互动、博弈。[②]

贵州精准扶贫政策的互动性，还体现在政策与外界环境对接或者碰撞过程中，政策结构间以及结构与行动间的相互塑造。广泛而不可控的外界因素，使得精准扶贫政策环境充满变数。精准扶贫政策是一个与环境互动非常密切的开放系统，政治、经济、文化、社会等任一因素的变化都会影响政策执行结果。因此，政府需要重点关注政策执行过程，随时根据具体情况作出相应调整，以保证政策的顺利实施。

其次，贵州精准扶贫政策过程是多维的。从政策执行环节来看，精准扶贫工作涉及识别、帮扶、管理、考核等环节。在精准识别环节，政府要从多层次、多维度来认识贫困，意识到在贫困表现、贫困根源、贫困特点和减贫

---

① 李广文，王志刚. 大扶贫体制下多元主体贫困治理功能探析[J]. 中共南京市委党校学报，2017（6）：64-69.
② 唐睿，肖唐镖. 农村扶贫中的政府行为分析[J]. 中国行政管理，2009（3）：115-121.

需求等方面存在显著差异。①在精准识别环节，将扶贫对象锁定后，政府需对贫困户进行精准帮扶和管理，针对贫困户的具体贫困深度和需求特征，对其进行医疗帮扶、教育帮扶、移民帮扶等，形成外部输血与内部造血相结合的多维立体扶贫机制。通过政策帮扶和管理，贫困户生活条件逐渐得以改善，脱离贫困线。此时，政府就需对脱贫进行考核。在此过程中，通过比对多种指标、召集村民开评议大会等方式，对扶贫对象进行多维考核，如是否满足脱贫要求、是否具有造血功能、是否能够避免二次返贫等，确保脱贫摘帽的真实性、扶贫工作的有效性。

基于精准脱贫实施过程的互动性和多维性，我们引入IAD框架。通过尝试构建出一个广阔的精准扶贫行动舞台，利用七大规则及其相对应的行动情境，对精准扶贫各主体的行动模式、个体偏好机制等进行科学缜密的分析，借以厘清和探索贵州精准扶贫中利益主体的行为结构与逻辑以及精准扶贫政策实施的行动链。

---

① 徐虹，王彩彩. 乡村振兴战略下对精准扶贫的再思考[J]. 农村经济，2018（3）：11-17.

3 贵州精准扶贫多元共治模式的政策内容

3.1 内容分析法概述

3.1.1 内容分析法起源

内容分析法最早起源于20世纪初的西方新闻界。美国学者伯纳德·贝雷尔森于1952年发表的《传播学研究中的内容分析》一书正式确立了内容分析法是一种科学的研究手段①。这一时期，内容分析法在内容和使用步骤上取得了一定的发展，因此逐渐形成了内容分析法的初步模式和理论。在早期的传播学研究中，内容分析主要用于对印刷媒介内容的分析，如拉斯韦尔于20世纪20年代对第一次世界大战时期的宣传技巧进行的研究。②90多年以来，得益于当代科学的迅速发展，内容分析法自身得到充实和完善，被广泛应用于社会人文科学等众多领域，并且取得了显著的成果。

3.1.2 内容分析法的内涵及特征

内容分析法是通过对"内容"进行分析以获得结论的一种科学研究手段。由于其数据丰富，能够对文献内容进行清晰、明确的认识且研究成本低廉等，其被广泛应用于社会科学学科研究中。③伯纳德·贝雷尔森认为"内容分析法是一种对具有明确特性的传播内容进行的客观、系统和定量描述的研究技术"④。它是定性研究和定量研究的综合，可通过编码和统计将文字凝练的文献转化为数量化的资料，从而克服定性研究的主观性和不确切性缺陷，达到对文献"质"的更深刻、更精确的认识。⑤使用内容分析法对贵州省扶贫文件进行分

---

① Berelson B. Content Analysis in Communications Research[M]. Glencoe IL: Free Press, 1952.
② 内容分析法[EB/OL]360百科，https://baike.so.com/doc/4438817-4646944.html
③ 刘伟. 我国电子政务绩效评估方案的综合研究[J]. 中国行政管理，2013（2）：11-15.
④ 卜卫. 试论内容分析方法[J]. 国际新闻界，1997（4）：56-60+69.
⑤ 马文峰. 试析内容分析法在社科情报学中的应用[J]. 情报科学，2000（4）：346-349.

析编码，有着巨大的帮助。中央及贵州省下达的扶贫政策文件众多，运用内容分析法对所选文件进行定量分析，可以让我们对每个文件有清楚透彻的解读。同时，运用内容分析法与编码表相结合又能使研究者清楚明了地去分析所要研究的数据及结果。作为一种全新的研究方法，内容分析法与传统的研究方法存在很大的差异。例如，从方法属性看，它虽然被列为社会科学研究方法，但明显受到自然科学研究方法的影响。从方法特点看，它既有独特的个性，又处处显示出交叉性、边缘性、多样性……根据早期的研究与总结，有学者认为，内容分析法作为一种半定量或半定性的研究方法，其具有系统性、客观性及定量性三大特征。而系统性内容或类目的取舍应依据一致的标准，以避免只有支持研究者假设前提的资料才被纳入研究对象。客观性是指分析必须基于明确制定的规则执行，以确保不同的人可以从相同的文献中得出同样的结果。定量性是指研究中运用统计学方法对类目和分析单元出现的频数进行计量，用数字或图表的方式表述内容分析的结果。这三大特征的相互关联，构成了内容分析的特征，也使得研究变得更加容易。

3.1.3　内容分析法的实施过程

早期学者不断进行分析总结，探寻出了内容分析法的实施过程并非无规律可循，不仅发现了内容分析法的研究方法，还将内容分析法的实施过程总结成了一套一般化的操作步骤。其具体可分为"提出研究问题、确定研究范围、抽样、选择分析单元、设计分析的类目、建立量化系统、进行内容编码、分析数据资料、结论阐释、信度和效度检验"[1]十个阶段。

提出研究问题。研究目标是研究问题提出的前提，因此，首先需要弄清研究目标。其次，作为指导研究工作开展的研究主题，其设计也显得尤为重要。最后，通过以上两者的结合我们可以提出研究的问题。

确定研究范围。研究范围不仅包括分析内容的界限，还包括研究对象的定义，并进行了操作化。操作化过程必须包括指定主题领域和确定时间段两个方面。

抽样。内容分析法往往会研究数据量较大的问题，抽样则成了有效的方法。符合研究目的、信息含量足够大、具有连续性、内容体例基本一致是样本选择的标准。抽样的目的在于选出符合研究目的的有效政策文本。

---

[1] 李本干. 描述传播内容特征　检验传播研究假设——内容分析法简介（下）[J]. 当代传播, 2000（1）: 47-49+51.

选择分析单元。分析单元的选择与研究结果息息相关，是使用内容分析法的重要环节，即搜寻与研究目标密切相关的各项计算对象。

设计分析的类目。建立分析类目就是建立分析的类别、分析的维度，根据研究的需要进行分析类目的设计，使我们在使用内容分析法对样本分析时能更好地分门别类。

建立量化系统。类目、等距、等比三种尺度构成内容分析法中的量化方法。

进行内容编码。将分析单元置于内容类目即为编码。

分析数据资料。此阶段的工作包括三个部分：描述统计的结果，推断统计分析和因果分析。

结论阐释。这一阶段，研究者要根据自己的研究类型，对上一过程得出的量化数据进行科学合理的分析和阐释。

信度和效度检验。得出结论后，还要经过信度和效度的检验，才能确保该研究结论的客观性与真实性，使结果富有说服力。

3.1.4　内容分析法的应用领域

内容分析法的应用领域较为广泛，但主要在传播学、情报学以及教育学的研究领域中运用。在传播学中，内容分析法是媒介以及传播研究中一种非常重要的方法，是一种对传播内容进行客观、系统和定量描述的研究方法，具有客观、方便、经济等优点。内容分析的种类可归纳为实用语义分析，语义分析和符号载体分析，并且早期的内容分析法还起源于传播学的应用。内容分析法是一种对文献内容做客观系统的定量分析的专门方法，其目的是揭示文献的事实目的及趋势，对事物的发展可做情报预测。在教育科学研究中，内容分析法既是一种主要的文献资料分析方法，又是一种独立、完整的科学研究方法。

3.2　内容分析法下政策文本量化分析

贫困一直是人类亟待解决的问题，消除贫困也一直是人类孜孜不倦所追求的目标。

贵州省地处我国西南地区，长期以来受区位、产业、交通、环境等因素制约。贵州省贫困地区地理环境恶劣、基础设施薄弱、教育水平偏低导致脱贫难、返贫易。正如老话所言："要想富，先修路。"贵州省由于地势原因，诸多贫困地区电、路、网三不通，不少地区处于封闭状态，医疗教育优质资源不肯来，贫困人口走不出去。其次，就算某些地区实现"三通"，也根本达不到发展需要。此外，还存在着"有项目，没人做"的情况。因为封闭，人才引不进来，产业发展推动难，加之经济落后，严重与国家经济发展、社会发展脱节。所以，长期以来民间社会传颂贵州地区是"三无"产品，即天无三日晴、地无三尺平、人无三两银。在精准扶贫战略的推动下，深度贫困地区如期实现脱贫攻坚目标，是贵州省必须啃下的硬骨头和必须攻下的最后堡垒。

综合考虑政策文本的权威性、代表性和时效性，本书最终选择了有效文本43份（见表3-1），时间跨度为2011年11月—2019年7月。我们通过围绕第一个文件《关于大力实施乡村旅游扶贫倍增计划的意见》并按照文件发行日期来进行文件编号。这个文件主要是关于早期贵州乡村通过产业规划，将产业转型为旅游业来进行脱贫攻坚，这一政策的实施对贵州的扶贫发展有着巨大的作用，为早期脱贫找到了正确的发展方向，为后期的脱贫发展也指明了正确的道路。本书通过对中央和贵州的反贫困政策文本进行量化统计分析，总结出中央与贵州多元主体参与扶贫所形成的多元共治精准扶贫模式所蕴含的政策内涵及特点。

表3-1 中央和贵州重要扶贫政策文件

编号	中央扶贫文件名称	发文机关	发文年月
1	《关于大力实施乡村旅游扶贫倍增计划的意见》	贵州省扶贫开发办公室	2011年11月
2	《贵州省农村最低生活保障制度和扶贫开发政策有效衔接扩大试点工作实施方案》	贵州省扶贫开发办公室	2012年2月
3	《中共贵州省委贵州省人民政府关于加快创建全国扶贫开发攻坚示范区的实施意见》	贵州省扶贫开发办公室	2012年10月
4	《财政专项扶贫资金管理办法》	贵州省扶贫开发办公室	2013年2月
5	《贵州省扶贫开发条例》	贵州省扶贫开发办公室	2013年2月
6	《关于创新机制扎实推进农村扶贫开发工作的意见》	中共中央办公厅 国务院办公厅	2014年1月
7	《关于进一步动员社会各方面力量参与扶贫开发的意见》	国务院	2014年12月

续表

编号	中央扶贫文件名称	发文机关	发文年月
8	《关于创新产业化扶贫利益联结机制的指导意见》	贵州省扶贫开发办公室	2015年6月
9	《贵州省创新发展扶贫小额信贷实施意见》	贵州省扶贫开发办公室	2015年6月
10	《关于建立财政专项扶贫资金安全运行机制的意见》	贵州省扶贫开发办公室	2015年6月
11	《中共中央国务院关于打赢脱贫攻坚战的决定》	中共中央、国务院	2015年11月
12	《中共贵州省委贵州省人民政府关于落实大扶贫战略行动坚决打赢脱贫攻坚战的意见》	贵州省扶贫开发办公室	2015年12月
13	《关于加大脱贫攻坚力度支持革命老区开发建设的指导意见》	中共中央办公厅 国务院办公厅	2016年2月
14	《贵州省扶贫对象精准识别和脱贫退出程序管理暂行办法》	贵州省扶贫开发办公室	2016年6月
15	《关于做好农村最低生活保障制度与扶贫开发政策有效衔接指导意见的通知》	国务院办公厅、民政部等	2016年9月
16	《关于进一步加强东西部扶贫协作工作的指导意见》	中共中央办公厅、国务院办公厅	2016年10月
17	《国务院关于印发"十三五"脱贫攻坚规划的通知》	国务院	2016年11月
18	《贵州省农村最低生活保障制度与扶贫开发政策有效衔接实施方案》	贵州省扶贫开发办公室	2016年12月
19	《贵州省精准开展培训输出护工、家政等紧缺劳务人员工作方案》	贵州省扶贫开发办公室	2017年4月
20	《关于做好财政支农资金支持资产收益扶贫工作的通知》	财政部	2017年7月
21	《贵州省精准推进贫困劳动力全员培训促进就业脱贫工作方案》	贵州省扶贫开发办公室	2017年8月

续表

编号	中央扶贫文件名称	发文机关	发文年月
22	《贵州省财政专项扶贫资金管理办法》	贵州省扶贫开发办公室	2017年10月
23	《国务院扶贫开发领导小组关于广泛引导和动员社会组织参与脱贫攻坚的通知》	国务院扶贫开发领导小组	2017年11月
24	《关于支持深度贫困地区脱贫攻坚的实施意见》	中共中央办公厅、国务院办公厅	2017年11月
25	《深度贫困地区教育脱贫攻坚实施方案（2018—2020年）》	教育部、国务院	2018年2月
26	《关于进一步做好当前旅游扶贫工作的通知》	国家旅游局	2018年3月
27	《贵阳市进一步加大对外帮扶力度助推全省脱贫攻坚工作方案》	贵州省扶贫开发办公室	2018年3月
28	关于印发《贵州省2018年东西部扶贫协作工作要点》的通知	贵州省扶贫开发办公室	2018年4月
29	《中共中央国务院关于打赢脱贫攻坚战三年行动的指导意见》	中共中央、国务院	2018年6月
30	《2018年网络扶贫工作要点》	中央网信办、国家发展改革委等	2018年6月
31	《贵州省扶贫开发领导小组办公室关于注重扶贫同扶志、扶智相结合大力开展精神扶贫的实施意见》	贵州省扶贫开发办公室	2018年6月
32	贵州省扶贫开发领导小组关于印发《贵州省巩固提升脱贫成果的指导意见》的通知	贵州省扶贫开发办公室	2018年12月
33	《关于深入开展消费扶贫助力打赢脱贫攻坚战的指导意见》	中共中央、国务院	2019年1月
34	《欧美同学会（中国留学人员联谊会）关于助力脱贫攻坚的实施意见》	欧美同学会	2019年3月
35	《杭州市党政代表团赴黔东南州对接落实东西部扶贫协作工作》	贵州省扶贫开发办公室	2019年6月

续表

编号	中央扶贫文件名称	发文机关	发文年月
36	《广州市党政代表团赴黔考察东西部扶贫协作工作》	贵州省扶贫开发办公室	2019年6月
37	《贵州省扶贫开发领导小组办公室关于报送东西部扶贫协作工作实施方案的通知》	贵州省扶贫开发办公室	2019年6月
38	关于印发《贵州省金融支持深度贫困地区脱贫攻坚行动方案》的通知	贵州省扶贫开发办公室	2019年6月
39	《关于全面做好金融服务推进精准扶贫的实施意见》	贵州省扶贫开发办公室	2019年6月
40	《省人民政府关于做好当前和今后一段时期促进就业工作的实施意见》	贵州省扶贫开发办公室	2019年6月
41	《省医保局 省民政厅 省财政厅 省扶贫办关于印发贵州省医疗保障扶贫行动实施方案的通知》	贵州省扶贫开发办公室	2019年6月
42	《省人民政府办公厅关于印发贵州省深入开展消费扶贫助力打赢脱贫攻坚战的实施意见》	贵州省扶贫开发办公室	2019年6月
43	《贵州省扶贫开发领导小组办公室关于抓紧做好县级脱贫攻坚项目库建设的通知》	贵州省扶贫开发办公室	2019年7月

3.2.1 分析框架：工具—价值链二维框架

从政策工具与治理主体两个维度出发，建立多元主体参与扶贫二维分析框架。其中，X维度是多元主体参与精准扶贫的政策工具，理性和价值是进行政策工具选择时需要考虑的两大要素。[①]加拿大学者迈克尔·豪利特、M.拉米什将政策工具分为自愿型政策工具、混合型工具和强制型工具，这种政策工具的划分思想用于分析贵州省多元主体参与扶贫特征是极为契合的。Y维度是多元主体参与扶贫的各个主体，代表政府政策在贵州省多元主体参与扶

---

① 杨志军，耿旭，王若雪. 环境治理政策的工具偏好与路径优化——基于43个政策文本的内容分析[J]. 东北大学学报（社会科学版），2017，19（3）：276-283.

贫过程中各个主体之间的协同价值。本文以 X、Y 两个维度建立分析框架来分析中央—贵州省多元主体参与扶贫的政策特征。

3.2.1.1　X 维度：多元主体参与扶贫的政策工具

政策工具是被决策者以及实践者所采用，在潜在意义上可能用于实现一个或更多政策目标的手段。它是政府将政策意图转变为政策执行的中介环节，是政府可利用资源的一种转换形式。政策工具研究的核心是如何将政策意图转变为管理行为，将政策理想转变为政策现实。[①]基于政府权力直接参与程度，加拿大学者迈克尔·豪利特、M.拉米什将政策工具分为自愿型政策工具、混合型工具和强制型工具，在这三种政策工具中，国家干预的程度逐渐增加。自愿型工具以社会自愿提供为主，是一种补充性工具，用以弥补政府和市场资源的不足，其主体主要有家庭和社区、自愿性组织以及私人市场等。混合型工具主要包括信息和劝诫、补贴、产权拍卖、税收和使用费等手段。强制型工具是以政府权威为资源，具有规范和保障功能，需要组织实施和监控，主要面向全民利益事项，在事后采取且有较强回应性，主要包括管制、公共事业或政府直接提供等方式。

3.2.1.2　Y 维度：多元主体参与扶贫的主体

本书将扶贫政策的执行主体主要分为政府、农户、市场和社会。政府是脱贫攻坚战场上的领导中心，政府把握住扶贫的大方向，制定扶贫政策，是扶贫工作能够精准指向和效率执行的保障和依据。农户是扶贫工作中的最小单位，也是脱贫攻坚的主力军。农户依靠自身努力达到脱贫致富的目的的积极性是扶贫顺利进行的基础，也是衡量反贫困治理工作是否高效有用的重要指标。多元主体参与扶贫的主体中也包括市场和社会，引导企业深入参与扶贫，加强企业与贫困地区的合作，社会各组织进一步参与反贫困事业，能够促进多元主体参与扶贫事业。总的来说，脱贫攻坚不是靠单个主体就能取得预期效果的。只有社会多元主体在不同领域下通过不同的手段共同协作，才能更好地实现脱贫攻坚目标。

通过对政策工具和执行主体两个维度的分析，建立中央—贵州省多元主体参与扶贫政策特征的二维分析框架（见图 3-1），把握多元主体参与扶贫的政策导向，对贵州精准扶贫多元共治模式进行政策解读。

[①] 王辉.政策工具选择与运用的逻辑研究——以四川 Z 乡农村公共产品供给为例[J].公共管理学报，2014，11（3）：14-23+139-140.

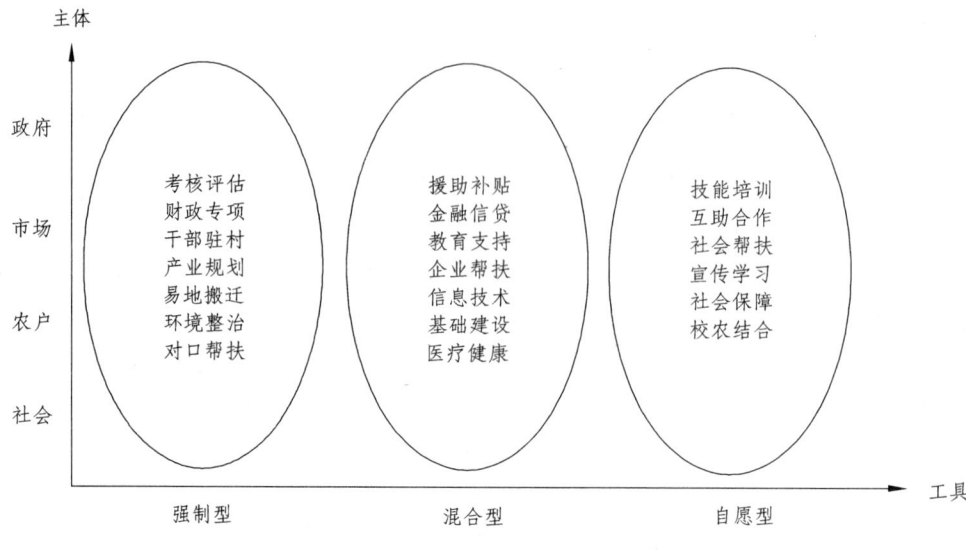

图 3-1　X-Y 二维分析框架

3.2.1.3　X-Y 坐标的内容解释

通过建立 X 维度与 Y 维度在多元主体协同参与下的多方帮扶,对 X-Y 的坐标内容进行填充。填充的内容主要通过三个政策工具来实现。其中强制型政策工具包含考核评估、财政专项、干部驻村、产业规划、易地搬迁、环境整治、对口帮扶等；混合型工具分别包含援助补贴、金融信贷、教育支持、企业帮扶、信息技术、基础建设、医疗健康等；而自愿型工具包含技能培训、互助合作、社会帮扶、宣传学习、社会保障、校农结合等。

强制型所包含的七项工具内容,都是在国家政府的强干预下开展的,每一项内容的执行都有政策的支持。考核评估即在政府的强干预下对贫困人口进行识别或退出。财政专项则是政府等通过财政手段来对市场进行调控,对农户进行脱贫帮助。干部驻村则是国家安排党员干部深入实际,帮助贫困农户脱离贫困。深入实际可以更加深刻的体会,能使得干部产生更多想法,推动创新脱贫。易地搬迁与环境整治分别是运用国家强干预手段对农户、农户所住条件不好的地方进行整改或将农户搬迁到新的安置地进行财政补贴。所有的内容都是相互关联的。对口帮扶则是沿海发达地区帮扶落后省份。

混合型工具由于处在强制型和自愿型工具的中间,它既受到政府的干预,同时主体又有发展的自由。其所填充的内容中,援助补贴是受到政府支持的,政府可通过财政手段对其进行帮助,但该政策工具也可以不接受政府的帮助。金融信贷则是政府通过政策倾斜来对企业和个体农户进行支持。教育是我们发展的必然条件，发展贫困地区的教育刻不容缓。企业帮扶是指发达地区企业通过帮扶带动贵州省新兴企业发展。信息技术多是通过引入科技来培养高素质高技能人才，为脱贫攻坚带来更多新兴力量，带动创新发展。基础建设与医疗保障多是指政府进行政策的制定来帮助贫困地区和贫困人口脱贫。

自愿型工具受到的政府干预最小，该政策工具是在政府的鼓励支持和引导下帮助贫困地区脱贫。技能培训虽然是由政府提供，但是否学习完全靠个人的意愿。互助合作与社会帮扶的提供者分别可能是合作社和社会组织等。互助合作的主体大多是合作社，企业带动企业发展。而社会帮扶的提供者可能是一个团体，也可能是个人。宣传学习则是在党的带领下进行的党建扶贫，通过加强宣传学习，改变农户的思想，提高其思想素质。社会保障则是对贫困户提供最低生活保障。校农结合则是学校用科技带动提高农民的生产力，或购买农户或市场的食材来帮助农户脱离贫困。

三类政策工具都有自己的独立意义，但他们的实施过程都离不开其他工具的支持，每项工具的实施都是在政府的带领、引导和监督下，与其他主体相协同，共同参与扶贫，形成分析贵州精准扶贫多元共治模式的政策内容。

3.2.2 文本单元编码与数据统计

3.2.2.1 文本单元编码

中央与贵州扶贫政策文本中的相关内容是本书的分析单元。首先，将43份政策文本内容按照"政策编号—具体章节"的格式进行编码，然后根据建立的多元主体参与扶贫二维分析框架将这些政策文本进行归类，共计840条，最终形成内容分析单元，见表3-2。

表3-2 中央—贵州省扶贫政策内容分析单元编码（部分）

编号	文本名称	内容分析单元	类型	工具名称	主体	编码
1	关于大力实施乡村旅游扶贫倍增计划的意见	突出扶贫特色，制定和实施本地乡村旅游扶贫发展规划，并与风景名胜区总体规划、本级国民经济和社会发展规划、城镇总体规划、土地利用总体规划、基础设施建设规划等相衔接，由县级以上人民政府或扶贫开发领导小组审批发布	强制型	产业规划	政府	1-1-1

续表

编号	文本名称	内容分析单元	类型	工具名称	主体	编码
		加大财政资金引导性投入。"十二五"期间，财政扶贫资金每年安排不低于1亿元、省级旅游发展专项资金安排不低于1500万元，用于实施乡村旅游扶贫倍增计划，帮助有条件的地方贫困农民发展乡村旅游	强制型	财政专项	政府	1-1-2
		明确乡村旅游扶贫项目申报、检查、验收程序	强制型	考核评估	政府	1-2-1
		鼓励省内外各类企业、社会团体和个体工商户，采取独资、合资、合作、承包、租赁、托管等方式，参与乡村旅游扶贫开发和项目区基础设施建设	混合型	企业帮扶	市场	1-2-2
		加强对乡村自然生态和人文环境的保护，古村寨民居要有选择地保留、有重点地保护、有计划地修缮	强制型	环境整治	政府	1-2-3
		采取政府引导、科学规划、市场运作、农民主体和社会参与等方式有效增加农民收入，以农兴旅、以旅助农，实现扶贫开发与乡村旅游的有机融合，推动乡村旅游扶贫工作更好更快发展	强制型	产业规划	政府	1-2-1
		坚持乡村旅游资源开发与合理保护并重，实现自然生态永续利用和经济社会永续发展	强制型	产业规划	市场	1-2-2
		突出扶贫特色，制定和实施本地乡村旅游扶贫发展规划，并与风景名胜区总体规划、本级国民经济和社会发展规划、城镇总体规划、土地利用总体规划、基础设施建设规划等相衔接，由县级以上人民政府或扶贫开发领导小组审批发布	强制型	产业规划	市场	1-3-1

续表

编号	文本名称	内容分析单元	类型	工具名称	主体	编码
		加大财政资金引导性投入	强制型	财政专项	政府	1-3-2
		明确乡村旅游扶贫项目申报、检查、验收程序	强制型	考核评估	政府	1-3-4
		鼓励省内外各类企业、社会团体和个体工商户，采取独资、合资、合作、承包、租赁、托管等方式，参与乡村旅游扶贫开发和项目区基础设施建设	混合型	企业帮扶	市场	1-3-5
		加强对乡村自然生态和人文环境的保护，古村寨民居要有选择地保留、有重点地保护、有计划地修缮	强制型	环境整治	政府	1-3-6
		乡村旅游扶贫开发必须以不破坏环境、不浪费资源、不搞低水平重复建设为前提，严格执行环境影响评价制度，明确各项环境保护措施，把旅游活动控制在资源环境的承载能力范围内	强制型	考核评估	政府	1-3-7
		开展乡村旅游扶贫从业人员培训	自愿型	技能培训	社会	1-3-8
		加强与报刊、广播、电视台、网站等媒体的合作，将乡村旅游扶贫宣传作为一项重要内容，开辟专题专栏，进行重点推介	自愿型	宣传学习	社会	1-3-9
		各级扶贫、旅游部门和乡村旅游扶贫项目县（市、区、特区）要加强项目建设中期检查和绩效评估，及时逐级汇总上报乡村旅游扶贫工作开展情况	强制型	考核评估	政府	1-4-1

续表

编号	文本名称	内容分析单元	类型	工具名称	主体	编码
2	贵州省农村最低生活保障制度和扶贫开发政策有效衔接扩大试点工作实施方案	合理确定农村低保和扶贫对象规模。建立和完善农村贫困人口识别机制，坚持公开、公平、公正的原则，摸清全省农村现有贫困人口规模、分布、构成和特点等基本情况	强制型	考核评估	政府	2-1-1
		农村扶贫标准。以国家公布的扶贫标准为准	强制型	考核评估	政府	2-1-2
		对识别出来的农村低保对象要按政策规定，及时发放最低生活保障金；对符合《贵州省农村居民最低生活保障工作规程（试行）》相关规定的特殊困难农村低保对象增发补助金；对农村低保和扶贫对象中的残疾人，以及被拐卖后获解救的妇女儿童家庭要提供重点帮扶	强制型	考核评估	政府	2-1-3
		大力实施产业化扶贫。省扶贫办规划建设的产业化扶贫项目区所覆盖的县、乡（镇）及村，要切实做好草地生态畜牧业、蔬菜、油茶和果药竹等四大产业化扶贫项目的实施工作，确保项目区内的贫困人口从中受益	强制型	产业规划	政府	2-2-1
		实施整乡整村推进。对实施集团帮扶和集中连片、特殊类型地区为主的连片开发项目，当地政府要抓好扶贫资金的使用监管，确保资金用出效益，帮助贫困人口增收	强制型	产业规划	政府	2-2-2
		大力开展扶贫贷款贴息。引导和鼓励各类企业和金融机构参与扶贫开发	混合型	金融信贷	市场	2-2-3

续表

编号	文本名称	内容分析单元	类型	工具名称	主体	编码
		青岛、宁波、大连、深圳等对口帮扶城市支持的财政扶贫资金及有关部门的帮扶资金要纳入各级扶贫资金专户监管范围。省扶贫办、省财政厅和对口帮扶所在地人民政府要加强帮扶项目的组织实施和后续管理。对于社会捐赠资金，根据捐赠者意愿要求和拨款方式使用	强制型	对口帮扶	社会	2-2-4
		以工代赈资金和少数民族发展等专项扶贫资金，要体现瞄准贫困地区和贫困农民的原则，其资金分配使用和项目管理等仍按现行规定执行	强制型	财政专项	政府	2-2-5
		加强指导督查。各地各有关部门要加强对试点工作的指导和督促检查，及时发现和帮助解决工作中存在的困难和问题，纠正工作中的不足和错误作法	强制型	考核评估	政府	2-2-6
...	......	......	...	...	...	......
42	省人民政府办公厅关于印发贵州省深入开展消费扶贫助力打赢脱贫攻坚战的实施意见	以购买贫困地区农特产品和服务为主要手段，以"产品提质升级、主体持续扩大、渠道不断拓宽、休闲农业和乡村旅游融合发展"为目标	强制型	产业规划	社会	42-1-1
		加快推进农产品结构化调整。认真对照"八要素"要求，以消费市场需求为导向	强制型	产业规划	社会	42-1-1
		引导农民调整优化农业产业结构，扩大蔬菜、水果等特色优质农产品种植面积，大力发展生态家禽、优质牛羊等生态畜牧业	强制型	产业规划	社会	42-1-2

续表

编号	文本名称	内容分析单元	类型	工具名称	主体	编码
		打造农产品特色化品牌。以农产品认证为抓手,支持贫困地区经营主体开展绿色、有机和地理标志农产品申报工作	混合型	信息技术	农户	42-2-1
		推进"绿色黔货""黔系列"公共品牌和区域性优势特色品牌建设,利用各大网络平台,宣传推广贫困地区公共品牌产品、优势特色产品	混合型	信息技术	社会	42-2-2
		推动各级机关、国有企事业单位、金融机构、学校、医院等省内公共机构在同等条件下优先采购贫困地区产品,组织开展定向直供直销单位食堂活动	强制型	对口帮扶	社会	42-3-1
		引导干部职工自发购买贫困地区产品和到贫困地区旅游	自愿型	社会帮扶	社会	42-3-2
		动员社会力量参与消费扶贫。将消费扶贫纳入民营企业"千企帮千村"精准扶贫行动和"百千万行动"	自愿型	社会帮扶	社会	42-3-3
		鼓励民营企业采取"以购代捐""以买代帮"等方式采购贫困地区产品和服务,帮助贫困人口增收脱贫	自愿型	互助合作	农户	42-3-3
		构建完善的贵阳"大市场"带动全省大扶贫有效机制,将在筑高等院校、医院、政府部门后勤采购资源全部放开至省内贫困地区	自愿型	社会帮扶	社会	42-3-4
		推动对口帮扶城市支持参与消费扶贫。对接对口帮扶城市农产品需求,组织开展贫困地区农产品展示推介活动	强制型	对口帮扶	政府	42-3-4

续表

编号	文本名称	内容分析单元	类型	工具名称	主体	编码
		积极协调和组织家政培训，推进对口帮扶城市家政服务企业与我省贫困县签订家政服务劳务对接协议，促进贫困劳动力转移就业	强制型	对口帮扶	市场	42-3-5
		加快贫困地区农产品冷链物流体系建设，搭建完善产地型（预）冷库、气调库、冷链运输车等冷链设施	混合型	基础建设	政府	42-3-5
		拓宽销售渠道。组织贫困地区农产品入驻中国社会扶贫网、商务部15个电商扶贫频道、贵农网、贵州电商云	混合型	信息技术	社会	42-3-5
		鼓励电商企业、龙头企业、农产品批发市场、大型超市采取"农户+合作社+企业"等模式，与贫困地区农产品生产、加工企业签订合作订单，在贫困地区建立生产基地，发展订单农业	混合型	企业帮扶	市场	42-3-6
		监测农产品市场供求、价格情况，及时发布监测信息，强化农产对接市场监管，引导农产品产销顺畅衔接	强制型	产业规划	社会	42-5-1
		推进"百区千村万户"乡村旅游扶贫工程，加快改善贫困地区旅游基础和公共服务设施	混合型	基础建设	政府	42-5-2
		依托东西部扶贫协作和对口支援、中央单位定点扶贫等机制，鼓励相关科研机构和高等院校，帮助我省贫困地区培训休闲农业和乡村旅游人才，提供营销、服务、管理指导	强制型	产业规划	政府	42-5-3

续表

编号	文本名称	内容分析单元	类型	工具名称	主体	编码
		统筹相关政策资源和资金项目，对在贫困地区从事农产品加工、销售和休闲农业、乡村旅游的企业，在金融、土地、水电等方面给予倾斜支持	混合型	援助补贴	政府	42-6-1
43	贵州省扶贫开发领导小组办公室关于抓紧做好县级脱贫攻坚项目库建设的通知	项目库规模要与财力状况和脱贫攻坚实际需求相匹配，精准确定入库脱贫攻坚类项目，进一步夯实项目安排精准、资金使用精准的基础	强制型	财政专项	政府	43-2-1
		主要考虑农村产业发展、农村基础设施、农村公共服务等巩固脱贫成效的项目以及贫困村提升工程项目	混合型	考核评估	政府	43-2-2
		进一步摸清贫困户致贫原因和贫困村薄弱环节，结合各地资源禀赋和产业基础，因地制宜、因户施策	强制型	产业规划	政府	43-2-2
		对已脱贫户要摸清巩固脱贫的实际需求，逐户制定帮扶措施，精准选择扶持项目，防止返贫	混合型	援助补贴	农户	43-2-2
		强化入库项目审查，建立健全项目入库前的合规性、科学性、可行性论证与审查机制	强制型	考核评估	政府	43-3-1
		对打着扶贫旗号搞与脱贫攻坚无关的项目、违法违规的项目、盲目提高脱贫标准的项目、搞形象工程的项目、未建立带贫减贫机制的产业项目、未编制绩效目标的项目等，一律不得纳入项目库	强制型	考核评估	政府	43-3-1

续表

编号	文本名称	内容分析单元	类型	工具名称	主体	编码
		规范入库项目类别，包括产业项目、就业扶贫、易地扶贫搬迁、公益岗位、教育扶贫、健康扶贫、危房改造、金融扶贫、生活条件改善、综合保障性扶贫、村基础设施、村公共服务、项目管理费	强制型	财政专项	政府	43-3-2
		强化资金规范化管理。安排使用纳入贫困县涉农资金整合方案的各类涉农资金，以及非贫困县的财政专项资金、彩票公益金时，一律从项目库中选择项目	强制型	财政专项	社会	43-3-3
		安排使用东西部扶贫协作、定点扶贫、扶贫贷款及相关行业扶贫等资金时，重点从项目库中选择项目。不同项目的资金来源要符合相关资金管理规定	强制型	对口帮扶	社会	43-3-4
		纳入项目库的项目实行动态调整，有进有出，及时更新，调整要履行相关程序	强制型	考核评估	政府	43-3-5
		落实扶贫项目资金绩效管理要求，要编制科学合理、细化量化的绩效目标	强制型	考核评估	政府	43-4-1
		严格落实项目库建设"三公示一公告"要求，广泛征求群众意见，坚持"项目从群众中来，到群众中去"，年度扶贫资金项目计划、完成情况要在县级政府门户网站进行公告公示，同时还要在乡、村两级公告公示	自愿型	宣传学习	政府	43-4-1
		全县范围建档立卡贫困户到户到人的政策性补助资金项目	混合型	援助帮扶	政府	43-4-1

续表

编号	文本名称	内容分析单元	类型	工具名称	主体	编码
		发挥好省委省政府扶贫专线及12317扶贫监督举报平台作用,建立问题举报台账	混合型	信息技术	政府	43-4-2
		进一步优化政府采购流程,加快招投标进度,可结合实际建立扶贫项目招投标"绿色通道"	混合型	企业帮扶	市场	43-5-1
		项目实施单位要提前谋划,扎实做好项目前期工作,根据项目建设周期,科学确定项目实施计划,及时组织项目实施,加快项目实施进度	混合型	基础建设	政府	43-5-2
		梳理每个项目的利益链条和利益切入点,合理确定贫困户受益点以及合作社、龙头企业等组织的利益联结方式	混合型	企业帮扶	市场	43-5-2
		资金使用部门对已建成项目要建立管护台账,进行跟踪监测,对已形成资产进行登记管理,及时发现解决问题,确保发挥扶贫资金效益,防止资产闲置和损失浪费	强制型	财政专项	政府	43-5-3
		省级切实负起总责,加强对项目库建设的督促和跟踪指导,根据需要开展业务培训,加强对项目库系统的统计分析,及时掌握项目库建设存在问题,总结推广好的经验做法	强制型	财政专项	政府	43-5-4
		省扶贫开发领导小组办公室将对各地项目库建设进度、质量情况进行监测并通报,通报情况作为省对市、县两级财政专项资金绩效评价依据	强制型	考核评估	政府	43-5-5

3.2.2.2 数据统计

根据内容分析单元编码表,将不同的政策工具进行分类,可以得到各类政策工具的具体分布情况。再引入政策执行主体维度影响因素,得到工具—主体框架下的中央与贵州多元共治扶贫模式的政策工具选择占比分布,见表3-3。

表3-3 工具—主体框架下的中央与贵州扶贫政策工具选择频数分布

编码统计		政府	市场	社会	农户	合计	比例
强制型	考核评估	110	2	1	0	113	54.40%
	财政专项	162	12	3	1	178	
	干部驻村	13	0	0	0	13	
	产业规划	21	23	8	4	56	
	易地搬迁	3	0	3	2	8	
	环境整治	33	0	2	2	37	
	对口帮扶	31	14	6	1	52	
混合型	援助补贴	22	3	5	2	32	27.98%
	金融信贷	4	9	0	1	14	
	教育支持	44	4	7	8	63	
	企业帮扶	1	42	8	1	52	
	信息技术	9	5	9	1	24	
	基础建设	38	3	2	0	43	
	医疗健康	6	0	1	0	7	
自愿型	技能培训	9	0	2	14	25	17.62%
	互助合作	7	3	10	5	25	
	社会帮扶	8	10	40	5	63	
	宣传学习	6	1	11	4	22	
	社会保障	5	1	2	1	9	
	校农结合	2	0	2	0	4	
合计		534	132	122	52	840	
比例		63.57%	15.71%	14.52%	6.19%		

具体到各个类型的扶贫政策工具,如图3-2、图3-3、图3-4、图3-5和图3-6所示。在三种类型的政策工具中,使用最多的是强制型政策工具(54.40%),

其次是混合型政策工具（27.98%）以及自愿型政策工具（17.62%）。政策执行主体则是以政府（63.57%）为主导，市场（15.71%）和社会（14.52%）也推动着政策的运行，但农户（6.19%）的参与度较低。在强制型政策工具中，财政专项（38.95%）比例最高，考核评估（24.73%）、产业规划（12.25%）和对口帮扶（11.38%）次之，易地搬迁（1.75%）比例最低。在混合型政策工具中，教育支持（26.81%）所占比例最大，其次是企业帮扶（22.13%）和基础建设（18.30%），医疗健康（2.98%）占比最低。在自愿型政策工具中，社会帮扶（42.57%）占大部分比例，技能培训（16.89%）和互助合作（16.89%）占比相同，社会保障（6.08%）和校农结合（2.70%）占比较低。

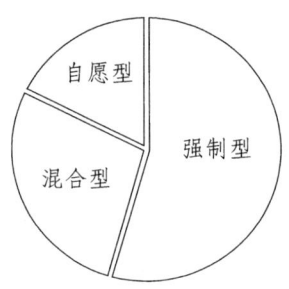

图 3-2　三种类型政策工具选择

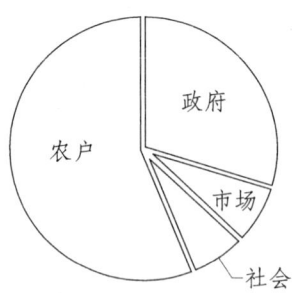

图 3-3　主体分布

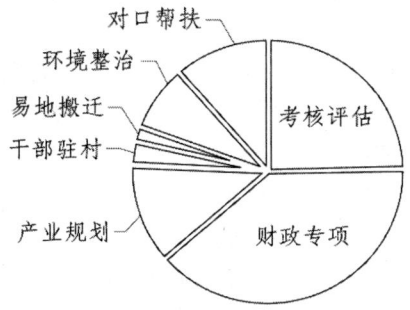

图 3-4　强制型政策工具中具体频数分布

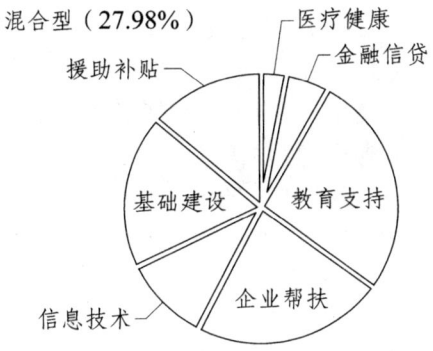

图 3-5　混合型政策工具中具体频数分布

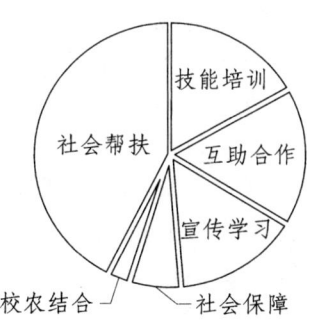

图 3-6　自愿型政策工具中具体频数分布

3.2.3 数据结果分析

中央与贵州省的多元合作精准扶贫使用的工具分别是强制型政策工具、混合型工具和自愿型工具。其中，强制型工具使用得较多，占54%。其他依次为混合型（占28%）、自愿型工具（占18%），其主要体现在数据分析表中（表3-2）。所谓强制型政策工具，是指中央与贵州多元合作的精准扶贫，多数坚持政府主导。正是在政府主导和大力推动执行之下，通过严格的考核评估以及财政专项帮扶等手段开展精准扶贫行动，才能产生执行力，进而取得扶贫成效。这一点从贵州省委省政府下达脱贫攻坚"春季攻势"和"夏秋决战"行动令中可见一斑。但是仅仅依靠政府主导的强制型政策工具，远远不能实现既定目标，混合型和自愿型也极其重要，其中混合型工具介于强制型工具与自愿型工具之间。这两种政策工具的使用，可以看出贵州的扶贫方式是具有多样性的，在政府的带领下多方主体协同参与，并且多方主体都愿意且乐意投身其中。因此，贵州的多元合作精准扶贫工作如果仅仅依靠和使用一项政策工具是无法实现的，只有三种政策工具共同协调来参与，才能达到目标。

贵州精准扶贫多元合作模式涉及四类主体，分别是政府、市场、社会和农户。从政策文件中分析总结，分别得出了四类主体的各自占比（见图3-3）。从图中我们可以看出农户占比最大，为56%。其次为政府（占比30%），市场与社会占比情况相同（都为7%）。从中我们可以知道，各级党委和政府主要通过党委领导和行政执行手段来参与其中，而其他三类主体都是在政府的带领下协同参与其中。农户是占比最大的一类，因为精准帮扶的对象多为贫困农户，农户自身也参与了脱贫攻坚工作。市场和社会两类主题所占比数据相同，市场主要通过混合型手段来参与扶贫，在本地企业和东部城市及企业对口帮扶、多方帮助和多元协作的情况下来参与其中。市场代表的不仅仅是一个市场或农户个人，还可以是该地区的经济发展状况，从企业参与扶贫以及本地产业扶贫的规模和效益两方面，可以判断一个区域是否能够脱贫。社会主要通过自愿型的政策工具来参与精准扶贫，社会中包含许多个体或组织、利益团体等，是社会扶贫的重要力量。每一类主体在参与扶贫工作中都有它自己存在的意义，每一类都尤为重要。只有每一个主体在脱贫攻坚的过程中都发挥巨大的作用，只有每个主体都参与到扶贫攻坚工作中去，才能早日实现脱贫，奔向全面小康。

各级党委和政府采用政府主导的强制型政策工具内容主要有考核评估、财政专项、产业规划、干部驻村、易地搬迁、环境整治和对口帮扶。同时，我们从图 3-4 中可以了解到，强制型政策工具结构分布是不均衡的，各项工具内容在对贵州多元共治精准扶贫中的占比，财政专项这一工具占比最大，为 39%。其次是考核评估。这两项政策工具的使用都是在政府的引导下，带领其他主体多元合作，脱离贫困，通过强制手段，对贫困农户、市场进行财政帮扶，严格考核评估使扶贫力度更有保障。而产业规划（占比 12%）与对口帮扶（占比 11%）占比相差不大，由此可以知道，在对某地区进行产业规划同时，也少不了对口帮扶。贵州多元共治精准扶贫模式中的产业扶贫规划大多借鉴了沿海发达地区的经验，并且东西对口帮扶对贵州省的经济发展也起到重大的作用。

混合型政策工具既有强制型政策工具的特征，也具有自愿型工具的特征，是介于强制型和自愿型工具之间的一种类型。混合型政策工具既可能受到中央政策和地方政府的干预，同时私人也具有一定的决策权。从图 3-5 不难看出，混合型政策工具结构分布得较为均衡，其中教育支持占 27%、企业帮扶占 22%、基础建设占 18%、援助补贴占 14%、信息技术占 10%、金融信贷占 5%，以及医疗保障占比最小（为 3%）。从以上数据中可以得知，通过深入实施精准扶贫，医疗保障在贵州省已经相对比较普及。教育支持占比较大，可以看出贵州省对教育事业的重视程度。企业帮扶占比也较大，通过东西对口帮扶以及对企业实行金融信贷等政策倾斜，沿海发达城市及企业一对一精准帮扶，对贵州经济规模和效益起到提升助推作用，对产业扶贫中的产业规划和发展起到帮助引导作用。同时，贵州省的基础建设也在不断加强和完善，尤其是在信息技术的基础设施建设方面，规模效益明显，这得益于贵州大数据战略的大力实施，以及贵州自身所具有的得天独厚的气候条件和自然环境优势，为大数据的储存和利用带来了极大便利。

自愿型政策工具是在各类主体自愿的条件下开展活动的，具有灵活自主、集约高效的特点，农户、协会、各类志愿组织和社会团体成为贵州精准扶贫的重要帮手和助手。从数据分析结果（图 3-6）可以看到，社会帮扶在自愿型政策工具中起到的作用较大，占比为 43%。社会帮扶主要是通过社会组织、社团或个人等具有一定能力的人对贫困地区进行帮扶，帮扶形式及内容是多样的。技能培训（占比 17%）和互助合作（占比 17%）在自愿型政策工具中占比相同，技能培训是在政府现有的条件水平下为农户及社会组织提供的技术帮助，以增强贫困农户或组织的技能，让他们可以通过多种方式脱离贫困。互助合作多为在贫困地区内建立合作社，为贫困者提供帮助，同时也可以通过市场及企业带动企业的方式来进行互助合作，实现共赢。宣传学习则多为党建扶贫内容，党组织通过宣传教育学习的方法，对自愿参与学习的农户进行扶智，加强思想宣传等工作，其占比为 15%。占比较少的分别是社会保障（6%）和校农结合（3%），社会保障占比逐渐减少，这不难看出"两不愁三保障"的兜底性政策起到了较好的作用，所以才会出现社会保障占比偏少的情况。校农结合是通过学校等社会组织来与当地市场、农户加强农产品等合作，来带动市场的发展，提高及稳定农户的发展。

综上，每一项政策工具内容都是相互联系、相互结合的，在多种方式、多元主体相互合作相互协同下，贵州脱贫攻坚工作得以顺利完成，精准扶贫多元共治模式在政策内容的分析中、在政策导向的引领下，得以完全建立。

3.3 政策文本量化分析的启示

在扶贫开发的过程中，贵州省积极借鉴外部先进的扶贫理念，并结合自己内部的实际条件，在脱贫攻坚的战场上打出了一个漂亮的翻身仗，是这场战役的尖子生，取得了显著的成效。党的十八大召开以来，贵州省在党中央的领导下，始终把精准扶贫作为拔穷根、扶民生的根本，终于创造了脱贫攻坚的"贵州经验"，为中国乃至全球欠发达地区摆脱贫困积累了经验。

贵州是中国贫困人口最多、脱贫攻坚任务最重的省份之一，是中国脱贫攻坚的主战场。在历史条件和自然条件等的约束下，贵州省联合社会多元主体科学规划、统筹推进扶贫工作，形成了以政府为主导，市场和社会多方助力，积极鼓励农户参与扶贫的联动模式，为各项政策的有效实施增加了砝码。同时，认真贯彻实行指导方针，将政策落实精准到户、严格扶贫过程中，使扶贫的每一个决定、每一个行动都落地有声。

贵州省在党中央的正确引导下，广泛动员人民群众，最终形成了强大的合力，不仅成为全国脱贫攻坚的示范区，也成功地为全国脱贫攻坚提供了可以学习推广的"省级样板"。脱贫攻坚战打响以来，贵州省发生了巨大的变化。66 个贫困县全部脱贫摘帽，923 万贫困人口全部脱贫，192 万人搬出大山，减贫人数、易地扶贫搬迁人数均为全国之最，贵州脱贫攻坚实现历史性全胜，书写了中国减贫奇迹的精彩篇章。①

---

① 千年梦圆铸奇迹！数看贵州 5 年脱贫攻坚成就[EB/OL].贵州省乡村振兴局，[2022-04-26]. http://xczx.guizhou.gov.cn/xwzx/zwyw/202204/t20220426_73630114.htm.

4 贵州精准扶贫多元共治模式的形成过程

本部分主要是从 IAD 框架的五大变量出发来分析贵州精准扶贫多元共治的过程。这五大变量分别是外部变量、行动情境、相互作用、评估准则和结果。一是从外部变量上分析了贵州省的自然外部条件,如地形地势条件、气候条件和自然资源条件等,再根据这些特征来说明政策实施的前提条件。二是从政策属性上分析了国家层面以及贵州省相关精准扶贫的政策,对相关的政策文件进行解释。三是从行动情境上分析了参与精准扶贫的国家干部、机关和贵州省参与扶贫的主要领导干部,解释他们如何参与精准扶贫,在扶贫中怎样发挥领导作用,分析了在贵州省如何发展多主体参与精准扶贫以及发展精准扶贫的各种情景。四是从相互作用上分析了贵州精准扶贫多元共治模式,主要分析了十二个多主体参与协同的发展模式,从教育、医疗、住房等各个方面分析了这一模式对各个地区的影响及其优势。五是从评估准则上主要分析了贵州省精准扶贫多元共治的实施情况与效果,根据村民的满意度以及政策的实施结果来分析政策的适用性与可行性,结合外部变量、行动情境与相互作用推导出政策的评估准则。最后,由以上四种变量推导出政策实施的结果并进行总结,由此得出具体经验。

4.1 IAD 框架下精准扶贫的外部变量

4.1.1 自然资源

党的十九大报告明确指出,急需脱贫的对象,大多数都是条件较差、基础较弱、贫困程度较深的地区,都是需要下大力解决的"硬骨头"。[①]西部地区特别是民族地区、边疆地区、革命老区、连片特困地区,贫困程度较深、扶贫成本高、脱贫难度大,是脱贫攻坚的短板和重点。贵州山高、谷深、坡陡,地势起伏比较大。在全国 8000 万的贫困人口中,有绝大多数集中在中西

---

① 习近平的"扶贫观":"因地制宜""真扶贫"[EB/OL]. 人民网, [2014-10-17] http://www.people.com.cn/.

部地区，其中又有很多集中在占全国少数民族人口近半的西北和西南，包括黔、桂、滇的喀斯特地貌区。根据课题组调研所获得的具体信息，贵州被称为"沉积岩王国"，全境均系山岭与山间盆地构成的独特山地地貌，山地和丘陵占全省国土面积的92.5%。同时，贵州作为世界上溶岩地貌发育最典型的地区之一，溶岩分布广泛，具有特殊的溶岩生态系统。贵州作为唯一没有平原支撑的省份，山地是土地资源的主要承载区，也是社会经济活动的集中地区。因此，多年来贵州形成了典型的山地经济发展模式，山地农业、山地文化旅游业是主要产业特色，集中连片的坝区耕地、富含硒锗等特色营养元素是山地产业的主要资源。

> 我们这里的地理地势你们也看到了，有山有沟，不像贵阳周边其他有些地方是一大片平地，做其他产业相对好做。在我们这边想做什么其他产业，连片的带动效应不是特别好。因为我们这里高海拔和低海拔相差一两百米，按照我们省委省政府、市委市政府、县委县政府的统筹，我们在努力实行一村一品的发展模式。（贵州省开阳县××村访谈记录：YHK20180708）

由于特殊的地理地势，不少省、市、县政府的一些计划无法实施，一些好的贫困发展模式也用不上。只能因地制宜，根据自身的地理条件和资源来寻找更好的发展模式，以实现脱贫。

> 开阳的硒含量算是比较高的，我们××村的富硒含量又比开阳的其他地方高，所以我们这边正在考虑做一个事情，就是发展富硒食用菌。（贵州省开阳县××村访谈记录：YHK20180708）

根据该村富有的硒资源来发展富硒食用菌是很好的。该地地势高，多雨的天气很容易种植菌子。如果能够有好的技术指导，就能够有高产量，也能很好地带动全村的经济发展，形成一条相对稳定的产业链。

> 农业这一块的话，我们首先种的是哈密瓜，每一亩产值在两万到三万之间，而成本是五六千元，每亩有大概两万块的纯利润。在2018年我们扩种到50亩左右，今年又扩种到130亩左右。第二块我们种的是折耳根，以"公司+农户"的模式推行，但是目前很多合作站还处于投资阶段，还存在着一些困难，我们想通过努力，让农户逐步看到实惠、见到实效。（贵州省开阳县××职工访谈记录：HGR20180708）

在课题组调研过程中，经常听到大家讲贵州的优势和劣势。山地是劣势，但与此相伴随的气候又是优势。贵州高温多湿，这样的气候条件和土质条件使得种植的产品产量高、口感好，而且很适宜种植瓜果。种植的产品主要有葡萄、折耳根、哈密瓜等。贵州省属于典型的喀斯特地貌，石灰岩分布较广，山地和高原较多，平原较少，不适宜大规模推广机械化种植，因此农业的发展水平比较低，效率也不高，但是喀斯特地貌却非常有利于发展山地旅游经济。在不确定性蔓延的时代，山更有一种确定性的隐喻。正所谓"靠山吃山"，随着贵州山地旅游渐渐成为贵州旅游的"金字招牌"，不少群众吃上了旅游饭、生态饭。

4.1.2 政策属性

首先是国家层面的精准扶贫政策。"党的十八大以来，党中央、国务院高度重视扶贫工作，精准扶贫的理念逐步成型。习近平总书记在上任不到一年的时间里就先后到河北阜平、甘肃定西、湖南湘西三次考察扶贫工作，'探真贫、访最贫'。"[1]党的十九大报告明确指出了要把精准扶贫的工作提高到新的战略高地，并且提出了新的思想、目标和方法。2019年政府工作报告指出要继续打好精准脱贫攻坚战，加大攻坚力度，提高脱贫质量。

自改革开放以来，各级党政机关就率先开展定点扶贫工作，把东部地区与西部地区结合起来，对口扶贫协作。对社会扶贫起到了很重要的引领作用。各种民营企业、社会组织都通过多种方式，积极参与扶贫开发，对扶贫开发发挥出了巨大的发展推动力。但是，其中也不免存在一些不完善的问题，如政策支持不足、体制机制不完善等。为了更好地支持扶贫开发工作，积极动员社会各方力量参与扶贫开发，贵州省始终坚持国家开展精准扶贫的指导思想，深入贯彻党的精神，全面落实党中央关于扶贫开发的决策战略，大力弘扬社会主义核心价值观，创新完善"人人皆愿为"的社会扶贫参与机制，形成政府、市场、社会、个人协同推进的大扶贫格局。另外，还大力倡导民营企业支持扶贫，民营企业自身也要积极承担社会责任，充分发挥市场活力。利用资金、技术、市场管理等优势，通过资源开发、市场开拓等方式到贫困地区投资兴办企业，帮助村民进行技能培训，捐资助贫，积极参与扶贫开发，不仅提供了就业岗位，也提升了村民的积极性，很好地带动了全社会积极扶贫。

扶贫工作也要做到精确扶贫，精准识别农村的贫困人口，将符合条件的对象纳入建档立卡的范围，给予政策上的支持，帮助其尽快脱贫。建立健全

---

[1] 公衍勇. 关于精准扶贫的研究综述[J]. 山东农业工程学院学报，2015（3）.

农村低保制度，让符合条件的贫困户都能享受到国家政策上的帮扶，能够保障其基本的生活水平，能够更好地发展经济。同时要做好各部门的监管工作，建立精准台账，实现应尽则尽、应退则退，健全各种规范规则，严格核查，以保证各项工作能够更好地实施，保证扶贫人员的工作积极性。另外，还需统筹结合各类扶贫资源，实现对农村贫困人口的全面扶贫。

其次是贵州省的精准扶贫政策。贵州省是比较欠发达的省份，贫困问题相对于全国来说比较突出，小康水平总体落后于全国的水平。贵州省存在的主要问题体现在贫困和落后方面，是贵州省富裕起来要解决的两大难题。为了实现贵州省的扶贫开发工作，最艰巨的发展任务还是主要在农村贫困的地区。贵州省要始终把精准扶贫的开发工作作为全省经济发展中的重要工作，尽力解决好贫苦地区群众最关心的问题，让其生活质量尽快得到提高，享受到国家的扶持政策，过上幸福生活，这是党和政府义不容辞的责任。

各项扶贫工作要始终坚持各级党委、省政府的领导。把扶贫工作摆在重要位置，纳入经济社会发展的总体规划。要加大对贫苦地区的支持力度，深入贯彻开展"部门帮县、处长联乡、干部驻村"等政策活动。积极引导党员干部对扶贫工作的重视，引导机关和企事业单位干部深入基层开展帮扶。同时，也要注重发挥贫困群众的参与作用，让贫困群众参与到扶贫开发的工作中来。以群众为主体实施扶贫开发，依靠群众力量办成让群众满意的事。

贵州全面实施产业扶贫的专项扶贫计划，大力发展特色优势产业，培育支柱性产业。形成"一乡一品、一县一业"的特色产业，突出产业发展的格局。以贫困村为基本单位，加快发展扶贫企业和农民专业合作经济组织的合作，采取多种组织相结合的组织模式，大力发展特色的优势产业。对农产品进行深加工，实施产品市场化改造，提升传统优势产业，拓展产业链，构建产业群，实现集群发展、集约发展。但是，在大力发展特色产业的同时，也要加强生态文明建设，把生态文明理念深刻融入改革发展的各个方面和全过程，切实加强生态建设和环境保护。

积极推进基础设施向县以及县以下延伸，全面提升贫困地区村民的生活水平，保障基本的生活设施。例如，用电用水的问题，要解决好农村人畜饮水的安全问题，提高自来水的普及率，实现自来水的持续性供应；解决好无电户的用电问题，提高安全用电的保障水平；解决交通沿线手机信号的问题，提高互联网的普及率，让生活在贫困地区的人民也能感受到外面世界的变化。

加强社会主义新农村建设和危房改造，切实落实好国家政策的保障制度，保证贫困户的居住环境。推进扶贫生态移民搬迁，改善贫困户的居住环境，全面实施生态移民工程。对居住在深山区、石山区，以及生态环境比较脆弱地区的贫困户，要把生态移民与新农村建设、旅游开发等结合起来，用不同的移民模式建立不同风格的移民新农村，认真落实解决好贫困人口的就业、户籍和社会保障等各方面的问题，强化对移民贫困人口的生活技能培训，确保其尽快融入当地居民的生活。同时，也要更好地完善好农村最低生活保障制度和"五保"供养制度、做到应保尽保、应扶尽扶。要提高资金的使用效率，积极争取国家对贵州省特色优势产业发展进行产业投资，积极争取国际金融组织等加大对贵州省特色优势产业的支持力度。

4.1.3 应用规则

应用规则是行动者普遍认可的对何种行为和结果是被要求、禁止和许可的具有可执行力的描述，不仅包括正式制度，还包括以社会习惯等呈现的非正式制度。在IAD框架下，应用规则在行动情境中处于核心地位。

（1）边界规则确定了个体是获得还是脱离了某种身份。它可以是一种邀请，具有特定身份的参与者可以邀请其他具有特定身份的参与者。它也可以是一种竞争。这种规则具有强制性。在多主体协同参与的多元共治精准扶贫模式中，鼓励各种机构参与扶贫，主要是采取消费的方式，优先购买贫困地区的产品，组织干部成员到贫困地区旅游和开展活动等，推动更多的农产品进入市场，同时也动员各种社会力量参与扶贫。这是边界规则的很好体现。

（2）位置规则，它规定了参与者身份的种类与数量。建立扶贫工作领导小组，加强对扶贫开发工作的领导和协调，用扶贫工作推动各项脱贫攻坚工作的发展。建立扶贫搬迁工程建设指挥部，建立由各省长、领导干部组成的监察小组，督促检查各地区扶贫工作的情况，统筹协调解决工作中的重大问题。[①]这是位置规则的很好体现。

（3）选择规则规定的是从属于身份的行为集合，各种行动者的选择不仅与其身份相关，也与其之前的选择相关，改变可选行为的集合会影响到个体的基本权利。在多主体协同参与的多元共治精准扶贫模式中，国家倡导东西部对口支持扶贫，积极引进人才和技术，帮助贫困地区建立自己的特色产业。很多贫困区能够因地制宜，利用自身的资源优势，大力发展特色的农产品及其他特色的产品，对国家政策的落实很到位，积极响应国家的号召，加入了产业扶贫这一大集合。这是选择规则的很好体现。

（4）聚合规则决定了处于某一身份状态的个体对结果的控制力。聚合规

---

① 中共贵州省委 贵州省人民政府关于落实大扶贫战略行动坚决打赢脱贫攻坚战的意见[EB/OL]. 2015-12-04，来源：贵州省人民政府网站.

则大致可以分为三类：不对称聚合规则、对称聚合规则、协议缺失规则。多主体协同参与的多元共治精准扶贫模式运用聚合规则，主要表现在劳动力和产业扶贫的贯通协作上。

> 我们的扶贫攻坚工作就主要围绕着这几个方面来进行：一个是产业扶贫，一个是项目扶贫，一个是因户实施扶贫，还有一个就是利益联结扶贫。具体做法有两个方面：一是对于条件允许的，有劳动能力的，让他们来务工，要比一般人多得一定的收入；二是对于有承包能力的，都让他们去增收致富。（贵州省开阳县扶贫办访谈记录：WLX20180708）

（5）信息规则涉及的内容包括信息流通渠道和信息交流的频率、准确性、主题等，能够揭示其他参与者过去的行动，帮助参与者寻找可信的合作伙伴。多主体协同参与的多元共治精准扶贫模式运用信息规则，主要表现在中央拨付到地方的专项扶贫资金的使用和监管上。

> 中央拨到地方的财政资金，是专项使用的，不能出差错，也不是想社会上所认为的可以随意使用。这一块的使用和监管都非常明确，到我们这里主要是看需求。对于所有录入库里面的成员（精准贫困户），我们采取的措施就是看他缺什么，他需要什么我们就做什么。假如他需要修院坝我们就给他修院坝，要养猪我们就给他修猪圈，一户一对做得清清楚楚。（贵州省开阳县××村访谈记录：YHK20180708）

信息规则在多元共治精准扶贫模式中的主要主体力量在基层。村党支部通过对贫困户的了解，知道其利益诉求是什么，然后针对他们的诉求给予帮助，改善其生活水平。通过对贫困户的多方位了解，村党支部及乡镇政府也能够获取更多的信息，制订更好的政策和方案，帮助贫困户尽早实现脱贫。

（6）偿付规则主要是规定何种行为产生的回报与制裁。扶贫干部建立了工作考核机制，对各级干部的工作情况进行年终考核。按照各自工作的绩效进行考核，把脱贫攻坚实绩作为重要依据，对表现优秀的干部给予一定的奖励，对不作为、乱作为的干部也有一定的惩罚。这就很好地激励了扶贫工作者的信心，只要积极努力，就会有一定的回报，不作为就会有惩罚。这就是偿付规则的很好体现。

（7）范围规则确定在行动情境内可能出现的结果的集合。在多元共治精准扶贫模式中，可能会因地制宜、因户施策开展扶贫工作。因为每一贫困地区的致贫因素不同，经济、文化、政治等各方面情况可能存在差异，所以每一地区的扶贫工作开展方式不同。这给每一片地区的扶贫工作者来说都是一项巨大的挑战。针对同一问题可能会有不一样的结果产生。比如帮助贫困户安装自来水，就会有一系列的问题产生。有的人家觉得离沟渠近，不需要；有的人家怕交水费，也不要。这就需要扶贫人员集思广益，事先想好各种对策来应对各种问题。这是范围规则的很好体现。

4.2 IAD 框架下精准扶贫的行动舞台

4.2.1 行动者

在精准扶贫体系中，影响政策体系的因素有行动者拥有的资源、行动者掌握的信息以及行动者做出的决策。资源是行动者参与决策的重要基础，个体参与者拥有的资源主要是权利资源，因此公民享有参与政策的知情权、参与权和监督权。在贵州省多元共治精准扶贫模式中，多元主体参与、协同合作的扶贫运行机制使得政府、企业、社会、农户之间彼此依存、相互作用，遵循共商、共建、共享的原则，走出了一条独具中国特色的扶贫之路。贵州省多元共治精准扶贫模式的政策制定者、领导者和事务执行者，从中央到地方主要有中央委员会、贵州省政协主席与副主席、省人民政府办公厅、各州州长、民政厅机关党委书记，以及具体到县级各级干部、村、合作社里的村干部以及村民等。而关于扶贫的财政资源也会从中央下放到各地方政府，根据各村、镇的不同情况，对资金进行合理分配。公众可以通过各种正式或非正式制度，向上级反馈精准扶贫实施的实情并提出建议或意见。

贵州省某县一线指挥部（由县级书记担任指挥长统一指挥）提出脱贫攻坚"不掉一户""不掉一人""帮扶到户""帮扶到人"。此县贫困人口有十多万人。为了将精准扶贫政策贯彻和落实好，指挥部将全县干部集中起来，分别分配到各村、镇去进行帮扶。对于乡镇干部无法承担扶贫任务的，为了使政策执行顺畅，调动市级、县级干部到村镇去进行帮扶，帮扶人员主要由村委会中的村委会责任人员、村支书、会计员等组成。在具体实施中，由县委组成的领导小组在作为指挥中心的办公室的指导下，协同村委会下到基层，带领群众为脱贫做出各种努力。在社会保障中，针对过于贫困且长时间将一直处于贫困状态的人实行兜底制度，保障其基本的衣食住行。在政策兑现的问题中，县里的融资主体为脱贫攻坚提供人力、物力、财力。

在多元共治精准扶贫模式中，既有自上而下的下达任务方式，也有自下而上的民意传达手段。但关键还是在于政策的真正落实与否。政府可以采用权威发动、行政推动、组织动员、巡查结果等一系列手段来推动政策的落实。在精准扶贫中，基层自治组织产生了一些积极的作用。例如，贵州省某县某乡成立了各种扶贫研究所、工作组，使基层自治组织逐渐适应了精准扶贫所带来的变化。不可忽略的是，精准扶贫中也存在钻空子等现象，即精准扶贫中的扶贫户产生的惰性，使得政策滞留，政府为此感到很无奈，因为既不能追得太紧，也不能放得太松。抓得太紧会使人感到厌烦，从而出现懒惰现象；放得太松，又会让人认为政府不作为。所以，各级干部在工作中自觉或不自觉、有意识和无意识所使用的方法，都体现出多主体协同参与的多元共治精准扶贫模式。俗话说，上面一根针，下面千条线。扶贫工作的难点痛点和堵点都在县、乡镇和农村，基层组织和社会力量是参与精准扶贫的关键，是形成多元共治精准扶贫模式的底层智慧。

4.2.2 行动情境

在行动情境中，对精准扶贫影响最大的因素是精准扶贫参与者和参与者的目的，因为精准扶贫政策能够影响到政策受益者的切身利益。从这个体系中来看，精准扶贫政策的参与者主要有三类。（1）个体参与者。个体参与者主要指符合精准扶贫条件的个体，即精准贫困户，他们是政策受益者。（2）群体参与者。在精准扶贫政策实施过程中，除了政府与农户外，还有另一些非官方主体的参与，如一些企业和利益团体、社会中介组织，他们是多元共治精准扶贫模式的重要力量，理应发挥应有的作用。（3）组织参与者。在组织参与者中，立法机构和政府组织是最大的主导者。立法机构发挥了对于精准扶贫的立法、监督等职能。政府组织则承担了计划、协调等职能，提高政策的运行效率。各地方官员在各自职位上各司其职，依据各地方（村、镇）不同的情况实行不同的帮扶对策，根据它们固有的自然资源和所获得的公开信息进行不同程度的帮扶，并帮助他们识别贫困现状，对充分利用各种资源的收益和成本进行预估，以达到效益最大化，最后实现政策效用最大化。

在课题组调研过程中我们了解到，从过去的成功经验来看，解决该村的贫困问题关键在于建立成功的合作社。合作社即合作型组织，对合作社理事长的个人素质和能力要求非常高，更关键的一点是要使土地流转起来。但合作社并没有强制性的条件，而是农民随个人意愿选择加入或不加入，原则上精准贫困户将五万元的"特惠贷"资金注入合作社，三年内以分红的方式获得收益。例如，调研发现，2014年至今，该村合作社资产达到1400多万，比上一年盈利多300多万。同时，我们了解到一家2017年由贵州大学农学院毕业生成立的，以种植哈密瓜、葡萄和折耳根为主的合作公司。该公司处于发展阶段，正大力招聘农民工。基于本地特殊的地理环境和高温湿润的气候条件，种植哈密瓜确是最适合不过的了（该公司还计划种植更多的其他作物）。即使公司尚存在一些不完善的方面，如过于自由、缺乏技术指导，但对当地带来的扶贫收益和经济社会效益非常明显。对于多元共治精准扶贫模式中的这种以合作社的方式开展产业扶贫，其中包含企业家、乡村能人、地方干部等多个主体、多种要素，也包含财政资金、金融信贷甚至保险等多种形式，但这种多手段、多途径参与精准扶贫的方式并不是所有人都接受。任何行动情境都是具体的和特定的，不同主体的认知能力和生活方式以及工作经验，都决定了多元共治精准扶贫模式的走向和落实。

> 老百姓都是本本分分的，也希望收入稳定，因为靠勤劳致富才是根基。这是有利条件，转变思想观念也要依靠他们的这个特点，这个特点是我们的老祖宗传承下来的，对于我们发展产业也是一种提醒，提醒我们不能一发展起来就甩包，这种发展只能是短暂的。长远来看，我们还是多种方式、多种力量一起来帮助他们脱贫。（贵州省某县某村干部访谈记录：LGY20180708）

4.2.3 行动能力

在调研过程中，好几位村民说希望将来能够靠种植菌子来达到脱贫的目的，但是由于腿脚不便，很难去机械化作业，并且田地也缺乏机械化的条件。所以从因户施策的角度看，种植菌子（菌类作物）固然是好的，但前提是老百姓要打心底里认同这个想法，愿意去种植，其中的工作不仅有思想意识上的，还要让老百姓看得到实实在在的收益和实惠。脱贫不是指个人脱贫，而是大家一起脱贫。如果要发展，关键还是思想问题，思想问题不是指领导的思想，而是群众的思想，两者思想要达成统一，只要这样脱贫才有希望。切不可抱着"要我发展、要我脱贫，我实在不愿干"的想法。

> 对于脱贫，我们的思想就是要让你们富裕起来，而他们就要想"我要自己富裕起来"。我们都是从群众的最大利益来着想的，要是他们本钱回不来，政府会给补贴。老百姓要积极去加入合作社（以村为主）。发展虽然复杂，但我们也要努力。为了能够发展，什么事情都要尝试去做。（贵州省某县某村干部访谈记录：YSZ20180708）

在贵州省某县某村中，我们调研了一个公司。该公司土地流转面向全体农民，由扶贫资金贷款58万元成立起来。但由于承包权在农民手上，大家意见不一致，导致合作社四分五裂，从而造成分红的矛盾。有的农户出于个人情感，将土地承包给不同的人种植不同的农作物。从法律层面看，该合作社缺乏规范的法律法规制度，在土地流转过程中出现了困难，有的农民不愿意将自己的土地流转出去。从资金与技术层面看，农民由于资金与技术的不足，无法支撑合作社发展，而公司又无法将土地集中起来。因此，在多元共治的精准扶贫模式中，农民专业合作社的成功往往还与政府是否取得农民的信任相关。在合作社建立过程中，有少部分农民因为个人的私情（世代恩怨与纠纷）而不愿加入合作社。在解决技术问题上，由人社局、农业局牵头组织农技专家和社会组织人员对村民进行智力上和技术上的培训支持，起到了较强的激励和推动作用。因为从实情出发，传授培训的实用技术，培养产业技术骨干，为农户们提供某些技术方面的咨询，帮助有条件的贫困对象学习并掌握职业技能与致富技术，为他们提供职业指导，从而增强就业能力，增加收入，本身就是精准扶贫的关键举措。

这种帮助具有实质作用，激发内生动力，属于造血式的共治扶贫。还有一种是外生性的，属于输血式的参与扶贫。例如，对于无法依靠产业扶持和就业帮助等方式脱贫的贫困家庭，通过"两不愁三保障"和建立完善的一对一捐赠救助帮扶机制，以改善他们的基本生活条件。所谓"两不愁三保障"，是指不愁吃、不愁穿"两不愁"和义务教育、基本医疗、住房安全"三保障"。具体是：确保贫困人口不愁吃、不愁穿；保障贫困家庭孩子接受九年义务教育，确保有学上、上得起学；保障贫困人口基本医疗需求，确保大病和慢性病得到有效救治和保障；保障贫困人口基本居住条件，确保住上安全住房。最为重要的是，我们的扶贫工作一定要确保精准到位，深度了解各种贫困是什么原因导致的，并科学地制定规划，因为在别的地方成功的政策放在贵州省或许并不合适，因此我们要因户施策、因地制宜。

我是搞水果出身的，对这方面比较了解，地势差个两三百米，区别就很大，所以我觉得我们还是要因地制宜，根据每个贫困户具体的需求，现在不是要"精准"吗？关键就是落实精准吧。大家缺什么就给补什么。比如，要修院坝、多大的院坝，张三家需要养猪、多少头，一户对一户做得清清楚楚。（贵州省某县某村农户访谈记录：WYQ20180708）

不管是什么项目，都应征求贫困户的意见。只要条件允许并且有能力承受，政府都支持去做。在调查过程中，我们梳理出了主要的致贫原因：设备滞后、环境恶劣和自然灾害频繁、筹措教育经费、重大疾病、残疾或智障等。从中我们得出一些经验：致贫对象及其原因的精准识别，有助于在开展扶贫工作的时候更具针对性和有效性。例如，对于孤寡老人或失去劳动能力的这一类人，我们就帮助他们申请低保；对于家中有闲置的劳动力，但因就业信息缺失或不完整而致贫的，我们就为他们提供准确和完整的就业信息，并指派有关专业人员对他们进行培训；而对于因教育问题而致贫的，我们就通过一些教育慈善机构还有助学金，对贫困学子进行教育经费上的帮扶，保障每一个孩子不会因贫困而失学。获取多元共治精准扶贫能力的前提一样在于"精准"，精准识别贫困户的需求，从而实施精准帮扶，不管是兜底性的社会保障，还是"一村一品"的产业扶贫模式，或自上而下的财政资金专项使用，都需要精准帮扶，需要精准管理和长效监督，确保政策真正落到实处。

综上，课题组调研发现，依托资源禀赋，贵州已发展出茶叶、辣椒、刺梨等12个农业特色优势产业，绿水青山变成了金山银山。2014年3月7日，习近平总书记参加十二届全国人大二次会议贵州代表团审议时指出，绿水青山和金山银山决不是对立的，关键在人，关键在思路。贵州精准扶贫多元共治模式不是排斥输血式、开发式扶贫模式，而是有机整合、有效吸纳，是政府、市场、农户、社会组织等多个主体，政府平台公司、国有大中型企业、大中小型民营企业、合作社、基金会等多种投资方式相结合，多层次、多角度、多范围开展的因地制宜的扶贫模式。既要精准，又要合作，在精准中求得合作，在合作中体现精准，二者相互补充、相得益彰。

4.3 IAD框架下贵州省精准扶贫的相互作用模式

4.3.1 多元主体参与扶贫

第一，以政府为主体参与扶贫。在多元共治精准扶贫中，要坚持政府对扶贫工作的领导，在政府的带领下因地制宜，选择适合自己的扶贫发展战略。

第二，以市场为主体参与扶贫。在扶贫过程中，市场发挥着不可忽视的带动性作用。市场像一只看不见的手，对资源分配起着决定性作用，要鼓励民营企业积极承担社会责任，充分激发市场活力，通过开拓更广阔的市场为经济社会长远发展打下坚实的基础。

第三，以社会为主体参与扶贫。支持社会团体、基金会、民办非企业单位等各类组织从事扶贫开发事业，各地方政府为社会组织提供相应的扶贫信息，撬动社会资源，鼓励其积极地参与扶贫资源的配置与使用，建立活力有序的社会型组织和机构。

第四，以农户为主体参与扶贫。在开发扶贫过程中，要广泛动员更多的人参与扶贫。畅通社会各阶层交流、相互帮助的渠道。引导更多的人对贫困户进行帮扶，但更重要的是农户要积极主动参与到扶贫中来，依靠发展的理念来实现自我脱贫。

4.3.2 贵州省精准扶贫多元共治模式

在外部变量和行动舞台的相互作用下，贵州省坚持大扶贫工作格局，凝聚决战决胜强大合力。围绕"谁来扶"的问题，始终坚持专项扶贫、行业扶贫、社会扶贫"三位一体"，动员社会各方面力量共同向贫困宣战。我们整合了以下多元共治精准扶贫模式的相互作用模式（图4-1）。

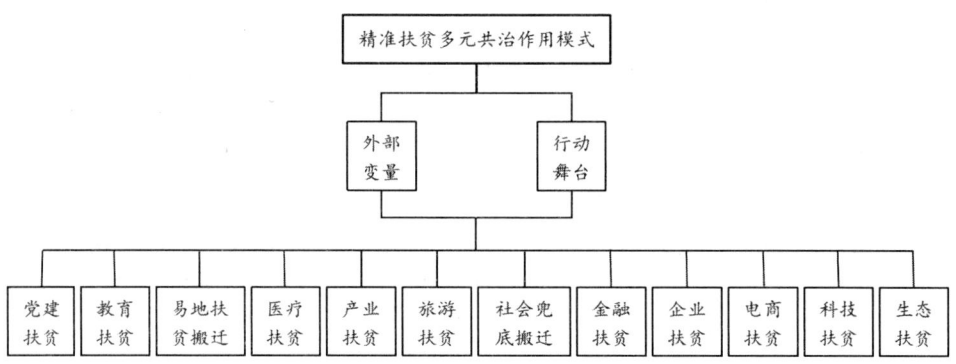

图4-1　精准扶贫多元共治相互作用模式

（1）党建扶贫。党建扶贫旨在让集体服务于群众，加大项目的整合力度，让各种扶贫资源发挥最大的用处，做到有基础设备的地方就要让党组织阵地建设"驻扎"起来，有产业培植壮大的地方就要把集体经济汇合进去，而有紧急繁重的工作任务就由党员带头顶起来。要把群众愿望、需求与党建项目紧密联系起来，重点发展一些改善生产生活条件的项目，奋力办好一些合民意、利民生的好事实事，把扶贫项目做到群众内心深处。扶贫主要以解决贫困户生产生活条件为切入点，扶贫人员本着缺什么补什么的原则，将解决水、电、路和住房等硬性条件作为脱贫的主要侧重点，精准地实施规划，帮助精准扶贫户发展种养业，开展技能训练，培养新型农民营业主体，发展独具特色的优势产业等。

（2）教育扶贫。在贵州还有很多贫困山区的孩子不能够正常享受受教育的权利，而精准扶贫要通过在农村普及教育，使农民子女有机会得到他们所要的教育，不让一个孩子因贫困而失学。从20世纪80年代开始，我国实行九年义务教育已经有30多年。但是从现实来看，我国儿童受教育状况并不乐观，有许多偏远山区的孩子没有正常地享受到受教育权利。2013年出台的关于教育扶贫的文件深刻指出，在教育问题上，政府建立营养餐机制，每个贫困户就读小孩每个月都有600元的生活补贴。[①]但教育脱贫难度大。一是经费投入不足，效益不高。贵州地方财政资源不足，使得教育扶贫进程缓慢。二是项目规模大，实行起来非常困难。毕竟在山区建造学校并不是一件容易的事。三是缺乏师资力量。由于因贫困而不能正常入学的儿童很多，而老师的数量却远远不足。关于教师数量不足这个问题，一方面有教师资质不够的原因，另一方面是因为现在许多毕业大学生都不愿意到山村支教。另外，有的家庭出现孩子厌学现象，或父母觉得读书无用，这些因素都限制了教育扶贫的进一步发展。

（3）易地搬迁扶贫。在扶贫过程中，课题组调研发现，部分贫困户的致贫原因是其居住环境恶劣。众所周知，贵州属中国西南部高原山地，境内地势西高东低，自中部向北、东、南三面倾斜，高原山地居多，平均海拔在1100米，素有"八山一水一分田"之说。全省地貌可概括为高原、山地、丘陵和盆地四种基本类型，其中92.5%的面积为山地和丘陵，而居住在恶劣环境中的村民，发展受到了极大限制。对此，政府要出台政策，根据农户的意愿，对其进行搬迁，同时为迁出的农户提供入住环境，并对迁出地进行保护，以达到脱贫致富的目的。实施易地搬迁扶贫，一是可以帮助用户解决环境恶劣因素带来的发展问题；二是可以将各迁出户集中在一起，共同享受政策所带来的利益，如受教育权、医疗保障权等。但其中也存在一些令人困扰的问题，如有些农户传统观念根深蒂固，还有个别迁出户无法融入当地的生活习俗等。此外，还存在着扶贫资金到位难度过大、政策落实不彻底等问题。

（4）医疗扶贫。2018年9月30日，国家医保局、财政部、国务院扶贫办联合印发的《医疗保障扶贫三年行动实施方案（2018—2020年）》中提到，到2020年，农村贫困人口全部纳入基本医保、大病保险和医疗救助保障范围，农村贫困人口医疗保障受益水平明显提高。[②]在这里，基本医保待遇政策覆盖范围进一步扩大，农村人口的健康水平得到了一定保障，也缓解了城乡之间

---

① 国务院办公厅. 关于创新机制扎实推进农村扶贫开发工作的意见[N]. 2014-01-25.
② 国务院扶贫办. 医疗保障扶贫三年行动实施方案（2018—2020年）[N]. 2001-10-22.

不平衡的现象。其中，大病保险侧重程度得到加强，农村贫困人口大病保险起付线整体降低了一半，支付比例明显比以往提高了。在此政策保障下，农村建档立卡贫困人口将成为医疗救助的主要对象，从而实现了农村贫困人口基本医保、重大疾病保险和医疗资助的全覆盖，其中还对特困人员参保缴费给予全额补贴，对农村建档立卡贫困人口给予部分金额补贴，逐步将资助参保资金统一通过医疗救助渠道管理。有了医疗保险，在一定程度上就减少了村民因病致贫、因病返贫情况的发生。

（5）产业扶贫。产业扶贫关键在于立足资源优势，培育特色产业。这要求各村精准识别当地所有的独特自然资源；通过深入分析后，根据各村不同情况发展不同产业，从而达到户户增收的目的。不同地区、不同农户具有不同的致贫原因，故脱贫策略自然不同。因此，各级党委、政府在帮扶过程中，须本着因地制宜、因户施策的方针，针对优势资源和特色环境进一步规划发展有市场、能持续发展的特色产业，进一步提升特色产业的有利空间，使其融入现代市场并尽快转化为脱贫增收的支柱性产业。另外，营业主体要紧盯项目实施，合理整合资金投入。国家对贫困区域、困难群众的帮扶，就是通过一系列规范合理的基础设施建设、帮助贫困户打造优势产业来实现的。在具体操作过程中，要求各级党委、政府保证产业扶贫项目精准规划、精准运作、精准参与、精准落实，使有限的扶贫资金发挥出最大的作用，确保能精准带动困难群众脱贫致富。我们在课题调研过程中了解到一个例子，2018年因病致贫的杨女士争取靠养殖和种植蜂糖梨来实现自主脱贫，总共贷款8万元，分两个银行贷款，每个月需要还400多元的利息。为此，领导者提出因户施策，由农户自行提出要求，缺什么补什么，建立专项扶贫资金。在这里，村委会是贫困户和利益公司之间的桥梁，由政府牵头，贫困户与利益公司之间签订协议，以 5%~6%的利益收入作为分红分配给贫困户。合作社也存在着一些不容乐观的问题：合作社生命力弱，收益不稳定，竞争力不强，难以实现长远发展。此外，还存在着农作物的销路等问题。但最重要的一点是，成功的合作社需要有工作的前瞻性，需要村党支部参与式的带动。

（6）旅游扶贫。旅游扶贫要求我们通过开发贫困地区丰富的自然资源，将自然资源转化为推动当地经济发展的旅游资源，积极寻找并发现能够成为旅游焦点的自然区域，使旅游业成为带动当地经济发展的产业，以达到贫困地区居民和地方财政增收的目的。在这种扶贫模式下，领导干部将会帮助各村精准识别他们各自拥有的自然资源以及资源所具有的特色。比如，贵州梵净山，可以通过成立自然保护区来开展旅游业。除此之外，各种民风民俗等非物质文化遗产也可以成为吸引外来游客的资源。然须知，旅游扶贫并不属于一种特殊的旅游产品，也不是某个地区旅游业全面发展的结果，而是有利于贫困人口脱贫致富的旅游产业。旅游扶贫的核心要义在于旅游产业的开发和建设所获得的收入主要用于扶贫，或者在旅游产业开发、建设和运营管理过程中，应该着力于解决贫困人口的就业和可持续生计问题。旅游扶贫在可持续发展的前提下可以促进当地的经济、文化与教育发展，但也存在一些不足的地方，如开发操之过急，整体区域规划不当，以及公众环保意思不强、资金困难、政府过多干预等问题。

（7）社会兜底扶贫。这一模式主要针对的是无劳动能力、暂时丧失劳动能力的贫困人员。按照法定标准，国家会为他们提供能保障其生活最低标准的资金，构建社会保障制度的最后一道防线。社会兜底扶贫要求精准识别扶贫对象，使扶贫资金发挥真正的作用。政府提供各种保障制度，包括医疗保障、住房保障等。乡镇级的医疗保障尽量报销100%，市级报销60%，但限于技术水平，目前尚不能解决癌症患者的医疗问题。社会兜底扶贫体现的是一种公正与和谐。但政策难免也会存在一些弊端，以致有人为了使自己的利益最大化而不惜损害他人权益，靠人情关系成为低保户，这使得中央和省级的扶贫专项资金需要不断加大，兜底的标准提高且救助范围扩大，因而使政策走向严重偏离了预定目标。

（8）金融扶贫。金融扶贫主要是指扶贫小额信贷，是专门为建档立卡贫困户获得发展资金而量身定制的扶贫贷款产品；一般通过为贫困户提供5万元以下、3年以内、免担保免抵押、基准利率放贷、财政贴息、县级建立风险补偿金的信用贷款来实现扶贫目的，被称为"特惠贷"。纵观历史经验，大多限制农户发展的原因就是发展资金不足，且没有企业或机构愿意为他们提供用于发展产业的资金。小额信贷扶贫的设立给人们提供了一种手续简便、成本低的借贷方式。通过此种方式，农户可以提前得到发展资金，推动产业形成，以达到脱贫目的。小额信贷为有需要的农民提供了很好的一个信贷平台，不仅解决了人们生活的根本问题，还在一定程度上照顾到了政策未照顾到的贫困农户。但小额信贷扶贫也存在一定的缺陷：一是信贷资金有限，无法帮助农户扩大企业；二是还贷期限不会因为农户产业某方面的问题而延期；三是信贷公司的运营只能依靠外部资金维持，面临着随时无法维持下去的极大可能。

（9）企业扶贫。企业扶贫模式，即在全省贫困县因地制宜形成一批特色明显、优势突出、工业集中、竞争较强的优势主导产业，打造一批农产品精深加工基地，新建一批风光分布式能源项目，新建和培育壮大一批骨干企业，着力解决贫困人口就业问题。旨在希望村民踊跃加入企业，通过企业营利来达到脱贫目的。但企业扶贫拒绝企业向村民"直接撒钱"的做法，而应鼓励村民勤劳致富，通过自己的努力，使产业具有可持续性和发展性。需要注意的是，要办好贫困地区的民营企业，一定要充分考虑地方特点，因地制宜发展特色产业。例如，全国工商联定点帮扶贵州省织金县就是一次新时代定点扶贫的新探索，形成了"万企帮万村"行动的新经验。全国工商联直指难点、把脉开方，先后联系引入恒大集团、宝龙集团、吉利集团、正邦集团等优强企业，实施产业扶贫，聚焦脱贫短板、瞄准"两不愁三保障"，开展金融扶贫，建立承贷企业、专业合作社与贫困户的利益联结机制，聚焦人才培养等。

（10）电商扶贫。在互联网时代背景下，人民的生活发生了翻天覆地的变化，足不出户便可知晓天下事。把互联网与脱贫攻坚事业有机结合，农产品的销路问题便有了新的解决途径。通过网店将农产品销往全国各地，有力地解决了农产品滞留问题。我们要发挥互联网在脱贫攻坚中的作用，推进精准扶贫，让更多人用上互联网、享受互联网带来的惠利，让贫困地区的孩子也能够通过互联网享受到高品质的教育，进一步强化教育公平。让农民的农产品通过互联网走出山村，拥有更广大的市场。但需要特别注意的是，农民应充分根据地方性特点来发展特色农产品，而不是盲目跟风、一味从众。同时，电商平台的运行需要持续性、专业性的操作，在合理的运营下才能实现效益的最大化。例如，贵州省惠水县抢抓国家加快电子商务发展机遇，着力由"输血式"扶贫向"造血式"扶贫转变，不断创新，走出了一条扶贫工作新模式："链接+帮扶+电商"，将电子商务与精准扶贫的有机结合，提升扶贫攻坚效力，最终实现贫困清零目标。具体是：惠水紧扣脱贫攻坚，顺应电子商务和物流体系快速发展趋势，全力推进电商扶贫，着力解决农产品"买难卖难""丰产不丰收"问题，促进农业产业结构优化、农民收入持续增加、消费需求得到保障，不仅让农产品"种得下"，还能让农产品"卖得出""卖得好"。[①]

（11）科技扶贫。科技扶贫是扶贫方式的一种突破，由以往单纯救济式扶贫转变为以科学技术为主导的开发式扶贫。其目的在于应用相应的科学技术改革贫困地区闭塞的小农经济模式，提高农民的科学文化素养，提高资源开发水准和劳动生产率，促进经济发展，达到农民脱贫致富的目的。科技扶贫以市场为导向，以科技为主导，引导贫困地区进行资源的合理开发，识别出该地的资源优势，并将它转化为经济优势。同时，努力提高贫困地区农民参与市场竞争的技能，实现自我发展的良性循环。农民自身也要注重引进成熟、

---

① 张瑞. 惠水：电商扶贫蹚出"惠品出山"新路子[EB/OL]. 当代先锋网，[2019-05-24] http:// www.ddcpc.cn/szx/qn/201905/t20190524_477656.shtml.

实用的技术，而且该技术应该适合贫困地区的实际情况。例如，贵州省科技厅制定出台了《2018—2020年科技支撑脱贫攻坚十条措施》。措施聚焦"四场硬仗"和"两不愁三保障"，以产业扶贫为重点，以剑河、从江、威宁等贫困县为主要对象，从资金、项目、平台、科技服务等方面加大支持力度。实施"科技支撑农村产业革命三个'1+1'行动"。行动围绕贵州省农村产业革命的技术需求，针对深度贫困县的茶叶、食用菌、蔬菜、生态畜牧、石斛、辣椒等特色产业发展实际，通过"项目+人才"的模式，以年薪制选聘专职科技特派员，将专职科技特派员和省级科技重大项目捆绑在一起，创新产业发展关键技术人才招揽方式，有效弥补贵州科技创新资源匮乏的短板。①

（12）生态扶贫。生态扶贫是以良好的环境为基础，高效率地把农业、林业与牧业及其他方面的经济活动有机联系起来，实现经济与生态保护协调发展与良性循环。农民通过退耕还林、退牧还草的方式来达到生态良性、持续发展的目的，在保护生态的同时实现发展，通过生态发展的盈利来实现脱贫，使绿水青山变成金山银山。农户可以通过绿色产业扶贫、生态+农业、生态+工业、生态服务业等多种方式来实现发展。贫困人口的脱贫依赖贵州良好的生态，生态的保护需要人的力量，二者在良性的互动中实现和谐发展。基于贵州山水和本土文化，在脱贫攻坚中，铸就了遵义市播州区花茂村、六盘水市盘州市舍烹村、六盘水市水城县海坪彝寨、黔南州惠水县好花红村等生态旅游扶贫名村。这些村代表了贵州生态旅游扶贫的成就，他们的不同做法给国内国际社会生态旅游扶贫提供了可以借鉴的范式，是生态旅游扶贫的"贵州模式"，是观察中国脱贫，特别是自然生态旅游脱贫的重要窗口。②贵州生态扶贫的做法还有很多，最为集中体现贵州特色的是贵州省实施十大生态扶贫工程，其主要内容如下：退耕还林扶贫，生态补偿扶贫，生态护林员精准扶贫，人工商品林赎买改革试点扶贫，自然保护区生态移民扶贫，以工代赈资产收益试点扶贫，农村小水电建设扶贫，光伏发电项目扶贫，森林资源开发利用扶贫，碳汇交易试点扶贫。总体来看，通过实施生态扶贫十大工程，贵州牢牢把握了打赢脱贫攻坚战的主动权、制胜权，全省各地捷报频传、战果连连。③

---

① 贵州省科学技术厅办公室.贵州科技扶贫 打造乡村振兴"科技地标"[EB/OL]. [2021-02-05] http://www.kjt.guizhou.gov.cn/xwzx/mtjj/202102/t20210205_66689846.html.
② 生态旅游扶贫的贵州模式[EB/OL]. 贵州省农经网, [2019-4-24] http://www.gznw.com/gznjw/kzx/ njzx/ snkx/ 629731/ index.html.
③ 纵深推进贵州生态扶贫[EB/OL].贵州省林业局, [2019-08-07] http://lyj.guizhou.gov.cn/ xwzx/ mtgz/201908/t20190807_11225555.html.

4.4 IAD 框架下贵州省精准扶贫的评价准则

奥斯特罗姆对制度分析与框架下的各种事例的评估准则主要是从经济性、均衡性、公平性、问责性、道德性、适应性这六个方面来分析,将之运用到精准扶贫多元共治模式上。我们也可以从这六个方面来对其进行评估。

4.4.1 经济性

经济性主要分析成本与收益二者之间的关系。贵州省的乡村旅游资源丰富,历史文化底蕴深厚,红色文化影响力大。并且,少数民族居多,主要以苗族、侗族为主,民间文化丰富多彩,气候条件好,比较适宜夏季避暑旅游。大力实施乡村旅游扶贫政策,把乡村旅游与发展扶贫工作有机结合起来,有利于推动少数民族地区、革命老区的经济发展。在经济性中,重要的支撑力量是企业帮扶。尽管参与帮扶的民营企业规模不一、行业不同、实力各异,但他们因地制宜,大胆创新,探索出各类推进路径、帮扶模式和组织形式。民营企业帮扶的灵活性、多样性、创新性拓展了扶贫的广度和深度,为政府扶贫资源提供了有益补充。从帮扶途径看,民营企业在产业扶贫中探索出土地集约提升型、能人大户带动型、金融机构助推型、扶贫资金入股型、电商平台拉动型等帮扶模式;在就业扶贫中,探索出卫星工厂、扶贫车间、扶贫作坊、生产基地等吸纳就业帮扶模式以及定向招工、订单培训、设立实习店等技能培训帮扶模式,打造"就业蓄水池",授人以渔;在公益扶贫中,探索出社会众筹、创办慈善超市等帮扶模式。从组织形式看,既有包市、县、乡整体推进型,也有一企帮多村、多企帮一村、一企帮一村或一企帮多户型;既有企业采取产业、就业、健康、养老一揽子帮扶举措,也有企业聚焦具体领域专项帮扶。

4.4.2 均衡性

主要是确保每一个项目都有对应的财政来源,这样才能更好地保证各项工作的开展。为了切实落实精准扶贫政策,结合贵州省的实际情况,制定财政专项扶贫资金的预算安排。对扶贫的各个项目都有一定的资金流入和资金预算,确保各项工作都能很好地开展。根据贫困地区的贫困人口数量以及发展模式来统筹规划国家财政补贴,切实完善好国家的资金安排,把资金用到扶贫工作上是每一个扶贫工作者义不容辞的责任。坚持资金使用精准,合理安排,确保每一户贫困户都能切实地得到国家政策资金,支持。同时,利用国家财政的支持大力发展特色产业和支柱性产业,提升资金的使用效率,更好地推动扶贫工作的开展。中央财政下达的专项扶贫资金金额巨大,《瞭望》

新闻周刊记者走访贵州省正安县、晴隆县、桐梓县等脱贫县时发现，各县扶贫资产规模均超过60亿元，有的甚至是其年财政收入的数倍。贵州以"所有权、经营权、收益权、处置权、监督权"五权分置改革来探索提高扶贫资产效益，在摸清扶贫资产家底的同时明晰权责，建立健全扶贫项目资产长效运行管理机制。①为充分发挥财政资金的使用效益，进一步巩固和拓展脱贫攻坚成效，贵州省财政厅多举措并举，切实强化扶贫资金动态监控平台管理，充分发挥财政扶贫资金动态监控平台作用，确保财政扶贫资金"阳光"运行。截至2021年12月8日，贵州省财政扶贫资金动态监控平台中，资金分配率为93.1%，资金支付率为82.07%，绩效填报率为91.67%，监控预警整改率为99.3%。②

4.4.3 公平性

财政的实施要有一定的公平性，即扶贫要有一定的公平性，才能更好地保证政策的实施。在贵州省某村的访谈中，我们了解了政策实施的一些效果及现状。

> 成为贫困户以后的待遇是否一致，要求是否一致，好处是否一致？国家给的要求上是一致的，但是应对各个贫困户情况不太一样，必须遵照事实。一个情况是国家已经降低了要求；另一个就是更加贫困的肯定要有更好的照顾，当然在要求上是一致的。（贵州省开阳县高寨乡肖××的访谈记录：XGU20180709）

在精准扶贫的政策落实中，村干部对每一户精准扶贫户的要求是一样的，积极地按照国家政策的规定，不忽视每一户贫困户，也不会因为个人情感因素导致不公平现象的发生。在这一段访谈材料中，我们了解到因为每一户贫困户的情况不一样，所以对待每一户贫困户，村委都进行了采访和调研，然后再根据实际情况采取相应的帮扶举措。但是，并不会超出国家政策规定的界限，公平公正对待每一位贫困户。

4.4.4 问责性

贵州省各级纪委监察机关通过明察暗访、媒体监督、群众反映、"扶贫专线"等方式和平台，充分运用卫星图片对比、项目实施适时监控等手段，严

---

① 王丽，刘智强. 扶贫项目资产后续如何管理？贵州盘活用好这"五权"[J]. 瞭望，2022（12）.
② 贵州省财政厅采取"三举措"强化扶贫资金系统监管 切实发挥监控效应[EB/OL]. 贵州省财政厅，[2021-12-23] http://czt.guizhou.gov.cn/xwzx/czdt/202112/t20211223_72107627.html.

肃查处在扶贫工作中不作为、乱作为、虚假作为等行为。对情况比较严重的进行核实查办，按规定进行严肃问责处理。有效治理"上面热、下面冷""念歪经""雁过拔毛"等现象。《贵州省大扶贫条例(草案)》从多个角度规范了大扶贫工作的保障和监督力度，明确了对经费、用地、大数据平台建设和激励表彰考核等多项保障机制和措施，以及人大监督、政府内部考核、审计监督、社会监督、舆论监督和第三方评估等多种监督措施。根据《条例（草案）》，对各级人民政府、县级以上扶贫开发等有关部门、其他有关国家机关、国有企事业单位及其工作人员在大扶贫工作中的行为，规定了严格的问责机制，对未能如期完成脱贫攻坚任务、未执行或落实脱贫攻坚政策，未建立相应的机构和资金保障机制以及其他扶贫开发不作为、乱作为等行为进行行政问责。贵州省各级纪检监察机关不断深化标本兼治，巩固拓展监督成果。用铁的纪律保障脱贫攻坚，必须督促各级党委、纪委和职能部门都扛起责任，保证扶贫政策、项目、资金精准落地。

4.4.5 道德性

政策实施应维持特定的道德水平，让负责任的个体或组织更有可能得到回报。在精准扶贫多元共治模式中，道德问题是至关重要的，所以对于村干部来说，既要保证好政策的实施，也要维持好道德水平，让政策的实施更好地使人民满意。通过课题组调研发现，在精准贫困户的识别方面就是一个难题，这一环节很容易引发道德问题。

> 政策里有一个精准识别，这个政策一定要能对得上吗？扶贫政策本身已经相当全面了，但是在我们的操作过程中依然非常难以做到精准。第一，设置的指标体系本身就不可能细到一百点、两百点，最多就是二三十点。第二，我们掌握信息的来源必须是精准的，但是现实中我们掌握的信息来源可能就不精准。因为有很多老百姓不讲实话，作为基础来源的信息，如果他不讲实话我们得到的信息就不精准。（贵州省开阳县高寨乡政府某位负责人的访谈记录：XGU20180709）

从这个访谈记录中我们可以看出，在对贫困户的精准识别中存在着一些矛盾之处，这个矛盾就是道德问题。在基层实施过程中，村民的评价或看法会呈现出两大对立面：如果是受益的人，就会觉得这个政策非常好；没受益的人，就会在政策实施过程中感到不满。比如医疗保障问题，普通老百姓报销 75%，而贫困户的报销达 95%。在这样的利益面前，人们的荣誉感、耻辱感就开始变得弱了，他们会有想法，想着只要我受益就好了。甚至在农村出现为了补助问题，把爸妈的户口分出来以后不管不问的现象。

4.4.6 适应性

政策实施要能够适应不断变化的外部环境和行动舞台。在扶贫政策的执行中可能会遇到很多无法解决的问题和不断变化的外部条件，这就需要政策组织者有很强的随机应变能力，针对不断变化的情况能够及时给出解决方案。从大的方面来讲，中央决策适时提出精准扶贫和精准脱贫就是一种政策适用性的调整，适应的是新时期、新阶段经济社会发展需求，特别是围绕全面建成小康社会这个总目标来开展的转变。从贵州省级行政部门来看，需要围绕精准扶贫战略实施过程中出现的新情况和新问题作出政策调整。例如，随着彻底打赢脱贫攻坚战，围绕"四个不摘"政策，还需要切实筑牢群众"两不愁"底线，防止群众致贫返贫。2021 年 5 月，民政部、财政部、国家乡村振兴局联合制发《关于巩固拓展脱贫攻坚兜底保障成果进一步做好困难群众基本生活保障工作的指导意见》（民发〔2021〕49 号）。随后，贵州省民政厅、省财政厅、省乡村振兴局联合下发《关于巩固拓展脱贫攻坚兜底保障成果 进一步做好困难群众基本生活保障工作的实施意见》，从保持过渡期内社会救助兜底政策总体稳定、完善基本生活救助标准动态调整机制、建立低收入人口动态监测预警机制等 9 个方面制定任务措施，完善分层分类的社会救助体系，适度拓展社会救助范围，切实做到应保尽保、应救尽救、应兜尽兜。从基层工作来看，在课题组调研中，发现许多各种原因导致的贫困，需要村级组织及时采取措施，因户施策，帮助改善贫困户的生活情况，保证基本的衣食住行。例如，一位贫困户婆婆，她主要是因变故致贫，工作队主动作为，将其确定为贫困户，帮助她的孙子解决上学问题，保证其生活，这位婆婆对帮扶满意度也很高。

4.5 IAD 框架下贵州省精准扶贫多元共治的成效结果

4.5.1 政策制定科学

深入贯彻落实党的十九大精神，始终坚持以扶贫开发战略作为指导思想，牢固树立"创新、协调、绿色、开放、共享"的发展理念。以集中攻坚、稳定脱贫为工作重点，利用建立大市场、提供大就业、发展大产业等大力发展贵州贫困地区的经济。在医疗、教育、住房、生态等方面都有完善的保障机制，为贫困户的基本生活提供保障。各级扶贫部门也是积极作为，切实落实各自的职责，政府部门也加强了对各级部门相关人员的绩效考核，使得扶贫工作者更加积极努力地对贫困户负责，更好地推动脱贫攻坚战的进程。另外，各级组织也加快推行"公司+合作社+村民"模式，因户施策、因地制宜，更好地利用当地的资源优势大力发展特色产业以及特色旅游业，还成立了各种培训组织。东西部结合的对口帮扶，为贫困地区引进了技术和人才，大力发展特色产业，为本地的经济发展提供了良好的平台和技术支持，成功地推进了贵州省脱贫攻坚战的进程。

4.5.2 合作主体明确

自国家实施精准扶贫政策以来，贵州省的各个相关部门积极配合开展扶贫工作，共同努力推动贫困地区的经济发展。在由政府、企业、社会、农户等扶贫主体中，由中央财政为贫困地区拨款，各级工作人员通过自上而下的方式下达任务，积极落实自己的相关职责。其中主要由县、乡镇、村委一级负责、由县级书记担任指挥长成立的领导小组进行深度帮扶，秉着"从群众中来、到群众中去"的理念到基层去了解农民的真实情况。例如，贵州省某县贫困人口多，乡镇和村委的扶贫干部缺乏，县级书记便集中全县干部帮扶，派遣干部到乡镇去进行帮扶。村委一级积极发动群众的力量，大力发展集体经济，培养村民的积极性，使集体服务于个体，为政策的顺利实施奠定了坚实的基础。而该县乡里也成立了各种基层扶贫组织，与村委的工作相互配合、相互适应。在此过程中，村委针对每一户贫困户的情况采取不一样的措施，通过面对面的交流，了解贫困户缺什么再给予一定的帮助，如修路、修卫生间等。另外，如果需要养殖技术方面的支持，村委也会给予一定的技术支持，通过调动技术人员对贫困户进行技术指导，但最主要的还是希望每一户贫困户都能够积极主动地去自主脱贫，从"我要你脱贫"转变为"我自己要脱贫"。

4.5.3 治贫效果突出

贵州作为全国扶贫工作的省级样板名副其实。党的十八大以来，贵州平均每年减贫 100 万人，农村贫困人口全部脱贫，实现从解决温饱、总体小康到全面小康的历史性跨越。330 万户农村民众从"忧居"变"优居"，741 万农村人口饮水安全问题得到解决，贫困人口人均纯收入达到 9975 元。贵州食用菌、水果等12个农业特色优势产业蓬勃发展，农业增加值增速连续4年位居中国前列。全省累计选派21.32万名干部到村开展帮扶，8年来，脱贫攻坚的凯歌奏响在贵州大地，贵州有209人将生命永远定格在脱贫攻坚征程上，他们以生命履行使命，深刻诠释了什么是"位卑未敢忘忧国""丹心从来系家国"。中国东部7个对口帮扶城市、40家中央定点帮扶单位、统一战线各民主党派中央和全国工商联、参与社会帮扶的广大企业，派出精锐力量支援贵州。曾是中国贫困人口最多、贫困面最大、贫困程度最深的贵州，举全省之力向绝对贫困发起总攻，66个贫困县全部摘帽，923万贫困人口全部脱贫，减贫人数、易地扶贫搬迁人数均为中国最多，在中国脱贫攻坚成效考核中连续5年为"好"，为全球减贫事业提供了有益借鉴和参考。①

4.5.4 国家目标达成

改革开放以来，我国扶贫工作的成果不可小觑，从政策落实开始到现在共有7亿多人摆脱了贫困。精准扶贫实施以来所获得的成果是大家有目共睹的，从过去我们吃不饱、穿不暖到现在的基本生活得到保障，人民的追求更是从物质层面上升到了精神层面。党的十八大以来，在以习近平同志为核心的党中央坚强领导下，贵州作为全国脱贫攻坚战主战场之一，集中各方力量啃下了一个个硬骨头，攻下一个个深贫堡垒，让这里实现了"千年之变"。习近平总书记指出："我们在脱贫攻坚领域取得了前所未有的成就，彰显了中国共产党领导和我国社会主义制度的政治优势。"②武陵山区、乌蒙山区、滇桂黔石漠化区……课题调研组行走在昔日的集中连片特困地区，亲眼所见贵州大地旧貌换新颜，处处呈现山乡巨变、山河锦绣的时代画卷，充分彰显了习近平新时代中国特色社会主义思想的真理力量和中国特色社会主义制度的独特优势。不仅如此，打赢脱贫攻坚战后，贵州全力推进巩固拓展脱贫攻坚成果同乡村振兴有效衔接。贵州严格落实"四个不摘"要求，健全防止返贫动态监测和帮扶机制，率先开发建设防止返贫监测信息平台、"贵州防贫申报"小程序和低收入人口动态监测信息平台，早发现、早干预、早帮扶，牢牢守住不发生规模性返贫的底线。

---

① 贵州举行脱贫攻坚总结表彰大会[EB/OL].光明网，[2021-04-26] https://share.gmw.cn/difang/2021-04/26/content_34797311.htm.
② 举国同心 合力攻坚——从贵州打赢脱贫攻坚战看中国特色社会主义制度优势[EB/OL].光明网，[2022-09-11] https://m.gmw.cn/baijia/2022-09/11/36017874.html.

4.5.5 中国经验成型

纵观世界格局，不难发现中国在减贫与可持续发展领域作出的贡献是不可忽视的，获得了国际认可。联合国粮农组织总干事达席尔瓦表示，在2030年可持续发展议程大框架之下，世界上80%的贫困人口集中在农村地区，贫困的农村人口和弱势群体是全世界减少贫困最主要的对象，中国在农村地区减贫工作的成绩值得称道。中国因地制宜不断推进农业发展，极大提高了贫困人民生活的水平。过去30年，中国成功将7亿贫困人口脱贫，这比联合国2030年发展目标提前了整整10年。实践证明，中国走出了一条独具特色的扶贫之路，也积累了丰富的扶贫经验：第一，坚持中国共产党的领导。在党的领导下统一行动，党组织成为人民坚强的后盾。第二，坚持改革开放。坚持改革开放才能够保证经济稳定增长，为大力扶贫提供物资与财政支持，进而加速扶贫的进程。第三，坚持开发模式扶贫。把发展作为扶贫的着手点，唯有发展才能够彻底实现脱贫，并调动群众的发展积极性，为贫困户发展提供技术和思想指导。第四，多方主体参与扶贫。精准扶贫需要动员更多的人参与其中，构建政府、市场、社会、农户这种多方主体参与扶贫的格局，倡导"我为人人，人人为我"的全民公益理念。这是彪炳史册的人间奇迹：现行标准下9899万农村贫困人口全部脱贫，我国历史性告别绝对贫困。党的十八大以来，以习近平同志为核心的党中央把脱贫攻坚摆在治国理政的突出位置，作为全面建成小康社会的底线任务，组织开展了气壮山河的脱贫攻坚人民战争，攻克了一个又一个贫中之贫、坚中之坚，取得举世瞩目的成就。

总之，贵州省精准扶贫多元共治模式坚持民生为本、发展为要，幸福是奋斗出来的。贵州省第十二次党代会以来，贵州深入贯彻习近平总书记关于脱贫攻坚重要指示精神，以脱贫攻坚统揽经济社会发展全局，举全省之力向绝对贫困发起总攻，持续打好以农村"组组通"为重点的基础设施建设、易地扶贫搬迁、产业扶贫、教育医疗住房及农村饮水安全"3+1"保障的"四场硬仗"，探索一系列精准管用的"贵州战法"，攻克了一个又一个贫中之贫、坚中之坚，实现了贵州大地的"千年之变"。

始终坚持脱贫标准，在千方百计增加群众收入基础上，着力补短板、强弱项，确保教育医疗住房"三保障"和饮水安全问题得到有效解决；逐户制作"3+1"保障"明白栏"，确保脱贫攻坚质量高、成色足。从"有学上"到"上好学"。贵州持续压缩6%的行政经费用于教育扶贫，深入实施教育精准脱贫"1+N"计划，扎实推动教育惠民举措。在西部率先实现县域义务教育基本均衡发展。从"看病难"到"真方便"。在全国率先建成省市县乡四级公立医院远程医疗服务体系,完成行政村卫生室建设和合格村医配备,贫困人口全部落实"三重医疗保障",不再"小病靠拖、大病靠扛"。从"茅草房"到"新楼房"。实施危房改造等工程,330万户农村群众从"忧居"变成"优居",居有所安的梦想变为现实。从"有水喝"到"喝好水"。实施农村饮水安全巩固提升工程、全面解决农村饮水安全问题攻坚决战行动等,解决741万农村人口饮水安全问题。① "四场硬仗"连连告捷,贵州脱贫攻坚实现历史性全胜。如今,大地变了模样,山村焕发生机。脱贫攻坚成果更加巩固,乡村振兴的壮美画卷已徐徐铺展。新国发2号文件赋予贵州"巩固拓展脱贫攻坚成果样板区"的战略定位,为贵州全面推进乡村振兴提供了精准有力支持。

为此,贵州省省委书记谌贻琴撰文指出,贵州省地区生产总值增速连续10年位居全国前列,经济总量从2012年全国第二十六位上升到2020年第二十位。国家大数据综合试验区建设加快推进,数字经济增速连续6年居全国第一。交通基础设施建设持续突破,在西部率先实现县县通高速,9个市州均有机场,即将实现市市通高铁。改革开放持续深化,内陆开放型经济试验区建设成效明显。生态环境质量持续向好,目前森林覆盖率达61.51%,县级以上城市空气质量优良天数比率达99.4%,主要河流出境断面水质优良率100%。国家生态文明试验区30项改革成果列入国家推广清单,生态文明贵阳国际论坛成为传播习近平生态文明思想的重要平台。贵州这些年取得成绩,最根本的是有以习近平同志为核心的党中央坚强领导,有习近平新时代中国特色社会主义思想的科学指引。抚今追昔、饮水思源,贵州各族干部群众真切感受到中国共产党领导和中国特色社会主义制度的显著优势,更加坚定自觉地做到"两个维护"。2022年2月,习近平总书记在贵州考察调研时希望我们"在新时代西部大开发上闯新路,在乡村振兴上开新局,在实施数字经济战略上抢新机,在生态文明建设上出新绩",为贵州走好新时代的长征路领航定向。我们将坚定不移沿着习近平总书记指引的方向,立足新发展阶段、贯彻新发展理念、融入新发展格局,努力开创百姓富、生态美的多彩贵州新未来。②

---

① 贵州全面打赢脱贫攻坚战——千年梦圆铸奇迹[EB/OL]. [2022-04-11] http://www. guizhou. gov.cn/home/gzyw/202204/t20220411_73280854.html?isMobile=true.
② 谌贻琴. 闯新路开新局抢新机出新绩开创百姓富生态美的多彩贵州新未来[N]. 人民日报, 2021-05-30(A05).

5 贵州精准扶贫多元共治模式的影响因素

本章主要内容为 Logistic 回归方法分析贵州精准扶贫多元共治模式，主要通过六个方面进行描述：Logistic 回归方法的基本介绍、Logistic 回归方法的操作过程、Logistic 回归方法的适用领域、基于 Logistic 回归方法建立贵州精准扶贫多元共治体系、Logistic 回归分析的操作过程以及 Logistic 回归分析的实证结果。本章首先简要介绍 Logistic 回归分析方法，包括 logistic 回归方法的内涵、基本原理以及 Logistic 回归方法的指标应用等。在指标应用这一部分对各个指标有相应的解释说明。其次，介绍 Logistic 回归分析方法的操作过程。最后，在阐述 logistic 回归方法的适用领域，利用 Logistic 回归方法分析贵州精准扶贫多元共治的优势和长处。贵州精准扶贫多元共治指标体系的建立包括指标选取的方法、指标选取的原则以及具体的指标体系的建立过程三个部分。建立指标体系之后解释数据的来源，建立相关的模型，对模型进行了检验并在最后得出数据分析的结果，对结果进行简要的分析。本章最后一部分是关于 Logistic 回归分析实证结果，我们在数据分析的基础上对实证结果进行阐述。

5.1 Logistic 回归方法基本介绍

5.1.1 Logistic 回归方法的内涵和基本原理

Logistic 回归别称 Logistic 回归分析，是一种概率型非线性回归模型，用于研究二分类观察结果 y 与一些影响因素 $(x_1, x_2, \cdots, x_n)$ 之间关系的一种多变量分析方法。Logistic 回归分析是在线性回归的基础上发展而来的，通常是用来研究某个结果是否会在某些因素的影响下发生。Logistic 回归主要是通过利用其固有的 logistic 函数来估计概率，从而分析出因变量与多个自变量之间的关系。研究两个变量或者多个变量之间的影响关系，也可通过 Logistic 回归分析方法来进行研究，即 X 对于 Y 的影响情况，其中 Y 是定量数据，X 可以是定量数据或定类数据。其基本思想是：根据现有数据对分类边界线建立回归公式，以此进行分类。换句话说，Logistic 回归并不是对所有的数据点进行拟合，而是对数据之间的分界线进行拟合。

Logistic 回归通常根据因变量的不同可以分为两类，即非条件 Logistic 回归、条件 Logistic 回归。当因变量是二分类的时候，所使用的模型就是通常的二元 Logistic 回归模型；当因变量是多分类的时候，那么根据因变量不同的次序程度，还可以将 Logistic 回归模型分为无序多分类 Logistic 回归模型和有序多分类 Logistic 回归模型（见表5-1）。

表 5-1 Logistic 回归分析的分类

因变量数据类型	研究方法
分类（二分类）	二元 Logistic 回归分析
分类（多分类且无序）	多分类 Logistic 回归分析
分类（多分类且有序）	有序 Logistic 回归分析

Logistic 回归分析方法是通过 Logit 变换将结果变量与影响因素的非线性结果转化为线性关系，以此来分析结果变量和影响因素之间的关系。即

$$\text{Log} it(p) = \ln\left(\frac{p}{1-p}\right) \qquad \ln\left(\frac{p}{1-p}\right) = \beta_0 + \beta_1 x_1 + \beta_2 x_2 + \cdots + \beta_m x_m$$

因为，Logistic 回归的离散变量不服从正态分布，所以 Logistic 回归不能用普通的回归方式来分析模型。其基本模型如下（按照数理统计的分类[①]）：

非条件回归模型：

$$p = \frac{\exp\left(\alpha + \sum_{j=1}^{p} \beta_j \chi_j\right)}{1 + \exp\left(\alpha + \sum_{j=1}^{p} \beta_j \chi_j\right)}$$

条件回归模型：

$$pi(D/X) = \frac{\exp\left(\alpha_i + \sum_{j=1}^{p} \beta_j \chi_{ij}\right)}{1 + \exp\left(\alpha_i + \sum_{j=1}^{p} \beta_j \chi_{ij}\right)}$$

5.1.2 Logistic 回归方法的指标应用

如前文所提，Logistic 回归是通过 Logit 转换将结果变量与影响因素的非

---

① 刘启军. Logistic 回归模型及其研究进展[J]. 预防医学情报杂志, 2002 (5).

线性关系转换为线性关系。因此，logistic 回归分析方法中的各项分析指标都具有相关意义，具体指标解读见表 5-2。

表 5-2 Logistic 回归方法的指标解读

指标	运用	说明
似然比卡方值	计算过程值，用于计算 P 值	
df	计算过程值，用于计算 P 值	
P 值	判断分析项是否呈现出显著性	P 值小于 0.05 说明模型有效，反之则说明无效
AIC	用于多次分析时的对比，可对比 AIC 和 BIC 值的变化情况，此两值越低越好	AIC 值和 BIC 值用于多次分析的对比，值越低越好；若进行多次分析，可对比此两值的变化情况，综合说明模型构建的优化过程
BIC	用于多次分析时的对比，可对比 AIC 和 BIC 值的变化情况，此两值越低越好	AIC 值和 BIC 值用于多次分析的对比，值越低越好；若进行多次分析，可对比此两值的变化情况，综合说明模型构建的优化过程
项	分析项名称	
回归系数	回归系数值，在 P 值小于 0.005 时才有意义	回归系数越大，自变量对因变量的影响越大
标准误	用于计算 P 值，表示波动程度	标准误越小，样本均值和总体均值差距越小
Z 值	计算过程值，用于计算 P 值	
OR 值	比值比或优势比	OR 值表示影响因素对事件发生的影响方向和影响大小
OR 值 95%CI（下限）	指 OR 值有 95%的可能落在这个范围中，其中范围的下限值即 OR 值 95%CI 下限	
OR 值 95%CI（上限）	指 OR 值有 95%的可能落在这个范围中，其中范围的下限值即 OR 值 95%CI 上限	
Pseudo R^2	说明分析项 X 对 Y 的解释力度	

5.2 Logistic 回归方法的操作过程

Logistic 回归分析方法运用到实践中并对其进行结果解释的基本步骤如下。

5.2.1 获取数据

根据研究主题的不同，可通过进行问卷调查、实地调研、利用文献获取数据等各种途径获取数据。所获取的数据必须真实、有效，如此后期分析得出的结果才具有科学性和说服力。因此，获取数据是进行数据分析最基础的步骤之一，它为后面各个步骤的数据分析奠定了基础。

5.2.2 数据预处理

在回归分析中，自变量 X 既可以是定量数据，也可以是定类数据。回归分析计算时，将所有自变量 X 视为数字，但当数据为定类数据时，此时数字代表类别，数字大小本身没有比较意义。因此，这类数据在做回归分析时，需要设置成虚拟变量才能纳入回归分析正确分析数据。具体操作为：将定类数据做哑变量处理，Logistic 回归的 Y 值只可为 1 和 0，不能取其他数字。

5.2.3 建立模型

Logistic 回归分析分为二元 Logistic 回归分析、多分类 Logistic 回归分析以及有序 Logistic 回归分析。根据因变量的不同，可选取不同的分析方法，建立符合研究主题的模型，并对模型整体情况进行说明。比如，对 R 方值、回归系数或者其他相关系数进行描述分析，再对这些相关系数进行描述分析后就列出具体的模型公式。模型的建立是 Logistic 回归运用到实践过程中关键的步骤之一，也是影响后续工作的主要步骤之一，因此建立的模型必须符合具体实践情况。

5.2.4 模型在实践中优化

Logistic 回归模型是现实研究中常见且常用的模型，被应用于各种不同研究领域。因此，在将该模型运用于实践中时，所使用的 Logistic 回归模型必须符合实践研究的所有情况。根据实践中的情况将模型不断优化至符合实际情况的模型，从而让整个数据分析的过程更加科学有效，使数据分析更具说服力。

5.2.5 结果解读

（1）频数分布汇总。频数分布表展示因变量各个类别的分布情况。如果因变量各类别分布非常分散，则需要对类别进行重新组合后再次进行分析；因变量的类别个数非常多时，就需要针对类别进行重新组合后再进行分析。

（2）似然比检验。用于分析模型整体有效性，其原假设是模型的回归系数全部均为 0，因此若 P 值小于 0.05，则说明拒绝原假设，模型有效；反之，如果 P 值大于 0.05，则说明接受原假设，说明模型回归系数全部均应该为 0，模型无意义。AIC 和 BIC 值用于多次分析时的对比，两个值越低越好；如果多次进行分析，可对比此两个值的变化情况，综合说明模型构建的优化过程。

（3）回归模型分析结果汇总。用于展示模型的结果，可以说是最为重要的结果，包括回归系数的显著性，模型 R 方值等。关键步骤在于逐一分析 X 对 Y 的影响情况，如果 X 对应的 P 值小于 0.05，则说明 X 会对 Y 产生影响关系。此时可结合 OR 值进一步分析影响幅度，最后总结分析结果。

5.3 Logistic 回归方法的运用领域

5.3.1 基于 Logistic 方法的风险评估分析

刘逸爽、陈艺云对上市公司的信用风险进行了研究，采用 Logistic 回归方法构建了风险预警模型，对上市公司的信用风险进行了深度分析研究。[1]李长山通过对企业财务风险预警构建模型，并根据 Logistic 回归分析方法得出数据分析结果。结果显示，上市公司可以通过建立风险预警模型的途径达到有效防范金融风险的目的。[2]夏江山在对我国中小商业银行存款保险风险费率厘定问题研究中，通过面板有序 Logistic 回归模型进行相应的数据分析，从结果可以明白，投保机构风险拟合优度是处于较高的水平程度的。所以，研究所使用的模型不仅可以预测被保险机构的风险在未来的水平，也能有效地评估被保险机构的风险水平。[3]由此可见，Logistic 回归在风险评估领域中的运用已相当成熟，并且在此领域中的运用十分常见。为了更好地实现技术性贸易壁垒风险分级量化评估，张烨和李晔把累积 Logistic 回归模型引入技

---

[1] 刘逸爽,陈艺云. 管理层语调与上市公司信用风险预警——基于公司年报文本内容分析的研究[J]. 金融经济学研究, 2018 (4): 46-54.
[2] 李长山. 基于 Logistic 回归法的企业财务风险预警模型构建[J]. 统计与决策, 2018 (6): 185-188.
[3] 夏江山. 我国中小商业银行存款保险风险费率厘定问题研究——基于面板有序 Logistic 回归模型[J]. 现代财经（天津财经大学学报）, 2018 (1): 26-36.

术性贸易壁垒的研究领域中，从壁垒发生概率大小的角度对技术性贸易壁垒进行了相应的风险划分，为技术性贸易壁垒预警体系的构建提供了一定的参考。[①]

5.3.2 基于 Logistic 方法的公共服务质量评估分析

李振杰、韩杰选取我国吉林、山东、湖北、福建以及广东作为样本地区，利用 Logistic 回归分析方法对农地流转意愿的影响因素进行了分析。通过指标建立和回归分析，得出了家庭非农人口数量、家庭收入、是否成立家庭农场、流转途径、有没有电商销售对土地流转意愿的影响的分析结果。[②]吴凌霄、龚新蜀、岳会在对西部民族地区"新农保"参保影响因素及效果评价的研究中，选取新疆、西藏、宁夏、广西 4 个具有代表性民族地区，通过统计年鉴与问卷调查相结合的方式进行了实地调查。通过应用 Logistic 回归分析方法对参保情况的主要影响因素进行了分析。结果显示，影响因素与参保率及实施效果成正相关关系。[③]

5.3.3 基于 Logistic 方法的绩效评估分析

张万宽、杨永胜、王友强在分析影响公私合作绩效的关键因素时，运用 Logistic 回归模型进行了数据分析。结果表明，政府信用、决策参与、知识获取和现有基础设施服务水平对 PPP 绩效的经济方面具有显著影响。并且，在决策参与方面，在经济和安全两个评价维度上均具显著性，对 PPP 绩效的影响最为重要。在知识获取方面，在经济评价维度上具有显著性。在有效监管方面，在环境评价维度上具有显著性。在政府信用方面，在经济维度上具有显著性。在不确定性方面，在社会维度上具有显著性。在控制变量方面，现有公共服务水平在经济和安全两个维度上具有显著性。[④]盛意、谭洁则运用 Logistic 回归分析方法对企业的绩效评估进行了相关研究，先从企业组织和运作的角度勾勒出 5 种内在因素，然后细致描绘出各内在因素的组成因子，定性分析了上述内在因素与企业组织绩效的相互关系；

---

① 张烨，李晔. 累积 Logistic 模型在技术性贸易壁垒风险评估中的应用[J]. 福州大学学报（哲学社会科学版），2009（1）：24-28.
② 李振杰，韩杰. 基于 Logistic 回归模型的农户土地流转意愿实证分析[J]. 统计与决策，2019（13）：110-114.
③ 吴凌霄，龚新蜀，岳会. 西部民族地区"新农保"参保影响因素及效果评价——基于农户调查数据的 Logistic 回归分析[J]. 西藏大学学报（社会科学版），2018（3）：176-180.
④ 张万宽，杨永恒，王有强. 公私伙伴关系绩效的关键影响因素——基于若干转型国家的经验研究[J]. 公共管理学报，2010（3）：103-112.

随后通过建立 Logistic 回归模型，对 2 组共计 120 家企业的组织绩效状态进行了集群分析。该研究结果表明内在因素与企业组织绩效强相关，Logistic 回归模型在对企业组织绩效关键因素的选取上，以及对预测结果的准确性上，效果都十分显著。[①]

5.3.4　基于 Logistic 方法的数据挖掘以及经济预测分析

为了寻找更好的人口预测方法，经济领域常用的自回归模型创新式地被应用到中国的人口预测中。通过对预测结果分析，可知自回归的预测效果相当不错。进一步探索人口的预测理论，经典的 Logistic 离散模型被用来和自回归模型对比。自回归模型和 Logistic 离散模型在形式上很相似，对两者在建模原理上进行了对比分析，且对两个模型理论进行了推广。王磊、范超、解明明通过改进模型门限 Logistic 对小企业的信用评分进行了相应的研究。该研究把 3 个银行微观客户数据集作为具体的操作案例，并且选择了 12 种数据挖掘模型（包括本书的改进模型门限 Logistic）对数据进行了嵌套分析，同时还结合 10 折交叉验证和预期分类错误成本两种方法所选择模型的综合信用评分能力进行了具体的检验。因为所选择的数据模型与小企业主信用评分领域是相适应的，所以从所得分析结果可知，文章所用的改进门限 Logistic 模型是完全具有模型预测能力以及预期错误分类成本效果的；同时，该模型决策树的组合方法也是很适用的。该研究对于国内商业银行建立合适的小企业主贷款信用评分具有一定的参考价值。[②]

5.3.5　基于 Logistic 方法的产业融资、融合发展分析

产业融合作为促进产业升级发展的有效途径一直以来受到广大学者的广泛关注。交通运输业与邮政业以覆盖范围广、渗透能力强、带动效应明显为优势，"两业"的深度合作使得现代综合交通运输体系更加集约高效。田帅辉、徐瞳、王旭针对以上现实背景，构建了交通运输业与邮政业融合发展的 Logistic 模型，分析了模型的稳定点与共生状态下的推动力，并选取重庆市 1997—2016 年的时间序列进行实证分析，辨别了重庆市两大产业间的共生模式，并创新性地计算了"两业"间的推动力。在具体操作上，由于产业的业务量或者总产值可以基本体现出产业种群密度特征，因此其可以作为衡量产

---

① 盛意，谭洁. 内在因素与企业组织绩效相关性问题的 Logistic 分析[J]. 统计与决策，2009（22）：179-181.
② 王磊，范超，解明明. 数据挖掘模型在小企业主信用评分领域的应用[J]. 统计研究，2014（10）：89-98.

业发展水平的指标。基于以上理论分析，选取邮政业务量作为衡量邮政业务发展水平的重要指标，同时选取交通运输业货运量作为衡量交通运业的重要指标。在选取合适的指标后，通过"两业"增长率的变化与计算其相关系数来辨别其相互关系。①李森、赵轩维、夏恩君基于 Logistic 回归与神经网络模型进行比较分析，对股权众筹项目融资成功率进行了判别。首先，李森、赵轩维以及夏恩君三人通过融资项目和融资企业两个维度，构建了股权众筹项目融资成功率判别指标体系。通过探索性因子分析、非参数检验及二元 Logistic 回归等分析方法对影响股权众筹项目融资的关键指标进行了筛选，并且检验了融资项目的资金注入方式、投资退出方式、融资担保条款，以及融资企业的经营规模、所披露的权证资料对股权众筹融资的影响和作用。然后，进一步构建了神经网络模型，比较分析了回归模型与神经网络模型的判别能力。最后对股权众筹项目融资成功率进行了判别。②

5.3.6　基于 Logistic 方法的精准扶贫分析

陈浩天基于全国 20 省 3513 个贫困户的调查数据，以全面呈现扶贫政策清单的执行绩效为最终目的，建构了两种模型进行分析，分别是两分类和多分类有序 Logistic 模型。在模型构建之后，分析农户对"建档立卡"的积极性和扶贫清单执行绩效。在问题假设的基础上，从"收入水平"和"文化程度"两个角度进行了相应的分组，并把"建档立卡"作为因变量，把"政策认可程度"作为自变量，建立了实证模型；进而对农民的家庭收入水平、扶贫政策信息获取能力与"建档立卡"的选择之间的关系进行了分析比较。③李辉基于对深度贫困地区临夏州 A 县的贫困现状及致贫因素，运用无序多分类逻辑回归模型对 A 县各类贫困人口致贫原因进行分析，得到相应的结果。该结果表明文化程度、健康状况、劳动能力对各类型贫困人口的影响程度是不同的；缺资金（因学）、缺技术、因病因残、缺劳力、自身发展动力不足、发展环境等因素对各类型贫困人口的影响也存在着明显的差异。④

---

① 田帅辉，徐曈，王旭. 基于 Logistic 模型的交通运输业与邮政业融合发展研究——以重庆市为例[J]. 重庆大学学报（社会科学版），2019（6）：14-23.
② 李森，赵轩维，夏恩君. 股权众筹项目融资成功率判别——Logistic 回归与神经网络模型的比较分析[J]. 技术经济，2018（9）：80-91.
③ 陈浩天. 认知差异、信息分化与国家扶贫政策清单执行绩效——基于全国 20 省（区、市）3513 个贫困农户的调查[J]. 东南学术，2017（6）：87-93.
④ 李辉. 基于 logistic 模型的深度贫困地区贫困人口致贫因素分析[J]. 西北民族研究，2018（4）：51-58.

综上所述，Logistic 回归是一种在研究中广泛使用的算法，非常高效，不需要太大的计算量，又不需要缩放输入特征，很容易调整，并且能输出校准好的预测概率。因此，运用 Logistic 回归分析研究精准扶贫具有特别显著的优势。除上面所讲的运用 Logistic 综合分析不同因素对政策执行效果的影响外，在精准扶贫研究中，Logistic 回归分析方法还常用于扶贫满意度的评价分析。Logistic 回归分析法在自变量与因变量关系的基础上建立变量之间的回归方程，并以回归方程作为预测模型，根据自变量的程度或数量变化来预测自变量与因变量之间的关系。这有严谨的推理与演绎过程。此外，精准扶贫涉及企业、政府、第三部门、农户等多重主体，其中各个主体之间都有复杂的多层合作联系，且影响因素多样，整个分析过程非常复杂。而 Logistic 能够量化复杂数据，建立模型进行分析，其结果精确客观，对于精准扶贫的研究非常有利。

5.4 建立贵州精准扶贫多元共治指标体系

5.4.1 指标选取的方法

前文提到，Logistic 回归分析方法是通过 Logit 变换将结果变量与影响因素的非线性结果转化为线性关系，以此来分析结果变量和影响因素之间的关系。因此，必须通过科学的指标选取方法来进行指标体系的建立。基于精准扶贫多元参与主体的背景，本书基于下列步骤选取评价指标。

（1）确定评价目标层。此为一级指标，即大类研究或考核指标。从研究主题出发，寻找研究主题下的相应维度，再根据这些维度来确定该研究主题的评价目标层。

（2）确定二级指标。二级指标是指在一级指标之下能更加具体表示研究主题的指标。一般在确定好评价指标层（以及指标）之后，根据评价指标层下的各个维度确定具体二级指标。

（3）确定候选指标群。根据确定的二级指标找出与二级指标相符合的候选指标，组成相应的候选指标群。此候选指标群中的所有指标都与研究主题、一级指标以及二级指标有密切联系，且这些指标均可以具体指代二级指标。

（4）确定具体指标。确定具体指标的方法为：一是从候选指标群中逐个剔除与其他指标相关程度高的指标；二是从单个指标开始，逐个引入与其他指标相关程度低的指标。

5.4.2 指标选取的基本原则

指标是表示一个概念或变量含义的一组可观察到的事物，是衡量目标、规范所期望达到的标准。评价指标既是评价内容的载体，又是评价内容具体的外在表现。当然，指标体系的建立也要基于主观与客观相结合的原则[①]。因此，在基于主观与客观的基本原则下，对于指标的选取，必须遵循以下几个原则。

（1）典型性原则。所确定的每一个指标都必须具备足够的代表性，即要尽可能体现出多元参主体与扶贫的各综合特征，让每一确定的指标都可以代表多元主体参与扶贫的综合特征。同时，评价指标体系的确定和权重在各个指标之间的分配均应该符合精准扶贫多元参与主体的评价目标层。

（2）简明科学性原则。各个指标体系的建立及评价指标的确定都应该以科学性为基本原则，并能真实、客观、有效地反映出精准扶贫多元参与主体的特点和情况。同时，各指标必须具有代表性，不能出现指标过多、过少，或者各个指标之间的意义相互交叉、相互重叠的情况，尽可能避免指标出现明显错误或无法反映真实情况的现象。

（3）可比、可操作、可量化原则。指标的选择，必须保证指标存在于总体评价目标范围之内。各个评价指标尽可能清晰明了且便于收集；同时，各评价指标都应该在现实操作时具有可操作性和可比性。除此之外，在选择指标时还要考虑指标的数据能否进行可操作化的定量分析处理，以保证后续数据分析步骤能顺利进行。

（4）综合性原则。精准扶贫多元参与主体是最终评价目标，也是评价指标体系建立的根本依据。因此，在各评价层次上（政府间的帮扶合作，企业参与扶贫合作，合作社、农户参与扶贫合作，社会组织参与扶贫合作，扶贫类型主体参与扶贫合作，政府组织动员参与精准扶贫合作）全面考虑各影响因素并进行综合分析和评价。

（5）规范性原则。所谓规范性规则，是指内容明确、肯定和具体，可直接适用的规则。在指标的选取上，必须使用常见的指标和遵循常见的计算原则。避免出现使用不常见、不规范指标的情况出现。同时，各评价指标的选择应该是规范的、标准的、易于操作和计算的。

（6）精炼性原则。所谓精炼性原则，是指在对各指标的选择上要准确、

---

① 石晶，李思琪. 建立科学成效评估体系 助力各方资源精准扶贫——精准扶贫成效评价指标体系的构建[J]. 人民论坛，2018（3）：36-38.

高度概括，不可出现指标的选择没有代表性及界定模糊的情况。对于评价指标的选择并非越多越好，而要保证各指标均能突出目标层重点，且具有针对性，应让选择的每个指标都是该维度下最具有代表性的指标。

5.4.3 指标体系的建立

根据精准扶贫的多元参与主体基本要求，以及掌握的实际情况，同时严格按照前文所提到的评价指标体系建立的各个相应的原则，即典型性原则，简明科学性原则，可比、可操作、可量化性原则，综合性原则，规范性原则以及精炼性原则，基于评价指标体系建立相关方法，本书从政府间帮扶合作、企业参与扶贫合作、合作社、农户参与扶贫合作、社会组织参与扶贫合作、精准扶贫主体类型共同参与合作、政府组织动员的合作等6个方面设定相应指标。具体评价指标见表4-3：

表4-3 评价指标体系

一级指标	二级指标	三级指标
精准扶贫多元共治（中央政府、地方政府、企业、合作社、农户以及社会组织等）	政府间的帮扶合作	东西对口帮扶
		央地对口帮扶
		财政专项转移支付
		帮扶结对
		定点帮扶规模
	企业参与扶贫合作	企业帮扶
		产业投资类型
		贫困户技能培训
		企业投资规模
	合作社、农户参与扶贫合作	贫困人口素质
		农户脱贫意愿
		合作社参与态度
		农户收入增长比例
	社会组织参与扶贫合作	社会组织参与效果
		社会组织类型
		社会组织参与形式
		社会组织投入的重点区域

续表

一级指标	二级指标	三级指标
	精准扶贫主体共同参与合作	基础设施（村村通、组组通建设） 农村危房改造 医疗保障兜底 教育助减免支持 养老保险金发放
	政府组织动员的合作	县乡政府扶贫领导小组 县级政府关于扶贫的发文数量 村干部对贫困户的登记与识别 扶、帮、包驻村干部

5.5 精准扶贫多元共治模式检验

5.5.1 数据来源

调查数据来自于课题组于2019年6月至8月先后对开阳县、德江县、修文县、黄平县、织金县、黔西县、思南县、沿河县、凯里市、盘州市十个贵州省重点扶贫地区展开的实地调查，调查方式主要为问卷调查及非结构式访谈。这些调查地点遍布于贵州东西南北中各个区域，均匀分布于贵州省全境。本次调查总共发出问卷700份，其中每个地区70份，总共收回问卷700份，其中有效问卷673份，有效率达到96.14%。该调查问卷涵盖信息量丰富，主要包括四个部分：贫困农户个体及家庭特征、区域贫困原因和特征、当前多主体参与扶贫的现状、对多主体共同参与扶贫的未来预期。由于此次调查的各贫困地区的贫困原因及扶贫开发的发展模式与经济体量大不相同，其中整体经济实力最高的盘州市在贵州88个区县中位列第5，经济最差的黄平县在88个区县中位列75，因此，调查结果能够比较全面地呈现出多主体合作扶贫的不同模式、实际效果，以及区域特性与政策兼容性的问题。

根据调查数据可知，调查区域农村青壮年劳动力流失较为严重，贫困户年龄多集中在45～59岁，占比高达将近75%；贫困户文化程度普遍偏低，96.6%的调查对象为初中及初中以下学历，高中学历及以上的仅占3.4%。整体对扶贫认知偏低，脱贫意愿一般，对扶贫发展模式了解少，对政策关心不足。

5.5.2 模型构建

Logistic 回归分析模型是一种典型的分类模型，在实践研究中经常用到。Logistic 回归通常根据因变量的不同可以分为两类，即非条件 Logistic 回归、条件 Logistic 回归。当因变量是二分类的时候，所使用的模型就是通常的二元 Logistic 回归模型；当因变量是多分类的时候，根据因变量是否具有一定的次序程度，可以将 Logistic 回归模型分为无序多分类 Logistic 回归模型和有序多分类 Logistic 回归模型。

由于本研究的因变量是无序的多分类变量，因此本书的定量分析方法使用的是无序多分类 Logistic 回归模型。无序多分类 Logistic 回归模型的基本表达式为[①]：

$$Logit[p(y=j)] = \ln\left(\frac{p(y=j)}{p(y=i)}\right) = \alpha_i + \beta_{1j} + L + \beta_{pj}x_j (j \neq i)$$

在该模型中，优势比（OR）是某一个影响因素（X）的两个不同优势水平的比值。优势比也称比值比或者机会比。

$$OR = \frac{p(y=j/x_l=x_{l2})/p(y=i/x_l=x_{l2})}{p(y=j/x_l=x_{l1})/p(y=i/x_l=x_{l1})} = e^{\beta_{l2}(x_{l2}-x_{l1})} (j \neq i)$$

其中 x_{l1}，x_{l2} 表示第 1 个自变量的两个不同的取值；OR 是指当 x_1 从 x_{l1} 变为 x_{l2} 时，因变量 j 的发生概率与控制其他变量时参考水平的发生概率之比。[②] 本书中的因变量是多元主体参与扶贫的效果，自变量是上述各个指标。因此，分析的是各自变量对于多元主体参与扶贫效果的影响。

5.5.3 实证分析

5.5.3.1 模型检验

首先，运用 SPSS 数据分析软件对本书所使用的模型进行拟合度检验。由表 4-4 可知，经过加入各项指标的数据之后，模型拟合标准-2 倍对数似然值从 587.641 降低到了 84.674，而且 P 值小于 0.05，说明该模型的拟合程度较好。

运用 SPSS 数据分析软件对各自变量进行似然比检验（如表 5-4 所示）。从表中可知，各指标的显著水平都小于 0.05，说明各指标对评价目标层都具

---

① 李辉. 基于 Logistic 模型的深度贫困地区贫困人口致贫因素分析[J]. 西北民族研究，2018（4）：51-58.
② 童光荣，何耀. 计量经济学实验教程[M]. 武汉：武汉大学出版社，2008.

有显著的影响。各个评价指标的具体模型拟合简化后的模型-2 倍对数似然值、卡方值、DF 值以及显著水平值见表 5-5。

表 5-4 模型拟合信息

模型拟合标准	似然比检验		
-2 倍对数似然值	卡方	Df[①]	显著水平
仅截距 587.641			
最终 84.674	502.296	66	0.000

表 5-5 似然比检验

| 二级指标 | 效应 | 模型拟合标准 | 似然比检验 | | |
		简化后的模型-2 倍对数似然值	卡方	Df	显著水平
	截距	84.674	0.000	0	
政府间的帮扶合作	东西间对口帮扶	134.834	50.160	16	0.000
	央地间对口帮扶	210.975	78.132	15	0.000
	财政专项转移支付	189.728	24.573	2	0.000
	帮扶结对	208.824	35.759	2	0.000
	定点帮扶规模	200.765	27.700	2	0.000
企业参与扶贫合作	企业帮扶	193.343	20.279	3	0.000
	产业投资类型	173.222	18.926	2	0.000
	贫困户技能培训	209.734	28.558	4	0.000
	企业投资规模	200.473	25.688	4	0.000
合作社、农户参与扶贫合作	贫困人口素质	193.962	22.124	2	0.000
	农户脱贫意愿	179.799	33.923	4	0.000
	合作社参与态度	189.832	23.976	4	0.000
	农户收入增长比例	191.960	21.891	2	0.000
社会组织参与扶贫合作	社会组织参与效果	193.455	22.386	2	0.000
	社会组织类型	287.154	26.468	4	0.000
	社会组织参与形式	174.959	18.928	4	0.000
	社会组织投入的重点区域	233.506	20.916	4	0.000

① DF 是指当以样本的统计量来估计总体的参数时，样本中独立或能自由变化的数据的个数，称为该统计量的自由度。

续表

二级指标	效应	模型拟合标准 简化后的模型-2倍对数似然值	似然比检验 卡方	Df	显著水平
	截距	84.674	0.000	0	
精准扶贫主体共同参与合作	基础设施建设（村村通组组通）	188.617	24.292	4	0.000
	农村危房改造	296.556	27.604	10	0.000
	医疗保障兜底	239.708	25.552	2	0.000
	教育助减免支持	218.109	29.541	4	0.000
	养老保险金发放	290.161	24.075	4	0.000
政府组织动员的合作	县乡政府帮扶领导小组	281.429	35.291	2	0.000
	县级政府关于扶贫的发文数量	256.764	37.406	6	0.000
	村干部对贫困户的登记与识别	241.469	38.378	4	0.000
	扶、帮、包驻村干部	280.349	29.487	4	0.000

5.5.3.2 统计结果描述

运用 SPSS 数据分析软件对各个指标的数据进行分析，比较各个指标的回归系数、P 值、标准误以及 OR 值，对各个指标进行结果分析。表 5-6 是模型的回归结果，从表中可得出表中各个评价指标的 P 值都是小于 0.05 的，所以表中所有变量的回归系数都是有意义的。回归系数越大，则说明各个指标对于因变量（即多元主体参与扶贫的扶贫效果）的影响越大。标准误差的大小代表样本均值和总体均值的差距，标准误差越小，样本均值和总体均值差距就越小。

表 5-6 模型的参数估计

变量	回归系数	P 值	标准误	OR 值
东西间对口帮扶	1.491	0.004	0.145	1.524
央地间对口帮扶	0.396	0.000	0.067	0.448
财政专项转移支付	0.377	0.002	0.137	0.512
帮扶结对	0.686	0.005	0.106	1.107
定点帮扶规模	0.071	0.004	1.226	0.571
企业帮扶	1.447	0.002	0.475	1.633

续表

变量	回归系数	P值	标准误	OR值
产业投资类型	1.092	0.021	0.732	0.711
贫困户技能培训	0.765	0.000	1.327	1.326
企业投资规模	0.967	0.004	1.703	1.224
贫困人口素质	1.878	0.012	1.044	1.513
农户脱贫意愿	1.086	0.000	1.085	1.521
合作社参与态度	1.576	0.001	0.592	1.031
农户收入增长比例	0.059	0.001	0.935	0.771
社会组织参与效果	1.362	0.004	1.226	0.921
社会组织类型	0.603	0.005	0.574	0.582
社会组织参与形式	0.938	0.041	0.612	0.737
社会组织投入的重点区域	0.611	0.016	1.842	0.302
基础设施建设（村村通组组通）	1.364	0.021	0.972	0.538
农村危房改造	0.654	0.076	0.842	0.392
医疗保障兜底	1.732	0.067	0.782	0.601
教育助减免支持	1.662	0.041	0.392	0.592
养老保险金发放	0.834	0.011	0.378	0.451
县乡政府扶贫领导小组	1.564	0.021	0.643	0.529
县级政府关于扶贫的发文数量	0.464	0.028	0.315	0.732
村干部对贫困户的登记与识别	0.911	0.014	0.784	0.856
扶、帮、包驻村干部	1.634	0.032	0.521	0.478

（1）从政府间的帮扶来看，各指标之间的回归系数都为正数，且各指标的P值都是小于0.05的，因此各指标的回归系数是有效的。也就是说，各指标对多元主体参与扶贫效果都具有影响。同时，其标准误差都处于较低的数值水平，也就是说样本的均值和总体的均值之间的差距是较小的。其中，东西对口帮扶的回归系数大于1，那么东西对口帮扶对于多元主体参与扶贫是有显著影响的，比央地对口帮扶、财政专项转移支付、帮扶结对以及定点帮扶规模对多元主体参与扶贫工作的影响更为显著。当然，帮扶结对于多元主体参与扶贫工作效果的影响也是相对比较显著的。

（2）从企业参与扶贫合作来看，企业帮扶回归系数为1.447，相应的P值为0.002。产业投资类型回归系数为1.092，相应的P值为0.021。贫困户技能培训回归系数为0.765，相应的P值为0.000。这说明企业帮扶和产业投资类型对多元主体参与扶贫的效果的影响比贫困户技能培训对多元主体参与扶贫的效果的影响更为显著。

（3）从合作社、农户参与扶贫合作来看，贫困人口素质、农户脱贫意愿以及合作社参与态度的回归系数分别为 1.878、1.086 以及 1.576，相应的 P 值为 0.012、0.000 以及 0.001。这说明贫困人口素质、农户脱贫意愿以及合作参与态度对多元主体参与扶贫工作的效果都具有显著的影响。并且，影响程度都是差不多的。

（4）从社会组织参与扶贫合作来看，各指标的 P 值都是小于 0.05 的，即各指标的回归系数都是有意义的。社会组织参与效果和社会组织参与形式的回归系数分别为 1.362 和 0.938，其 P 值分别为 0.004 和 0.041，说明社会组织参与效果和社会组织参与形式相较于其他两个指标来说对多元主体参与扶贫效果的影响更加显著。但是，其他两个指标，即社会组织类型和社会组织投入重点区域，对多元主体参与扶贫的效果也是有一定影响的。

（5）从扶贫主体共同参与扶贫来看，基础设施建设（村村通组组通）、医疗保障兜底以及教育助减免支持的回归系数分别为 1.364、1.732、1.662，相应的 P 值都是小于 0.05 的。也就是说，基础设施建设（村村通组组通）、医疗保障兜底和教育助减免支持对于多元主体参与扶贫工作效果的影响较为显著。其中，医疗兜底保障相较于其他两个指标的影响是更为显著的。

（6）从政府组织动员的合作来看，县乡政府扶贫领导小组、驻村干部以及村干部对贫困户的登记与识别的回归系数分别为 1.564、1.634 和 0.911，相应的 P 值为 0.021、0.032、0.028。这说明这三个指标对多元主体参与扶贫的效果都是有影响的，并且影响是较为显著的。其中县乡政府领导小组和驻村干部的影响程度相较于村干部对贫困户的登记与识别的影响程度更加显著。

5.6 贵州精准扶贫多元共治模式的实证结果

5.6.1 中央政府权威

"实事求是、因地制宜、分类指导、精准扶贫"是习近平总书记在 2013 年 11 月访问湖南湘西时提出的。2015 年，中共中央国务院颁布了《中共中央国务院关于打赢脱贫攻坚战的决定》，该决定做出了明确的指出，到 2020 年时，农村的贫困人口不会再因为衣食住行和教育问题担心了，要让老百姓的基本医疗和住房安全得到更多的保障。与此同时，要将贫困地区的老百姓的人均可支配收入提到全国的平均水平，甚至高于全国平均水平。并且，基本公共服务的相关指标要向全国平均水平接近。同时，要按现行脱贫标准，让贫困户脱贫，让贫困县摘掉贫困的帽子，最后解决区域整体贫困问题。

中央权威是指党中央、国务院在全国范围内实施政治领导和经济、社会管理所形成的巨大主导力量，由国家宪法和法律赋予最高权力、承担重大政治责任并且发挥重大政治作用，在国家整个领导体系中处于主要和中心地位。[①]各地建立起脱贫攻坚党政一把手负责制，层层签订脱贫攻坚责任书，层层压实责任，层层传导压力，形成了省市县乡村"五级书记抓扶贫"的工作格局；中央明确脱贫攻坚期内贫困县县级党政正职要保持稳定，各地发挥好村党组织在脱贫攻坚中的战斗堡垒作用。强化中央统筹、省负总责、市县抓落实的管理机制，推动脱贫攻坚各项政策措施落地生根。中央政府权威在多元参与精准扶贫政策的制定中起着主导作用，中央政府权威制定了整个扶贫工作的目标以及方向，是影响多元主体参与精准扶贫的主要因素。贵州这些年取得成绩，最根本的是有以习近平同志为核心的党中央坚强领导，有习近平新时代中国特色社会主义思想科学指引。课题组调研发现，贵州各族干部群众真切感受到中国共产党领导和中国特色社会主义制度的显著优势，更加坚定自觉地做到"两个维护"。

5.6.2 地方政府动员合作

在精准扶贫过程中，地方政府通过对口帮扶将脱贫工作有效推进。对口帮扶的两个主体之间会通过资金支持、作物对接、发展产业以及政府直接与农户对接的方式来进行有效扶贫。并且，对口帮扶的方式有效解决了精准扶贫中的"精准"问题。主体之间通过交流地方发展的成功经验，从根本上解决了贫困区的发展滞后以及不知道如何发展的问题。东西帮扶在巩固和拓展脱贫攻坚成果中不断升级。毕节市黔西市和广州市增城区聚焦"东部企业+黔西资源""东部市场+黔西产品""东部总部+黔西基地""东部研发+黔西制造"的"4+"模式，将新时代西部大开发和粤港澳大湾区发展战略融合起来。

自国家大力推行精准扶贫政策以来，地方各级政府积极实施国家所制定的政策，全身心地投入精准扶贫工作。在精准扶贫的工作中，地方政府与基层之间的交流是最多的。因此，地方政府与基层的联系最为紧密，并且地方政府与扶贫对象也是更加亲密、亲近的，地方政府对于贫困人口、贫困地区

---

① 张英奎，张诺夫．科学发展观指导下加强社会主义国家中央权威的对策选择[J]．中共福建省委党校学报，2010（8）：26-33．

以及农民的现实状况也是最先了解的,地方政府是精准扶贫政策的主要执行者。[1]在精准扶贫的过程中,精准扶贫是更加强调精准性与互惠性的,精准扶贫工作的开展也给地方政府的治理能力提出了更高的要求。[2]当然,地方政府和基层政府在精准扶贫中的作用是不可忽视。地方政府与基层之间是相互联系的,同时也是最了解扶贫对象的。地方政府在精准扶贫政策实施中起着主导作用。地方政府和基层政府的实施政策和行为,都会直接影响到扶贫的效果。因此,地方政府必须正确认识自己的行为和地位,并且将所能发挥的有效能量全部释放出来。

5.6.3 农户(贫困户)的脱贫意愿

农户参与精准扶贫,农户的脱贫意愿是影响多元主体参与精准扶贫的主要因素。首先,农户(贫困户)对于自己的贫困并没有足够的意识,对于富足的生活没有具体概念。认为自己的生活是满足了自己以及家庭的生活条件的,所以只是安于现状地生活下去[3]。其次,农户(贫困户)对于具体的精准扶贫政策、脱贫的概念以及精准扶贫的概念都不了解,农户的脱贫意愿并不高。然后,有的贫困户意识到自己贫困,但是由于自己的生活习惯而不愿改变当下的生活。[4]最后还有一种现象就是,农户(贫困户)总是认为扶贫工作和自己没有任何关系,这些工作都应该是扶贫干部、政府以及国家应该做的事情。这导致贫困户的脱贫意愿不高,从而给扶贫工作增加了阻碍。上述原因都是影响农户(贫困户)脱贫意愿的主要因素,最终导致贫困户的脱贫意愿处于较低水平,从而影响到精准扶贫工作的实施。

大多数农户都是因病致贫,或子女上学、自然灾害、劳动力不足等原因造成家庭贫困,这些原因使农户的经济支出超出自身的经济收入,从而让农户的经济负担变得更加沉重。同时,由于农户对于这些致贫原因的认识不到位,从而对农户的脱贫意愿造成一定的影响。因此,解决农户脱贫意愿的问题也是扶贫工作中的首要问题。让农户了解政策,改变守旧思维、懒惰的生活方式,充分认识到自己的致贫原因,从而增强贫困户的脱贫意愿,从根本上推进精准扶贫工作。

---

① 刘彦含. 地方政府精准扶贫问题与对策[J]. 地方政府精准扶贫问题与对策经济与科技,2017(7):178-179.
② 刘碧强,陈雪萍. 精准扶贫中地方政府行为偏差及其调适路径[J]. 中共福建省委党校学报,2018(8):86-93.
③ 刘浩然,胡象明. 精神扶贫的三个维度[J]. 人民论坛,2019(15):48-49.
④ 刘浩然,胡象明. 精神扶贫的三个维度[J]. 人民论坛,2019(15):48-49.

5.6.4　合作社参与和带动扶贫

合作社是由愿意合作生产经营的农民建立的合作组织形式。在中华人民共和国成立之初，国家为了恢复劳动生产，提高农民抵御自然灾害的能力，建立了农村合作社。合作社是基层人民公社的一种表现形式，是在当时有限的人力资源以及物质资源的情况下产生的。后来，随着农民在农业合作社的活动不断增加，产业扶贫是实现精准扶贫目标的根本之策，而农民合作社作为产业扶贫的主体之一，在破解农村贫困问题方面发挥着不可替代的作用。在扶贫工作中，合作社主要通过与其他扶贫主体进行相互合作和互助等形式参与到精准扶贫或者带动精准扶贫的工作，概括为六种扶贫模式，即"合作社与贫困户相结合""合作社、基地以及贫困户相结合""党政、合作社以及贫困户相结合""企业、合作社以及贫困户相结合""企业、合作社、基地以及贫困户相结合""政府、合作社、银行以及贫困户相结合"。[1]

在扶贫中，农户是可以直接在合作社获得相关信息以及技术服务的，农户对于合作社的信任以及依赖是非常强烈的。因此，在精准扶贫工作中，合作社参与扶贫以及带头扶贫的作用是不可或缺的。合作社参与到扶贫工作中时，合作社可通过发展农村产业进而给予农民更多的发展机会，从而提高农民的脱贫意愿，使农村的经济发展水平得到提高。与此同时，合作社参与扶贫可缓解公共物品供给困难的情况，准确地识别农村贫困对象，加快扶贫内源发展转向，促进贫困地区全面发展。[2]合作社参与到扶贫既可以发展农村产业、提高农户脱贫意愿，又可以使农村经济水平得到提高，从而促进贫困地区、各个方面得到发展。

5.6.5　企业帮扶和利用市场机制带动脱贫

自国家实行精准扶贫政策以来，产业扶贫被赋予了新的内涵和意义，而产业扶贫也是影响贫困户脱贫的主要因素之一。[3]其中，在产业扶贫的机制中起主导作用的是企业。企业利用市场机制带动脱贫是脱贫的有效途径之一。现实中，大多贫困户都是依靠种植农作物来维持生活，但是由于地处偏远地区，当地市场无法满足农作物的销售需要，导致农户作物滞销而无经济收入。

---

[1] 张梅，王晓，颜华. 农民合作社扶贫的路径选择及对贫困户收入的影响研究[J]. 农林经济管理学报，2019（4）：530-538.

[2] 徐旭初，吴彬. 减贫视域中农村合作组织发展的益贫价值[J]. 农业经济与管理，2012（5）：18-24.

[3] 刘建生，陈鑫，曹佳慧. 产业精准扶贫作用机制研究[J]. 中国人口·资源与环境，2017（6）：127-135.

但当企业参与精准扶贫过程时，市场机制被引入，问题就迎刃而解了。其次，企业利用市场机制可以带动当地市场经济的发展，从而促进当地经济的发展，企业利用完善的市场机制可以带动当地的市场机制向好的方向发展，从而带动当地经济的发展。最后，企业对当地产业进行一对一的帮扶，将完备的生产技术引入贫困地区，从根本上完善贫困地区的产业链，从而带动贫困地区的经济发展。与其他参与主体比较，企业参与扶贫更加具有创新性和活力。企业参与扶贫工作是可以在政府、市场和社会组织存在失灵的领域发挥相应的作用，这有利于解决其他扶贫主体无法解决的边缘性贫困问题。企业可通过发展式扶贫、参与式扶贫等不同且多元的扶贫方式参与扶贫，解决更加深层次的贫困问题。①

2016年，时任中共中央政治局委员、国务院副总理、国务院扶贫开发领导小组组长汪洋在"万企帮万村"精准扶贫行动现场会上指出，"万企帮万村"行动的成效不仅仅体现在帮扶了多少贫困村，使多少贫困人口脱了贫，更关键的是在模式探索上迈出了重要步伐。全国工商联定点帮扶贵州省织金县就是一次新时代定点扶贫的新探索，形成了"万企帮万村"行动的新经验。全国工商联直指难点、把脉开方，先后联系引入恒大集团、宝龙集团、吉利集团、正邦集团等优强企业，实施产业扶贫、聚焦脱贫短板、瞄准"两不愁三保障"，开展金融扶贫，建立承贷企业、专业合作社与贫困户的利益联结机制，聚焦人才培养等。全国工商联在织金县累计投入帮扶资金1.95亿元，帮扶贫困群众2.83万人。通过"万企帮万村"行动发动民营企业313家，投入帮扶资金及物资7.76亿元，帮扶建档立卡贫困人口5.05万人。2020年3月，织金如期脱贫。②

5.6.6 社会组织协同参与扶贫

农户、政府、社会组织以及企业是参与扶贫的主体。而社会组织不仅要承担社会责任，还要成为精准扶贫的重要参与者。社会组织参与扶贫工作，既是社会组织重要职责的体现，也是我国社会组织为国家服务、为社会服务、为群众服务、为服行业务的重要体现。③社会组织协同参与扶贫时，首先，它可以提高扶贫工作的精准性和有效性。社会组织可以有效集中人力、物力以

---

① 李健，张米安，顾拾金.社会企业助力扶贫攻坚：机制设计与模式创新[J].中国行政管理，2017（7）：67-72.
② 李树林，文雪梅."万企帮万村"，书写脱贫伟业的民企华章[EB/OL].人民政协网，[2021-03-02] https://www.rmzxb.com.cn/c/2021-03-02/2797699.shtml.
③ 付娆.在精准脱贫中社会组织的担当与创新[J].农村经济，2018（3）：94-98.

及技术等各方面的社会资源。这些社会资源投入精准扶贫工作，成为扶贫工作的促进力量，从而提高社会组织参与扶贫的准确性和有效性。其次，社会组织协同参与扶贫，可以提供"脱贫后"的社会支持资源。在贫困户脱贫之后需要完善的社会支持体系来支撑，才不会导致已脱贫农户再次成为贫困户。而此时，社会组织就可以为"脱贫后"的贫困户提供相应的社会资源。最后，社会组织多元化参与方式也给精准扶贫提供了相应的保证。当前，不同的社会组织通过不同的方式参与到精准扶贫工作中，社会组织还对互联网和扶贫相结合的机制进行探索，从而在引导公益救助领域进行创新，在资源筹集、物资对接、资源共享等方面进行了平台搭建，科学地建构了社会资源、公益团体和救助对象之间的良性互动格局。与此同时，社会组织还充分利用不同社会组织的优势和特色在不同的领域积极作为，包括文化教育、环境保护、养老服务、智力扶贫、贫困群体关爱救助以及防灾减灾等方面。社会组织对这些领域进行了持续改进，通过采取项目运作、目标管理、质量控制、风险应对、绩效评估等模式，确保因地制宜、定制服务。①

脱贫攻坚为贵州迎来了"黄金十年"高速发展期。然而，脱贫攻坚的全面胜利也意味着贵州必须寻找新的发展动力。2021年4月，贵州省委确定了"在新时代西部大开发上闯新路、在乡村振兴上开新局、在实施数字经济战略上抢新机、在生态文明建设上出新绩和新型工业化、新型城镇化、农业现代化、旅游产业化"的"四新四化"发展目标。2022年1月，国务院印发《关于支持贵州在新时代西部大开发上闯新路的意见》，明确赋予贵州"四区一高地"的战略定位，即西部大开发综合改革示范区、巩固拓展脱贫攻坚成果样板区、数字经济发展创新区、生态文明建设先行区和内陆开放型经济新高地。在国家污染防治攻坚战成效考核中，贵州连续获得"优秀"等次；在全国第三次石漠化调查中，贵州石漠化减少规模和幅度均居全国第一；贵州中心城市空气质量优良天数比率达98%，城市生活垃圾无害化处理率98.1%，主要河流出境断面水质优良率100%。贵州从来没有像今天这样接近"百姓富、生态美"的发展目标。曾经贫困的贵州，在新时代担负起了为西部改革发展探路的新使命。这片多彩的土地有了新目标，在中国发展的版图上有了新定位。②

---

① 黄建. 论精准扶贫中的社会组织参与[J]. 学术界，2017（8）：179-190.
② 吕慎，陈冠合. 从"脱贫主战场"到"发展新高地"看贵州勇闯新路[N]. 光明日报，2022-04-28，（A01）.

6 贵州精准扶贫多元共治模式的类型比较

贵州省在全面推进脱贫攻坚工作的进程中,形成了"多元共治"的大扶贫模式,各项精准扶贫工作的开展都具有鲜明的多主体参与地方特色。基于实地调研资料,下文将引入实例,充分结合 IAD 框架理论对贵州省两个典型县的精准扶贫多元共治模式进行比较分析,以凸显各地不同模式的鲜明特色,总结贵州精准扶贫多元共治模式的主要特点和经验。

6.1 贵州精准扶贫多元共治主要模式

6.1.1 "村企、村社一体化"模式

贵州省 S 县的"村企、村社一体化"模式。"喊破嗓子不如做样子。"Y 村村支书如是说。Y 村用行动在奋斗中脱离了贫困,在拼搏中收获了幸福。

Y 村位于 S 县南部,全村由 9 个村民组构成,占地总面积 6120 亩,其中耕地面积 1063 亩;总人口 308 户,共计 1228 人。2014 年,Y 村被列为三类贫困村,建档立卡户有 150 户共 350 人,2015 年先后脱贫 138 户 321 人,于 2016 年整村脱贫出列。从 2014 年开始,Y 村在国家扶贫政策的支持下,抓住机遇,充分结合本村实际情况,探索出了"用股份制形式开办村企,集体与村民共同入股、各自持股,并成立集体经济合作联社"的"村企村社一体化"模式,主要通过统一流转土地、规模性种植、统一规划管理及销售的方式,使村民在用土地、资金入股分红的同时,通过输入劳务在村办企业务工增收。通过发展产业项目,大力盘活了全村资源,因地制宜地形成了本村特色产业,壮大了村级集体经济建设。在村企产生收益后,采用"三三四"模式进行利润分配,即集体经济利润的三成作为分红股金、三成作为村集体事业发展金、四成作为村企运营资金。同时,村集体经济还用于补助全村新型农村合作医疗和农村养老保险中村民个人交纳部分。

实践多年,Y 村深入落实"民心党建+'三社'促'三变'+春晖社"模式进行农村综合改革,基于"党建引领聚民、产业发展富民、环境优化兴民、

保障提升惠民、治理有效安民"思路，大力开展脱贫攻坚工作。① 目前该村已成立三家公司：建军建筑建材有限公司、建群劳务有限公司以及集群农业发展有限公司；组建了建明果蔬种植专业合作社，流转土地约1100亩，其中800亩用于种植甜心蜜柚、300亩种植水晶葡萄；新建养猪场一个，年出栏生猪量可达400头。截至2016年底，村集体经济资产积累突破600万余元，农村居民人均年可支配收入达9000元；2017年底，资产积累突破1000万，农村居民人均年可支配收入达11 000余元；2018年底，资产累计突破1488.12万元，农村居民人年均可支配收入达12 500元。② 可以说，是村集体经济的发展让Y村实现了从"贫困村""空壳村"到"小康村"的完美转变，让该村先后荣获省级"五好基层党组织""民主法治示范村"、市级"五好基层党组织""百家干群连心室""春晖社示范点"等荣誉称号。③

6.1.2 "一业一社"模式

"从没想过咱们村会有那么大的'动作'，曾是被"嫌弃"的村落，现已成为脱贫攻坚的焦点。"在村任职两届的村干部W感慨说。2017年，K县J村被认定为贵阳市特别困难村，此后省、市、县的领导来了，市、县单位来了，驻村队员来了，田间、村民家中、山头上到处都是与群众一起交流、一起劳作的"红马甲"身影。

J村占地面积14.15平方千米，原为J乡人民政府驻地，2000年村级机构改革，以J村为主体，合并隔壁两个村组成现J村，原37个村民组调整为19个村民组，全村人口共1261户5129人。耕地面积7502亩，占总面积的25.9%，其中田3200亩，占耕地总面积的40%；土4302亩，占耕地总面积的60%，人均1.46亩。资料显示，2019年J村国办库56户186人，其中按贫困程度划分，低保贫困户12户35人（已脱贫3户11人，未脱贫9户24人），特困供养人员4户5人（已脱贫1户2人，未脱贫3户3人），一般贫困户40户146人。按脱贫程度划分，已脱贫36户131人，未脱贫20户55人。按致贫原因划分，缺技术7户24人，缺劳力13户28人，缺资金31户117人，因病致贫2户7人，因残致贫3户10人。截至2019年底，全村已脱贫36户131人（其中：2014年11户43人，2015年24户87人，2016年0户0人，2017

---

① S县：Y村的山村巨变[EB/OL]. 铜仁市人民政府网，[2019-05-30] http://www.trs.gov.cn/xwzx/qxyw/201905/t20190530_3827322.

② 以上数据根据课题组调研Y村时获取的文字材料整理而成。

③ 用活"三个"平台 深化"三变"改革 助推脱贫攻坚——S县邵家桥镇Y村"三变"改革工作纪实[EB/OL]. 铜仁市委组织部，[2019-08-13] http://www.trszgw.gov.cn/Item/Show.asp?m=1&d=11213.

年1户1人），剩余20户55人未脱贫，其中15户享受兜底政策。截至2018年6月18日，J村扶贫解困项目共计55个，其中工程建设类项目33个、产业发展类项目22个，总投入10763.3万元。工程建设类项目中包含基础设施项目18个、阵地建设项目1个、人居环境项目11个、社会治理项目3个。产业发展类项目中包含融合产业园1个、冷链物流冷库1个、食用菌基地1个、果蔬种植业11个、养殖业6个、手工加工业1个、田间地头培训学校项目1个。①

历经长期的摸索和实践，目前J村已经基本形成了"一村、两带、三园、四场"的产业发展模式。一村即盆景花卉专业村，两带即干山——山湾——林山——大坡茶果休闲观光带、肯井——黄土坡茶果休闲观光带，三园即无公害蔬菜种植园、晚熟葡萄种植园、精品红心猕猴桃种植园、八月瓜种植园，四场即林下养鸡场、林下养鸭场、志丰养殖场、淡水养殖场。总的来说，该村以全面贯彻落实脱贫攻坚行动为契机，抓关键、抓重点，全面有序地推进项目，在工作队、村支两委以及致富带头人的带领下，目前全村共成立合作社14个，公司6家，渐渐甩掉"局外人""边缘人"身份。

6.2 产业扶贫作为贵州精准扶贫多元共治的关键举措

6.2.1 Y村村集体经济建设

村集体经济创办的效果决定了农村公益事业的物质基础，是决胜脱贫攻坚、实现全面小康社会的现实需要，也是社会主义新农村建设的客观要求。通过调研，我们明晰了Y村践行精准扶贫多元共治模式的主要举措是发展村集体经济，并且实践结果也已证明该村村集体经济发展取得了丰硕的成果，顺利实现减贫摘帽，圆满完成脱贫攻坚目标。调研资料显示，该村从2014年开始探索发展路径、寻找发展模式，于2015年7月正式成立村集体经济合作联社，吸纳47位村民入股，筹得资金347万元；制订了详细可行的入股、分红等方案；合作联社作为融资平台，集中了村民的闲散资金，鼓励村民从村联社借资，积极发展产业，寻找致富之路。在村两委的领导下、村民的支持下，Y村集体经济联社至今已拥有公司3家、种养殖合作社1个。②

建立村集体经济作为该村践行多元共治精准扶贫的关键举措，具体内容

---

① 以上数据根据课题组调研J村时获取的文字材料整理而成。
② 以上数据根据课题组调研Y村时获取的文字材料整理而成。

有：一是以股份制形式开办村级企业，由集体与村民共同入股持股；二是成立果蔬种植农民专业合作社，采用"村两委+合作社+致富能人+贫困户"模式，对村里的土地进行统一流转和经营。整体而言，在Y村的发展进程中，基于发展村集体经济的核心理念，该村的村级企业和专业合作社均是在村"两委"的全面领头下，由村民通过资金入股、土地流转以及劳工输入等形式发展起来的。村企村社的经营理念渗透着企业管理因素，管理机制十分完善。虽然该村只成立了1个农民专业合作社、3个公司，但对于村民的带动几乎实现全覆盖。并且，在该种模式下，村级企业和合作社的管理及发展都显得更加稳定、更有动力。

6.2.2 J村"一业一社"

在全面推进脱贫攻坚过程中，通过成立农民专业合作社来助力产业扶贫项目可谓最常见的做法。在实践中，农业专业合作社的具体组织形式具有多元性，根据各地的实际情况可以有"村委+合作社+贫困户""龙头企业+合作社+村民""村委+致富能人+村民"等多种形式，其关键在于因地制宜，综合考量当地各种因素，然后做出抉择，这是一种典型的精准扶贫多元共治模式。

J村，曾被列为贵阳市20个特别困难村之一，低收入困难户约占村总人口的三分之一，因而该村脱贫是全县乃至全市打赢脱贫攻坚战的主要对象。在国家政策的扶持下、扶贫干部的带领下，该村借助当地资源优势逐渐走上发展之路。从2014年至今，为加快"退粮进经"步伐，J村大力推行"一业一社"模式，即以农户为基础围绕一个产业成立一个合作社。据资料显示，合作社成立初期多为"合作社+农户"模式，绝大多数的合作社规模为5户至7户，覆盖面小且无合作社与相应公司或龙头企业建立合作关系，因而很多合作社并无实质性的经营活动，存在经营活动的也因管理不善等问题而最终关闭。通过不断总结，扶贫工作小分队大力实施农村"三变"改革，因势利导采取"村集体经济+农民合作社+低收入困难户""村集体经济+公司+农户"等模式，帮助指导J村合作社的改革，推动产业的科学化发展。在实践过程中，扶贫工作队还探索出了"四变法"，即"无变有、小变大、大变精、旧变新"，推动了该村盆景产业从无到有、葡萄产业园和青脆李种植由小变大，引进浙江御茶村茶业有限公司上线抹茶项目，实现茶产业由大变精，通过"企业+合作社+乡土人才+低收入困难户"的模式推动传统产业生产方式由旧变新。

6.3 贵州精准扶贫多元共治模式的要素

6.3.1 外部变量

"贫困尤其是农村地区的贫困，受自然地理环境的影响很大。"[①]人类总是在一定的自然环境中进行生产性活动，并受到自然环境条件带来的各种影响。自然环境因素对贫困产生的影响可以体现在地理资本、地理位置、交通情况等基础设施等方面，通过各因素的综合影响对地区的经济发展产生重要作用。

（1）自然资源条件。多年以来，我国经济增长主要依赖于非农产业的发展，而贫困地区由于发展条件、资源优势和地理区位等因素的限制，非农产业发展十分缓慢，甚至还有人过着"靠山吃山，靠水吃水"的日子，除农业收入外难有其他收入。但是已有研究成果显示，农业的发展并非不能改变贫困，反而能对减缓农村贫困产生重要作用。[②]因此，如何深度挖掘农业发展潜能成为促进贫困地区农业增效、农民增收的新方向。党的十九大提出了乡村振兴总体要求，乡村振兴的关键就在于产业的发展，且特色产业作为各个地区因地制宜发展的特殊农业产业，具有更好的竞争、效益优势，有助于提升产业发展质量，培育乡村发展的新动能。因此，贫困地区基于当地资源优势因地制宜发展产业被认为是最具备内生发展动力的举措。充分依托当地固有的资源兴起产业，不仅能使产业迅速兴起，也能为产业的持续性发展提供有力保障。

Y村全村总面积6120亩，耕地面积1063亩，曾经被称为"穷山恶水"之地，因为沟边的田地经常遭受山洪灾害，山上尽是石头旮旯，严重影响了土地的利用率和庄稼的产值。但后期这满山的石头成为砂砖厂的最佳材料，废弃的石头变成了滚滚财源，为村集体经济带来了十分可观的收入。此外，村里有大面积林地和一片约350亩的荒废柚园。建明果蔬种养专业合作社成立之初，首先将老柚园统一流转进行管理，经过两年左右的专业化照料，形成了产销一体化经营模式，收益最好时亩收入可达7000元。随后，该村联合社又以建明合作社为平台流转了石漠化山地705亩，规模化种植山红柚405亩、水晶葡萄300亩，于2016年底又流转土地20亩兴办养殖场，兴建圈舍1000平方米。[③]

[①] 曲玮，涂勤，牛叔文，胡苗. 自然地理环境的贫困效应检验——自然地理条件对农村贫困影响的实证分析[J]. 中国农村经济，2012（2）：21-34.

[②] Montalvo, J. G., and Ravallion, M. The pattern of growth and poverty reduction in China[J]. Journal of Comparative Economics, 2009, (38): 2-16.

[③] 以上数据根据课题组调研Y村时获取的文字材料整理而成。

而 J 村所在地区森林覆盖率达 53.2%，平均海拔 1200 米，年平均降雨量 1216.7 毫米，年平均温度在 13.0 ℃ 左右，年平均相对湿度为 84%，优良天气达 315 天，空气中负氧离子含量极高，有"天然氧吧""养老长寿圣地"的美誉，所在县城入选"中国百佳深呼吸小城"。全县 75%以上的土壤富含硒元素，动植物硒含量在 0.05～0.28 mg/kg，符合联合国卫生组织保健食品含硒量标准，具有发展富硒农产品产业的天然优势。其次，J 村具有耕地面积约 4114 亩，其中田 1496 亩、土 2618 亩，全村资源丰富，有丰富的原煤、铝矾土矿、硫铁矿等储量，主要粮食作物为水稻、玉米，经济作物为烤烟、油菜，目前正在建设无公害蔬菜种植基地及林下养殖基地。[①]此外，该村随处可见的红子刺、金石榴、刺梨果等均为制作盆景的上好原材料，加之此地历来就有的种花养草习俗，十年前开始演变为盆景种植，成规模的大小盆景种植户已有约十家，为后期盆景项目的开发打下了坚实的基础。在开发盆景项目之前，J 村因地势特殊，山多且海拔梯度高，很难形成连片发展的产业，对于"一村一品"目标的实现有较大难度，这也是 J 村形成多个种植养殖农业合作社的原因。

农村的资源不外乎人、地、钱。通过对比不难发现，两村的不同发展模式与其自身所具有的自然资源息息相关，依托于固有的自然资源，Y 村成立了一个果蔬种养专业合作社，兴办了一家养殖场以及一家砖厂，在妥善的管理和运营下，均为村集体收入带来了可观的收益，并为贫困户和非贫困户同时提供了脱贫致富的机会。J 村基于富含硒元素的土壤大力开发种养业，基于"一业一社"的发展原则，设立了多个种养专业合作社；同时，依托丰富的盆景制作原材料兴办盆景公司，打造出了属于自己的品牌化产业，逐渐摆脱了 J 村致富"边缘人"身份。

不容置疑，大面积的耕地资源，天然存在的石料、红子刺、金石榴，以及富含硒元素的土壤等，都是贫困村产业发展的重要物质基础。在村两委的带领下，通过流转土地、成立合作社等方式，让村民们真正实现了靠地吃饭、靠地发家致富。而农村地区要想借助本土的自然资源发展村集体经济，首先要用好资源，充分发现当地的资源优势并依托资源优势为产业发展打下坚实基础。其次，还要因地制宜地搞发展，充分结合本村特点选好产业、选对发展方式，真正实现"人勤地生金"。

（2）区位条件。贫困的产生以及发展缓慢是多种因素综合影响的结果。在脱贫攻坚深入推进过程中，学术界对产业扶贫的研究逐渐从经济领域延伸

---

① 以上数据根据课题组调研 J 村时获取的文字材料整理而成。

到教育、健康、营养、资源禀赋、环境、区位、脆弱性等领域。①国外学术界从20世纪50年代就开始关注自然地理环境与贫困问题之间的关系，形成了"空间经济学理论""空间贫困陷阱""空间贫困理论"等研究成果，将贫困与空间地理因素联系在一起，探究自然地理条件对贫困形成的影响力及贫困的空间分布情况。正如曲玮等人所认为的，地理区位与交通条件对增加农民收入与减少贫困发生率有一定的关联。交通条件和地理区位对贫困地区经济尤其是农业发展有显著的影响，地理区位远、山大沟深、交通不便捷是贫困的另一个主要成因，而良好的公路、铁路运输条件能带动农村经济发展。同时，远离城市也会影响农村经济发展。实证分析结果显示，政策和资金投入能够改善交通条件，从而极大缓解由地理区位和交通条件所带来的对减缓贫困的约束。②

结合实地调研情况，本书认同地理区位和交通条件对贫困的产生和贫困地区的产业发展产生了不可忽视的影响，是影响贫困地区产业发展的外部变量之一。通过走访发现，不同地区具有不同的产业发展情况，有多方面因素，诸如上文已经赘述的资源优势。同样不难发现，不同村庄所具有的不同的区位条件和交通状况对于该地区的发展模式的选择和产业项目的效益也造成了至关重要的影响。

Y村，位于S县南部，地处距离县城约17公里的新城区，203省道、酉阳至剑河高速路从本村穿过，交通十分便利，具有明显的区位优势。首先，依托紧邻集镇的区位优势，该村村支书带领村"两委"一班人制定了《村寨建设规划》，经镇城规委同意后全力开展危房改造、立面改造、卫生改厕及集中建房工作。早在2013年，该村就实施危房改造114户、卫生改厕52户；2014年规划建设农村集中建房，筹集资金共1200万元，流转土地63.75亩，让50户农户搬进了新居。③基于大量建房的需求，该村顺势成立了建材加工厂，按客户需求生产相应的预制板等建筑材料，得到了很好的市场回应和效益。其次，凭借地理优势吸引了跨行政区域的地质灾害搬迁、生态移民、水库移民39户及"归雁"50余户来此安家落户，在聚集人气的同时，也为村集体产业的发展注入了更多的人力资源。区位的优势还为村集体产业物流提供了极大的交通便利，不管是商品的输出还是材料的输入，好的地理位置及畅通的路况都是推动产业发展的关键因素之一。

---

① 刘艳华,徐勇.中国农村多维贫困地理识别及类型划分[J].地理学报,2015,70(6):993-1007.
② 曲玮,涂勤,牛叔文,胡苗.自然地理环境的贫困效应检验——自然地理条件对农村贫困影响的实证分析[J].中国农村经济,2012(2):21-34.
③ 以上数据根据课题组调研Y村时获取的文字材料整理而成。

J村距离乡政府所在地近7千米，占地面积14.15平方千米，与龙里、福泉隔江相望，东邻大冲村，南抵高寨乡政府，西邻杠寨村，北抵石头村。开阳作为贵阳的"北大门"，位于贵阳一小时经济圈、贵阳—遵义经济带、瓮安—开阳—息烽磷及磷化工产业带，是黔中经济区核心区，连接贵阳与遵义两大城市的次中心区域。随着贵遵复线、贵瓮高速、开息高速等项目的建成和投用，以及全县"一联四射多环线"的强力推进，其区位优势将得到进一步凸显。但是，J村距离K县城约两个小时车程，属于贫穷偏远村寨，路况较差，基础设施薄弱，并不具备临近经济圈的区位优势，相较于毗邻县城的村庄缺乏区位便利条件，这对其发展有着或大或小的阻碍。通过实地走访也不难发现，该村基于资源优势形成了以种养业为代表的众多产业项目，但该村的地形特点及农户分布情况，决定了其难以形成连片发展的产业，因而只能采取"一业一社"的发展模式，成立多个小规模农民专业合作社。

6.3.2 行动舞台（县—乡—村级行动舞台）

行动舞台是IAD框架的核心部分，指一个广泛存在于公司、市场、地方、国家、国际等各种和各级事务中间的社会空间，可用来分析、预测和解释制度安排下的行为。由行动情景和该行动情景下的行动者共同组成，通过行为把外生变量和结果联系起来。

多年的实践显示，我国精准扶贫工作的有序推进，是多元主体参与、多方力量综合作用的结果。落实过程遵循自上而下的逻辑：首先由中央政府进行制度与政策的顶层设计并提供财政支持，然后依托省级政府组织实施；省级政府基于中央指令制定配套的具体政策，并设立相应扶贫资金予以支持，进而将政策、资金打包发给县级政府；由县级政府负责政策的解读与资金的配置，并指导扶贫工作；乡镇政府走访贫困户，讲政策，并与县里有关部门沟通，申请资金、技术支持；村组干部的工作则具体到贫困户的排查认定，充分了解贫困户的现实情况与意愿。此外，在落实产业项目的进程中，还积极鼓励社会力量的参与，为贫困地方的产业发展注入坚实的内生动力。

基于IAD框架的理论视角，本书认为精准扶贫多元共治中的行动者大致包含中央及地方各级政府、企业、社会、农户。整体的行动情景则包含中央到地方政府的领导组织、政策安排、资金配置以及人员调动，省级或市级政府扶贫部门间的合作、跨区域的对口帮扶等，以及县级及县级以下扶贫主体作用的发挥。县域作为地方治理和基层治理的交汇点，是理论研究需要重要关注点。因此，在"贵州如期打赢脱贫攻坚战的重点难点问题研究"这一点上，必须回到县域治理层次。该部分将研究重点集中于县及县以下层面的实践，关键理解县—乡—村级层面的行动情景和行动者。

6.3.2.1 行动者

聚焦于县域层面的扶贫工作，其行动者主要包括县乡级政府部门、村"两委"、农户以及企业（或合作社），具体情况根据村庄发展模式的不同而不同。在该层面，县级政府主要负责扶贫政策的具体解读和资金的分配，统领整县扶贫工作的开展；乡镇政府负责走访贫困户，讲政策，并与县里有关部门沟通，申请资金及技术支持；村组干部的工作则具体到贫困户的排查认定，带领村民切实参与到扶贫工作中。县域层面是地方治理的关键点，村级领导班子作为"一线攻坚部队"也是扶贫工作中最重要的力量。结合实地调研资料，下文将论述重点放置于村级场景，通过对比分析凸显两大被调研对象特有的行动者特征。

（1）Y 村基层组织建设。基层队伍是落实脱贫攻坚任务的一线战斗队伍，对于政策的落实和效果起着决定性作用。其一，领导者的关键作用。在扶贫工作中，村支书犹如一只领头雁，决定了前行的方向和路线。Y 村的村支书曾是当地小有名气的商人，卖过五金、家电，还办过酒厂。为了带领全村脱贫致富，他放弃自家生意竞选村支书，将企业经营管理模式成功运用到村务管理和村集体经济发展中，两年时间里跑市场、跑项目，先后成立砖厂、建材公司、劳务公司，以及果蔬种植专业合作社，使得村级集体经济不断壮大。

通过与村支书交谈，很容易感受到该村"领头雁"人物的魄力和智慧。他坚守使家乡脱离贫困的信念毅然放弃自己之前的生意，甚至在就任书记初期就用自家的产业作为村集体经济发展的铺路石。为了让绝大多数人加入扶贫产业项目，多次亲自上门向村民介绍项目情况并劝说村民以土地、股金或劳务等形式参与其中。发展产业时更是同时担任技术员、业务员及管理者等多个角色，亲自负责产品的培育、销路等事务。该村村支书的行动力可以用他自己的一句话予以总结："喊破嗓子不如做样子"。

> 我作为一名党员，有责任也有义务帮助老百姓，让他们脱离苦日子。我在 2004 年的时候第一次去江苏华西村，当时看到华西村的发展我特别有感触，很震撼，一个村可以发展成这个样子，也是从这时开始我有想法回家乡带村民致富。（Y 村村支部书记访谈记录：CJQ20190807）

> 我刚到村委会的时候，可以说什么都没有，还是我自己垫资修

了个像点样子的办公室,用自家挖掘机把村里的路挖通。最开始想发展产业时,我们村委几个干部商量着先办一个砖厂,号召村民入股,结果完全没有人响应。我也晓得那时候确实也没啥说服力能让村民完全信任我们,只能就我们村委会几个人自己投资办起来了,第一年盈利20多万,这个钱我们没有分红,直接用来解决全村人的保险问题。也正是这样,村民看到了发展产业的可能性,就开始慢慢有人投资入股进来。(Y村村支部书记访谈记录:CJQ20190807)

在该村的发展进程中,村支书C是改变该村从贫困走向富有、从空壳走向模范的关键性人物。领头人物的信念、智慧及魄力都一一体现在该村的发展轨迹中,他是推动村集体经济发展的领头人,更是该村脱贫攻坚路上最坚定的方向。

其二,村级队伍。拥有一个敢于担当、勇于创新、善于管理的村党支部和村委会领导班子,以及一支善于做群众工作、带领群众共发展的党员队伍,是打赢脱贫攻坚战的有力保障。Y村的基层组织具有三大创新之处:一是注入了新鲜血液,即培养选拔年轻优秀的党员加入村级领导班子,现村级班子平均年龄35岁。同时,加强党员队伍建设,近三年来培养入党积极分子10名,发展党员6名,有力增强了村级"两委"班子活力。二是组建春晖社,聚集一批能人志士和退休干部、教师等,为村发展谏言献策,增强组织凝聚力。目前该村有春晖使者35名,并依托春晖社创设了S县第一个村级农村留守儿童爱心辅导班,3名"春晖使者"义务为52名村留守儿童进行学业辅导。同时,村级春晖社还大力发挥在外乡友及大学生的优势,招商引智、传递技术,为脱贫攻坚事业发展注入大量人力、资金等资源。三是成立"三组一队",即根据学识、能力和爱好等特点,将全村党员及入党积极分子共25人分别编入产业党小组、维稳党小组、文艺党小组和志愿等服务队。其中,产业党小组负责产业规划与实施工作,维稳党小组负责排查和调解村内的矛盾纠纷等,文艺党小组负责宣传党的各项方针政策并适时开展形式多样的群众文体活动,志愿服务队则致力于帮助群众解决生产生活中的难题。

Y村组建了全县首个村级弱势群体保障中心,对12名智障、残疾人、留守老人进行统一安置,实行集中化管理和服务保障,每月支付一定的生活补助,让弱势群体人均可支配收入达到全村平均水平;建设留守儿童之家,在全市率先创办留守儿童"假期爱心辅导班",切实关爱留守儿童。[1](2019-05-30,新闻内容)

---

[1] S县Y村迈出乡村振兴第一步[EB/OL]. 人民网[2019-05-30]. http://gz.people.com.cn/n2/2019/0530/c372860-32993901.html.

（2）J村基层组织建设。实践中，J村通过三大举措实现了基层队伍的创新建设。其一，"驻村红色小分队"。为进一步打造具有能适应当前脱贫攻坚的新要求和新变化的脱贫攻坚队伍，激发工作热情和队伍活力，组织驻村单位开展了"找问题、补短板、促攻坚"活动，并及时选派后备干部充实到驻村工作中，为前线工作队伍输送了新鲜血液，实现了队伍力量的再加码。2017年初，市级帮扶单位贵阳市质监局、贵阳市第五中学下派2名年轻驻村干部，把上级优势资源带到了脱贫攻坚一线。同时，5家县级帮扶单位也各自推荐1名干部进驻J村，高寨乡3名基层干部同步到村蹲点，工作队至此基本搭建成立。这群前线工作队员认真践行白天"走、干、讲"，晚上"读、写、想"的工作模式，在脱贫攻坚战场上贡献力量、锻炼提升、展现风采。驻村工作队共有成员12名，常驻"小分队"成员10名，其中，"80后"4名，"90后"5名，平均年龄28岁。他们对上能协调，中间能承接，对下还能和群众打成一片，他们既为基层发展献计出力，又能在基层岗位锻炼提升自身本领。

其二，"双书记、双支部、双队长"组织架构。脱贫攻坚工作始终坚持以队伍建设和机制建设为抓手，全面凝聚发展力量，建立了"双队长、双书记、双支部"的组织架构，即市委挂帮领导亲自挂帅担任前线指挥部指挥长，并由市县两级组建前线工作队，市帮扶单位派出1名领导任队长，县委明确由1名县领导任队长，乡党委派出专职副书记兼任村第一书记。同时，为了进一步加强上下联动助力脱贫的工作效应，在前线指挥部组建成立了临时党支部，与村党支部形成"双支部"架构，进一步严格驻村干部组织管理。

其三，共商联动机制。为了进一步理顺前线工作队与村支"两委"关系，按照全面参与服务不越权、指导决策不保守的要求，该村积极建设了共商联动机制。具体措施为：按照"党委主责、政府主抓、干部主帮、基层主推、社会主扶"的工作原则，前线工作队和村"两委"以问题为导向，随时召开调度会、联席会，现场办公总结工作，研究解决困难问题，集众之智为当前扶贫攻坚工作"把脉问诊"，精确定位贫困症结，瞄准脱贫死角，实施"靶向治疗"，最大限度发挥各主体优势，切实有序推进脱贫攻坚各项事宜梳理问题，促进各项工作顺利落实。

6.3.2.2 行动情景

行动情景是指影响行动者行为的一系列因素或变量，决定着个体在整个制度框架中如何通过行为把外生变量和结果连接起来，在信息和控制力下参与者基于一定身份采取的行动对结果的影响。奥斯特罗姆认为其由参与者集合、参与者身份、容许的行为集合、信息、参与者对决策的控制力、净收支和潜在结果 7 个变量共同构成。

（1）Y 村。

第一,"发展共谋"观念。以"村里的事情由村民说了算"为基本原则,Y 村村"两委"带头落实村民主决策制度,健全"村民议事会"制度。要求村里重大事情在决定前首先要广泛征求全体村干部和群众代表的意见,经本村绝大多数村民同意之后再提交至村民代表大会最终作决定。整个过程大力倡导群众参与到村经济发展的具体规划与决策中,广泛采纳群众的合理建议与意见,力求做到"一事一议",共商村事。例如,对于村民保险的补助标准,村"两委"提议并经过村民代表大会讨论最终得出,全村新型农村合作医疗和农村养老保险中村民个人所承担部分由村集体资金予以补助,补助标准为非贫困户补助 50%（即合作医疗每人补助 60 元,养老保险每人补助 50 元）,贫困户补助 100%（即合作医疗每人补助 120 元,养老保险每人补助 100 元）。总而言之,民主决策、发展共谋,目的是让村民实实在在参与到村务的决策之中,从而凝聚广大村民的智慧,提升百姓对村委干部的信任,加大村民对村级事务及产业项目的支持力度,更保障村里各项工作的顺利开展。

第二,村民变股民,转变脱贫意识。"果园是集体的,工作是自己的,收成也多归自己",一位正在地里劳作的大姐如是说。在 Y 村,村民可以以土地入股人、股金合作人、打工者三种身份参与到村集体产业中。在身份的转变过程中,村民加入产业项目的情况与自己的收入变化密切联系,即集体效益好村民就能分得多,所以村民将村集体产业当作自家劳作对待,极大地保障了村集体产业的稳健发展。在此种模式下,村民的观念逐渐从"要我脱贫"变成了"我要脱贫",相较于直接借助于扶贫资金脱离贫困的方式,此种方式更具备从根本上消除贫困的推动力,增强了村民劳作的动力,也进一步保障了村民收入增长的持续性和稳定性。对于实现脱贫攻坚的目标而言,意识脱贫才是真正的脱贫,而村民的观念转变正是推动村民脱离贫困的最关键变量,只有从观念上明晰了脱离贫困的重要性,才能滋生出最强大的脱贫动力。目前,Y 村在家的劳动力已超过 200 人,他们分别成为砖厂、建材厂、建筑公司、种养合作社等村集体产业的管理者、职业工人、职业农民。

> 大家伙都很感谢有现在这么好的机会,上年纪了也能在家门口挣钱,能分红还能打点小工,这么一来,就觉得把村里的活干好了也等于给自己多挣了点钱,就会很有干劲。(Y 村村民访谈记录:CGL20190807)
>
> 现在的集体经济和过去的"大锅饭"不同,每个人的每一份付

出都跟自己的收入相关联,想多挣就多干点,哪怕累点都是开心的。
(Y村村民访谈记录:YDY20190807)

第三,"三三四"经营模式。该村在村集体企业营利后,采用创新的"三三四"农村经济经营模式进行利润分配,即发展产业获得的效益,农民可以分得三成,村集体分得三成,企业分得四成。该模式从三个方面催生了该村脱贫的内生驱动力:其一,股金分红助民增收。将30%的集体经济利润用于股民分红,根据村民入股份额具体核算金额,不仅拓宽了农民持续稳定增收的渠道,还能有效破解脱贫再返贫的难题。其二,集体收益助村富强。将30%的集体经济利润用于村集体事业的发展,其中15%投入基础设施建设,5%对全村17户34人进行低保兜底,剩余10%保障村集体公益事业和村集体经济的持续发展,推动集体事业朝着健康有序的方向发展,进而有效提升公共服务水平。其三,企业分利助企壮大。将集体经济收益的40%作为村企日常运营资金,其中20%用于企业发展的日常管理,15%作为滚动发展基金,5%作为村企向村民发放的福利资金,致力于加速企业的良性运转,并增强村企凝聚力。①此种模式一方面使村民实实在在感受到了产业发展带来的收入变化,大大激发了党员干部、企业业主及农民多元主体参与到产业发展的积极性;另一方面,村集体资金的注入为村级公共事务的建设提供了强有力的保障,是提升村民生活幸福感的重要物质基础。同时,产业发展的带动作用激发了外出务工村民返乡创业的强烈意愿,为村集体经济持续快速发展增添了新动力。

第四,村集体经济再兜底。"小康路上,一户都不能掉队!"这是脱贫攻坚路上Y村提出的响亮口号。2013年,村"两委"把村办公楼旁边的一块废弃地流转为村集体所有,原本打算号召村民入股筹资兴办砖厂,后因无人响应,最终由村委干部四人共同出资兴建起砂砖厂,当年盈利高达20余万。但该笔收入并未进行分红,而是全额用于解决本村老百姓的医疗保险和养老保险问题。这一举措不仅让村民们看到了产业发展的经济效益,更让村民们切实感受到了村"两委"致力于发展产业带领村民脱离贫困牢笼的决心,大大促进了村民对村"两委"后期兴办集体产业项目的支持。其次,2015年村"两委"利用集体经济所得实现了户户通水泥路的目标;2016年新建占地面积约280平方米、建筑面积840平方米的便民服务中心一栋,同时修建村民文体活动场所2000平方米,并配套安装健身设施供村民使用,让村民享受到了城里

① S县:Y村的山村巨变[EB/OL].铜仁市人民政府网,[2019-05-30] http://www.trs.gov.cn/xwzx/qxyw/201905/t20190530_3827322.html.

人的文化生活，获得了实实在在的幸福感。此外，为了实现全村脱贫、一户都不掉队的目标，对于无力脱贫的家庭和村民，在其享受国家扶贫兜底政策的同时，村集体经济收入还为特殊困难群众进一步"兜底"：2016年补足无力脱贫的资金达12万元；2017年对13户无力脱贫、无业可扶的"两无人员"家庭累计补助5万余元，确保他们人均可支配收入均达到全村平均水平。

（2）J村。

第一，因户施策，转变意识。为了找到真正制约发展的问题所在，小分队常走家串户与村民拉家常、话长短，探索出了"五问三算"创新工作法。"五问"即问家庭人员结构、问掌握技能情况、问外出从业状况、问发展产业意愿、问政策掌握情况；"三算"则为算收入账、算支出账、算脱贫账。通过此种方式迅速了解村民基本情况，并按照"一户一策"的原则，为每户量身制订扶贫方案。同时，为了促进村民意识实现从"要我脱贫"变为"我要脱贫"再到"我想脱贫"的转变，小分队"白天走干讲、晚上读写想"，深入各个村民组做群众工作，通过帮各村民组谋划布局产业，带领村民从主观上甩掉"局外人""边缘人"的"自我定位"。

"因户施策"的具体举措如下。一是按照"长短结合"的原则，购买60桶蜜蜂分发给贫困户，在家且有能力养殖的每户2桶至3桶，发展小规模养殖。二是实行利益联结机制，借助企业利润给贫困户及低收入困难户进行分红，既可帮助贫困户增收，又可壮大产业经济。三是大力宣传特惠贷政策，对缺少资金的贫困户，实行"特惠贷"政策支持，可提供对每户农户提供5万元的产业扶贫贷款，按每年2000元至4200元的标准分红给贫困户。目前全村有14户签订了协议，并已按时得到分红。四是全村大力实施土地流转和产业发展，目前全村流转土地3000亩，通过招商发展香菇种植、猕猴桃种植、茶叶种植、中药材种植、哈密瓜种植等，片区产业全面覆盖56户贫困户，原钟山片区哈密瓜、鱼腥草及香葱种植基地带动贫困户就业9户，主比片区猕猴桃种植基地及林森茶叶公司带动就业19户，久场片区食用菌产业及大坝蔬菜种植带动就业28户，岚宇茶叶公司等企业带动贫困户临时就业，增加家庭收益。

我家因病致贫，前些年我一直在外务工，现在没得办法出去了，但是也要想办法挣钱才行。我有点养殖经验，所以就开始创业搞种植养殖，种了几亩蜂糖梨，同时在林下养殖了一千只鸡。能做起来真得全靠村委和扶贫干部的帮助，不仅帮忙提供资金，还帮忙联系货源，真算得上是"缺啥给啥"。（J村贫困户访谈记录：CDJ20190806）

因为娃娃得了白血病，我们家就入了（精准贫困户）库，享受到了医疗报销，然后村里结合我的情况给了我们6头猪、一些饲料，还给我们整修了厕所。（J村贫困户访谈记录：LF20190806）

第二，培育支柱产业，带动产业品牌化。脱贫多与产业发展紧密相关，而产业的发展需避免同质化问题，脱贫攻坚也是如此。在扶贫攻坚进程中，扶贫干部应具备慧眼识金的能力，真正发现当地特色资源，因地制宜地发展特色产业，实现"人无我有、人有我优"的目标。

J村随处可见的红子刺、金石榴、刺梨果等均为盆景制作的上好资源，加之J村长期保留的种花养草习俗，村民发现了致富发展的良机。2017年，村里资深盆景爱好者杨某及其他5名盆景爱好者，在扶贫工作队的帮助下成立了贵州立新开发有限公司，注入扶贫资金100万元，按照每年6%的保底分红标准带动了50户低收入困难户实现创收，并全力带动全村村民一起发展盆景产业，实现脱贫致富。目前，公司已与威力有限公司签订了5000盆40万元的订单。同时成立的盆景产业园，被列为贵州省盆景协会种植基地，让小盆景成为村民的"金罐罐"。小型盆景日均产量至少3000盆，"扦插"盆景年产量约100万盆，共带动群众40余户90余人实现就业，每月村民务工收入发放金额达25万余元。产业园还着手花盆、底座等附属产品的加工，初步形成了日产500个花盆的生产规模，生产链向其他村民组辐射，年收入可达100万元以上，使J村成为全省首个盆景"专业村"。市场对村盆景产业发展的认可，让村民看到了脱贫致富的希望，也实现了市场利润和社会责任的双赢。盆景产业项目改变了J村难以发展"一村一品"的现实情况，打造出了属于J村的品牌化产业，产业的可持续性使得村民具有可持续生计改善的能力。

"40万元的订单拿到手，我们心里可是更有底气了。"在2017"中国·贵阳特色农产品交易会"上，K县高寨乡J村与威力（香港集团）有限公司签订5000盆40万元的盆景订单合同，这可让J村盆景园负责人乐开了怀。①

第三，创新经营模式，壮大产业"多点支撑"。脱贫攻坚，除了具有主导优势产业之外，还需要其他产业的"多点支撑"。在J村村民彭某研究金甜瓜和哈密瓜种植并取得成功之后，工作队通过多方协作，最终注入48万元创业扶贫资金成立了利民远景合作社，致力于将这条"生财之道、致富之路"彻底打通，并带动周边低收入困难群众增收。合作社于2017年7月正式成立，

---

① 开阳高寨久场村盆景产业助力脱贫攻坚获市场青睐[EB/OL]. [2017-09-21] http://www.penjing8.com/zixun/5/23791.html.

成立之初搭建金甜瓜和哈密瓜种植大棚 4 个。2018 年上半年，2 亩香瓜试验田喜获丰收，一季瓜收入近 3 万元，带动周边低收入困难群体 40 余人。

　　该合作社是由贵州康农利民农业科技有限公司和贵安新区远景商贸有限公司以及 J 村中山农户共同联合搭建的平台，采用"公司+合作社+农户"模式，坚持以科技为依托，以品质为生命，以带动农户为核心，以提高农民收入为己任，致力于实现多赢目的。目前合作社有管理员工 7 人，长期在岗农民 6 人，务工农民 39 人，实行交替上岗。主要通过三种方式与农民建立合作关系：直接流转土地（覆盖面集中于在外务工的农户）；土地入股（针对不愿意直接流转土地，以计算经济作物产值的农户；该情况下除了给农民当年的土地流转费以外，还每年在合作社领取象征性红利 100～500 作为补贴）；资金入股或劳务输入。①在该种模式下，合作社与公司的合作解决了产业发展中的技术、经销等问题，为合作社的良好持续运营提供了内在支持。与农户的合作则为农户提供了更多发展的机会，践行了带动农户脱贫致富的宗旨。随着不断发展，利民远景合作社由合作社演变成了贵州开阳农门振农业发展有限公司，增加了土地流转面积，扩建了种植大棚，引进了技术人员，带动了更多农户实现发展。

6.4　贵州精准扶贫多元共治相互作用模式及其结果

6.4.1　多元共治的相互作用模式

　　《中国农村扶贫开发纲要（2011—2020）年》提出，要"动员企业和社会各界参与扶贫，鼓励社会组织和个人通过各种方式参与扶贫开发"②。2013 年，中共中央办公厅、国务院办公厅印发的《关于创新机制　扎实推进农村扶贫开发工作的意见》指出："扶贫开发工作要进一步解放思想，开拓思路，深化改革，创新机制，使市场在资源配置中起决定性作用和更好发挥政府作用，更加广泛、更为有效地动员社会力量，在全国范围内整合配置扶贫开发资源，形成扶贫开发合力。"③2014 年，《国务院办公厅关于进一步动员社会各方面力量参与扶贫开发的意见》强调："要形成政府、市场、社会协同推进的大扶贫格局，支持社会团体、基金会、民办非企业单位等各类组织积极从事

---

① 以上数据根据课题组调研 J 村时获取的文字材料整理而成。
② 中国农村扶贫开发纲要（2011—2020 年）[EB/OL]. 中国政府网，[2011-12-01] http://www.gov.cn/gongbao/content/2011/content_2020905.htm.
③ 关于创新机制扎实推进农村扶贫开发工作的意见[EB/OL]. 人民网，[2014-02-13] http://www.cpad.gov.cn/art/2014/2/13/art_46_12338.html.

扶贫开发事业。"①这是国家基于宏观政策层面对扶贫工作开展中多元主体参与的大力倡导，也是为政府与社会各界力量建立合作关系提供的政策保障，以推动精准扶贫多元共治模式形成，为实现国家精准扶贫战略注入强劲动力。

我国在脱贫攻坚实现进程中一直践行着多元共治的相互作用模式，即多元主体共同参与、多种扶贫形式共同作用。贵州省作为第一个制定并颁布大扶贫条例的省份，各项精准扶贫工作的开展都具有鲜明的地方特色，形成了"多元共治"的大扶贫模式，具体经验被总结为八个方面，即战略协同经验、组织协同经验、政策协同经验、社会协同经验、金融协同经验、宣传协同经验、技能协同经验、帮扶协同经验。②在上文的案例中，Y村和J村都是在倡导多元共治的政策环境下开展具体的扶贫工作，基于宏观上国家政策的支持、中观上地方各级政府的资金安排、微观上村"两委"的具体项目开展以及企业等社会力量的帮扶，全力带领村民发展产业、脱贫致富。整个推进过程，不是某一方力量作用的结果，而是强调多元参与主体以精准扶为共同目标，相互作用、相互联系、相互监督的有机过程。

6.4.2 多元共治模式效果体现

调研资料显示，通过产业项目的实施，Y村一共成立了三家公司及一个果蔬种养合作社，于2016年整村脱贫出列；2018年底资产累计更是突破1488.12万元，使村民人年均可支配收入高达12500元，实现了从"贫困村""空壳村"到"小康村"的完美转变。J村2020年前全村已脱贫36户131人，剩余20户55人未脱贫，其中15户享受兜底政策。并且，在工作队、村"两委"以及致富带头人的带领下，目前全村共成立合作社14个，公司6家。扶贫政策的落实、产业项目的开展，让村民获得了帮扶、就业等机会，在村"两委"、扶贫工作队、企业等力量的协助下，村民们通过流转土地、资金入股或劳务输入等方式加入产业项目，逐步实现增收、脱贫、致富的目标。村民日子日渐红火，村内基础设施日渐完善，地方经济日益增长。

在如期实现全面脱贫、全面建成小康社会宏伟目标的视角下，精准扶贫作为全面建成小康社会的必然选择及实现伟大中国梦的重要举措，"多元共治"扶贫模式的实践可谓助力于全面建成小康社会目标实现的有利举措。党的十九大报告指出："从现在到2020年，是全面建成小康社会决胜期，要坚

---

① 国务院办公厅关于进一步动员社会各方面力量参与扶贫开发的意见[EB/OL]. 中国政府网，[2014-12-04] http://www.gov.cn/zhengce/content/2014-12/04/content_9289.htm.
② 杨志军. 贵州"多元共治"大扶贫模式经验总结[N]. 贵州日报，2019-09-18（006）.

决打好防范化解重大风险、精准脱贫、污染防治的攻坚战。"①精准脱贫作为全面建成小康社会的三大攻坚战之一，如期脱贫是底线目标，贫困地区的切实脱贫则是实现全面的关键。面对我国众多地区贫困人口多、贫困面大、贫困程度深的严峻现实情况，要想切实打赢这场脱贫攻坚战绝非易事。所以，单单依靠政府的力量是远远不足的，而需要政府作为领导核心，全面统领企业、社会组织、农户等各类扶贫主体全面参与进来，在多元主体的参与下、多种模式的相互作用下更好地推进精准扶贫工作，即大力倡导基于"多元共治"模式开展扶贫工作。因此，可以认为"多元共治"扶贫模式的实践是助力于全面建成小康社会目标的重要举措，主要通过倡导政府、基层组织、企业、农户等多元主体协同合作，相互联系、相互作用、相互监督，共同发力以取得脱贫攻坚的胜利，服务于全面小康社会的建成。

---

① 习近平. 决胜全面建成小康社会夺取新时代中国特色社会主义伟大胜利[N]. 人民日报，2017-10-28（1）.

7 贵州精准扶贫多元共治模式的地方样本

脱贫攻坚看贵州，贵州脱贫看州县。贵州是全国脱贫攻坚的样本，已经形成"多元共治"模式，成为公共治理的典型经验，这些经验又是在贵州省地方性治理过程中体现出来的。黔东南州由于其历史条件、民族特色和文化内涵等特点，产生了诸多具有深厚地方特色的精准扶贫多元共治经验，成为较为典型的地方样本。可将其总结为12条：①实业兴村示范提供产业扶贫模板；②企业包县做法注入精准扶贫动力；③"五融五帮"措施增加贫困农户收入；④"三带"实践树立造血扶贫榜样；⑤"1+5"做法开创扶贫搬迁新格局；⑥多种合作模式促进旅游发展；⑦利益建设机制保障旅游扶贫效果；⑧学生资助体系保证教育扶贫普惠；⑨教学改革办法提升教育扶贫质量；⑩苗侗医药产业深化健康扶贫要素；⑪医疗救助体系满足健康扶贫需求；⑫有机农产品构筑扶贫特色高地。

7.1 实业兴村示范提供产业扶贫模板

大力发展集体经济，促进村民增收，实现脱贫致富。黔东南州黄平县旧州镇寨碧村走出了一条"实业兴村"的道路，通过"四力"建设村级微型创业园区，发展集体经济，促进村民增收，实现脱贫致富。

一是推进"实业兴村"，建立产业园区，增强发展动力。通过流转集体土地，加大土地经营权的流转力度，建设了黔东南州第一个村级微型创业园区（寨碧返乡农民工创业园区）。园区吸纳了寨碧家具城、新平木材工艺厂、寨碧村农产品加工厂、贵州王朝世家家具销售有限责任公司等4家企业入驻并投产，总投资2000万元，其中寨碧村农产品加工厂年产值达1000万元。[①]村支"两委"将集体经济以入股的形式分别注入园区企业，合作参与企业经营发展；企业每年向村集体缴纳地租和管理费，以固定资产为抵押与村"两委"

[①] 黔东南州农委"六推六促"全面贯彻落实中央一号文件精神[N]. 黔东南州农委产业扶贫领导小组办公室，2017-03-08.

签订协议并获取注资,年末定额给予村"两委"利息分红,带动集体经济的发展和村民增收。

二是做好"服务创收",优化服务环境,增强发展活力。积极申请中央、省、州、县各级财政扶持集体经济发展的财政补助资金,以投资入股的形式将资金注入园区企业。做好配套服务工作,积极为创业户落实优惠政策,协助园区企业争取银行贷款,帮助解决资金难题。同时,邀请各级农业、畜牧等部门及相关技术人员,采取滚动培训方式对农民进行养殖、种植、农产品营销等技能培训。截至目前,村支"两委"开展各类职业技能培训 150 余期,培训农民工 2000 多人次。每年为创业园区企业提供优质劳务人员 200 余人,对外劳务输出 1200 余人,为农户增加工资性和转移性收入达 1800 余万元。①

三是注重"基地示范",发展"5 个 1000"工程,扩充发展张力。结合村情实际,按照"农业强、农村美、农民富"的要求,坚持走规模化、集约化、产业化发展之路,全力推进农业产业"5 个 1000"工程,即 1000 亩经果林基地、1000 亩蔬菜基地、1000 亩鱼苗核心基地、1000 亩优质稻生产基地、1000 亩现代高效农业展示基地。引领全村农业发展、促进农民增收。截至目前,该村建成经果林 2290 亩、优质稻基地 1500 亩、鱼苗基地 1100 亩。目前,蔬菜基地和现代高效农业展示基地正在积极筹划推进当中,该项目建成后将带动 37 户 135 人致富,促进人民生活质量和生活水平提高,发展壮大村集体经济。②

四是创新"资产融合",带动农民参与发展,提高发展效力。针对产业化发展过程中投资者与村民之间互不了解、不信任,导致土地流转进度缓慢的问题,村支"两委"积极探索实行集体资产与村民资产融合发展方式,农民以土地为资产承包流转给村委会并成为村集体经济组织成员参与分红,村委会将土地集中流转给意向投资企业。通过集体资产与村民资产融合发展,不仅增加村集体经济收入,提升村民土地收益,而且很好地促进了农业产业规模化发展,进一步激发了农村发展活力。在集体经济完成一定的积累之后,将集体资产折算成股份并量化至每个集体经济组织成员,成员村民按持有股份享受集体经济利润分红。

7.2 企业包县做法注入精准扶贫动力

万达集团牵手贵州省丹寨县实施的"企业包县,整体脱贫"计划,基金

---
① 黔东南州旅游扶贫发展情况介绍[N]. 黔东南旅游发展改革委员会,2016-07-06.
② 以上信息根据课题组调研黔东南州州农委、扶贫办等机构获得的文字材料整理而成。

扶贫、产业扶贫、教育扶贫并举，短期、中期、长远兼顾，对症下药，创造了一种全新的精准扶贫模式。

一是设立万达扶贫基金。打造生活保障机制，扶贫扶到心坎上。万达集团瞄准贫困对象，有针对性地创建了5亿元的万达丹寨专项扶贫基金，通过理财使这些特殊困难群体获得稳定收益，每年保底5000万元收益。基金分为五等次，每人每年分获1224元至2000元不等。实现扶真贫可持续，真正让所有贫困人口有"获得感"。[①]从2017年年初起，连续3年以无偿分红的形式分发给丹寨县3.86万名包括孤、残、重病等在内的所有贫困人员。确保其他扶贫方式无法惠及的孤、残、重病等特殊贫困人群精准脱贫，消除了贫困"死角"。

二是建设万达小镇。万达集团在丹寨扶贫模式的"产业扶贫"是建设旅游小镇。旅游小镇是万达丹寨扶贫的创新举措，位于丹寨县风景秀美的东湖岸边，占地400亩，一期投资6亿元，一期建筑面积5万平方米，苗寨特色建筑风格，配套建设三星级酒店、多厅电影院、儿童娱乐等设施，同时引入丹寨特色的民族手工艺、苗寨美食、苗医苗药等内容，打造一站式苗族文化体验。万达集团将对旅游小镇进行三年的经营扶植，将其打造成贵州独具特色的民族旅游名片，不仅创造经济收益，而且将新增2000至3000个永久就业岗位。

三是建立万达职业技术学院。扶贫先扶智，扶贫扶到"根"上。万达丹寨扶贫模式把教育作为"脱贫产业""朝阳产业"和"富民产业"来抓，智力扶贫、就业扶贫双管齐下，变单纯的"授鱼"扶贫为"授渔"扶贫。"不掏钱就上学，上完学能就业"。万达捐建的丹寨职业技术学院总建筑面积5万平方米，可容纳2000名学生，学院设施达到国内大专职业学院的一流水准。学院专业设置针对万达和丹寨需要，主要招收丹寨籍学生，每年择优录取50%毕业生到万达就业。就业一人、脱贫一家，万达职业技术学院将为丹寨实现长远脱贫打下人才基础。

7.3 "五融五帮"措施增加贫困农户收入

黔东南州以围绕贫困户脱贫为核心，以新发展理念为引领，以产业扶贫为重点，以解决问题为导向，以"五融五帮"为抓手，全面深入推进农村"三变"改革，增加贫困户的收入。

---

① 关于建立健全黔东南州乡村旅游扶贫利益分配机制的指导意见[N]. 黔东南州苗族侗族自治州人民政府，2016-11-18.

一是强弱融合,帮助解决技能不强的问题。技能不强,是贫困群众最突出的问题。黔东南州以产业为依托,以利益为核心,以合作为基础,着力推进公司、企业、合作社等能力强的市场经营主体与贫困群众融合开展"三变"改革,帮助贫困群众提升技能。通过强弱融合让贫困户赚到山外的钱,让贫困户学会现代养殖,让贫困户掌握了民族工艺,让贫困户提升了种植技术等,不仅增加了贫困户的收入,也让贫困户学到相关技能。①

二是城乡融合,帮助解决资源不足的问题。资源不足,是贫困群众脱贫的最大痛点。为解决贫困户没有资源参与"三变"改革的问题,通过按照城乡融合的思路,将城镇的优质资源变成贫困户的资源,国有扶贫开发公司代表贫困户入股市场经营主体获得股金收益。通过城乡融合,全州共有1946个扶贫产业项目参与"三变"改革,有效解决了农村贫困群众资源不足的问题。

三是多金融合,帮助解决资金不够的问题。黔东南州按照多金融合的方式,大力整合各类基金,让资金变成股金,形成脱贫攻坚强大资金合力。通过在财政资金转股、涉农资金整合、银行资金贷款等方面做文章,通过多金融合,2016年,全州累计转化各级财政涉农资金10.45亿元,发放"特惠贷"资金37.1亿元,整合民间资金7.7亿元,全部投入"三变"改革,有效解决了农村贫困群众参与"三变"改革资金不够的问题,全力帮助贫困群众脱贫。

四是双向融合,帮助解决市场不熟的问题。黔东南州大力发展农村电商,推动"黔货出山""网货下乡",促进外部市场和内部市场的双向融合。在融合中不断完善上行体系,优化下行服务,在融合中进一步优化农村电商网点的服务功能,充分发挥驻村干部的作用,推进农产品销得好、销得快、销得稳。促进外部市场和内部市场的双向融合,在融合中赢得市场主动,搭建了小农村连接大市场的桥梁,共建立1340家农村电商、885个服务站(点),累计完成电商交易额56.7亿元,网络零售交易额35亿元。

五是产险融合,帮助解决收益不稳的问题。产业是"摇钱树",保险是"安全带"。产业和保险融合发展,才能有序推进"三变"改革。黔东南州围绕农村贫困户稳定收益这个根本,做好做实涉农保险,使农村贫困群众稳定脱贫。通过扶贫产业买保险,实行农村贫困户入股市场经营主体保底收益,保证农村贫困户的保底收益。在发展扶贫产业的同时,与保险公司合作,推出目标价格保险、农产品收入保险、农林水基础设施、自然灾害损失保险等新产品,

---

① 黔东南州"五融五帮"全面推进农村"三变"改革[N]. 黔东南州农委产业扶贫领导小组办公室,2017-05-04.

系上"安全带",保证农村贫困群众避免各种风险,实现稳定脱贫。

7.4 "三带"实践树立造血扶贫榜样

黔东南州丹寨县依托县域资源优势,创新了"品牌带产业、龙头企业带基地、专业合作社带贫困户"的"三带"模式,将产业发展与贫困户脱贫有效衔接,实现精准扶贫由"输血式"向"造血式"的转变。"三带"模式的实践树立了"造血式"扶贫的榜样。[1]

一是品牌带产业。首先,着力塑造"自主品牌"。丹寨县依托自身独特的资源优势,大力发展特色产业,促进年户增收近千元。其次,积极引进"知名品牌"。利用知名企业的品牌影响力和雄厚的市场竞争力,有力带动主导产业快速发展、持续发展。先后引进万达集团、茅台生态农业公司、清华科技园、香港倍力集团等知名企业,带动蓝莓、中药材等主导产业发展壮大。最后,用活用足"地域品牌"。强化地域品牌带生态产业,用好"全国休闲农业与乡村旅游示范县""国家林下经济及绿色产业示范基地"等牌子。坚持"农旅"一体化,突出休闲度假、观光采摘、田园生态等发展主题,打造龙泉山万亩杜鹃、高要村梯田、万达东湖民族风情小镇等观光休闲景点,重点发展林下产业,全面带动特色产业、主导产业和生态产业发展。

二是龙头企业带基地。把龙头企业的引进和培育作为推进农业产业扶贫可持续发展的重要途径。通过龙头企业资金优势,带动壮大农业产业基地规模,通过企业的技术优势提升产业基地质量,通过企业的精深加工延长农业产业链条,通过企业的市场营销解决基地农产品销售问题,保障产业增效,农户增收,贫困户脱贫。除了鼓励企业利用自身资金优势,自主建设原料生产基地外,还引导企业与合作社、农户合作,为企业代建基地。将基地建设拓展至县外,带动基地发展壮大;支持龙头企业技术改造、科技创新和转型升级,推进茅台、俊建等龙头企业建设生产基地,打造从原料生产、加工到包装各环节齐全的全产业链;搭载落户和帮扶丹寨的企业,将县内产业基地产品销往全国。[2]

三是农民专业合作社带贫困户。建立县、乡、村三级合作社,搭建贫困户参与产业发展平台,充分发挥合作社抱团发展带动脱贫的作用,着力解决

---

[1] 黔东南州"一二三四五"开创"三变"改革助推脱贫攻坚新局面[N].黔东南州农委产业扶贫领导小组办公室,2017-05-24.
[2] 丹寨县"三带"模式吹响农业产业扶贫冲锋号[N].黔东南州农委产业扶贫领导小组办公室,2017-05-02.

贫困户发展能力不强、抵御风险能力低等问题，实现"单打独斗"向"抱团发展"转变。在县级组建产业开发合作总社，在乡镇和村级分别建立产业开发合作社和农民专业合作社，并根据各村寨资源禀赋和产业基础，帮助和扶持组建产业扶贫合作社，让所有贫困户加入村级合作社，因地制宜发展产业；建立村级合作社、村集体和贫困户三方利益联结机制。整合产业及扶贫资金，用于合作社发展。所得收益按照村集体经济占两成、合作社占两成，贫困户占六成的"226"分配方式，分配给合作社、村集体和贫困户三方，实现合作社有资金滚动运作，村集体经济能发展壮大，贫困户有持续增收。

7.5 "1+5"做法开创扶贫搬迁新格局

黔东南州为实现"十三五"期间搬迁建档立卡贫困人口6.57万户26.71万人、"五年任务、三年完成"的工作目标，让每个搬迁户一步住进新房子，逐步过上好日子，探索建立产业、就业、培训、帮扶、服务"五个全覆盖"易地扶贫搬迁安置新模式，着力于提升搬迁群众后续发展能力，取得显著成效。

一是一户搬到位，五个全覆盖。黔东南州通过摸底调查，将群众意愿与加快城镇化进程科学统筹，把搬到县城进行集中安置作为主要途径进行规划建设，精心选点、认真实施，使搬迁移民变成城市市民，在易地扶贫搬迁中实现城乡统筹一步到位。在此规划的基础上，探索建立产业、就业、培训、帮扶、服务"五个全覆盖"易地扶贫搬迁安置新模式，由政府牵头与搬迁户一次性签订搬迁、培训、就业、子女教育、土地流转五个合同，实现"五个协议同时签"，破解了群众"搬迁难、留住难、就业难、就医难、发展难"等问题，使搬迁群众初步实现"住有所居、劳有所得、学有所教、地有所保"。

二是部门精准帮扶到户，干部精准帮扶到人。定对象、定政策、定责任、定措施、定目标，帮扶措施到户到人，做到"一户一本台账、一户一套帮扶措施、一户一名责任人"。从机关单位抽派干部到贫困村任第一书记，实现帮扶到户全覆盖，帮扶对象不脱贫，帮扶干部不脱钩，部门精准帮扶到户，帮扶单位制订"一户一策、一户一方案"，因户择业、分类施策，切实帮助解决制约搬迁群众发展"瓶颈"和生产生活当中急需解决的困难，实现部门帮扶产业到户的目标。

三是对口帮扶精准到点。借助对口帮扶平台，利用对口帮扶单位各种资源在搬迁安置点发展特色产业项目，引导对口帮扶企业与搬迁安置点开展"点企共建"活动，以对口帮扶企业合作的"点"，拉长搬迁群众脱贫产业的"链"，通过"产业带点、项目兴点、招工帮点、资金扶点"等不同形式，带强一批产业，带动一批项目，带建一批基础设施，推动先富带后富。实行社会帮扶精准到村，通过建立完善"大扶贫"数据库，搭建社会帮扶搬迁群众信息服务平台，将群众的需求与社会帮扶意愿进行有效对接，互联共享，将社会帮扶重心下移到移民安置点、帮扶对象明确到搬迁户，帮扶措施到位有效，帮扶效果可持续，确保搬迁群众应扶尽扶。强力实施"一户一就业"工程。以"四清四明"（人员底数清、技能状况清、文化程度清、收入情况清；择业意愿明、培训专业明、就业意向明、公示结果明）的标准做好搬迁群众劳动力调查，对有劳动能力、有就业愿望的贫困人员，由本地企业公司与群众签订就业协议，确保每户至少有1人就近就地就业，破解"就业难"问题。

7.6 多种合作模式促进旅游发展

黔东南是歌舞之州，黔东南苗侗人民在长期的生产和生活积淀中形成了自己独特的民族文化，被称为"文化大观园"。吊脚木楼、侗族鼓楼、苗族飞歌、侗族大歌、银饰刺绣、民族服饰等是黔东南保存完好的民族文化精髓。全州有国家级非物质文化遗产53项72个保护点，名列全国地州市第一位。州内民族节日众多，有"大节三六九、小节天天有"之说，全州每年有各类民族节日320多个，其中1万人以上的节日有150多个。这些民族节日及民族民间竞技活动，已经成为黔东南叫响海内外的固定节庆品牌。

一是"公司+村集体+合作社+贫困户"。由村两委牵头组建旅游发展公司，利用现有资源作市场引领，开展特色乡村旅游，壮大村集体经济。采用计提股份分配给村集体、农户股份收益方式增加老百姓收益，达到长效滚动扶贫的目的。例如，麻江县乌羊麻嘎尤苗寨乡村旅游扶贫示范点，通过成立蓝莓合作社、开办农家乐、合股经营、企业带动、收益兜底、转移扶持等形式实现年收入200余万元，按照村集体10%、合作社90%进行分红，户均年增收1万元左右。[1]

二是"合作社+贫困户"。这是一种社会资本进入的利益共享模式，股份形成包括合作社、村民。一是乡村旅游建立合作社，形成自然资源股份，老百姓以自然资源入股，股份占比不低于30%，其中2%应留作集体股份。二是村民还可以通过财产、薪金和股金分红，实现利益共享。例如，雷山朗德上寨——"文物与非遗展示"乡村旅游扶贫示范点采取贫困农户用扶贫资金参与合作社经营、实行按股分工的模式，共覆盖贫困农户63户、263人，合作社

---

[1] 黔东南州旅游扶贫发展情况介绍[N]. 黔东南旅游发展改革委员会，2016-07-06.

每年通过表演、乡村旅馆、农家乐等行动创收，每年吸引 2 万多游客，旅游收入达 50 多万元，带动贫困群众增收致富，户均增收 4000 元以上。

三是"旅游景区+农户"。引进先进农业观光园的科学规划理念，依托当地优势，发展农园休闲观光、当地特色旅游业、民族工艺品创业等产业。例如，雷山西江——"千户苗寨传统村落"乡村旅游扶贫示范点，通过发展乡村旅游，将景区门票全年收入的 18%作为民族保护经费及评级费，分配到全村农户手中，村民人均纯收入从 2008 年的 2050 元增加到 2015 年的 9640 元，其中来自门票收入分红达 6500 元左右，占全部人均收入的 70%以上。同时，搭建旅游创业就业平台，大力发展乡村农家乐、农家客栈、个体工商户、旅游手工艺品、特色种植养殖等，让村民直接参与景区的发展，带动西江村 100 余户贫困户实现脱贫摘帽。①

四是"合作社+三三三"。推行"三级管理、三级抱团、三级分成"的"三三三模式"，充分发挥"村两委""理事会""带头人"三级管理及其能动作用，将合作社的利益与村民的利益联系起来，形成村民抱团创业、资源抱团发展、脱贫抱团施行的"三级抱团"模式。例如，锦屏县姚里村党支部组织村民成立固本乡瑶里村水产养殖农民专业合作社，通过召开社员大会，讨论生产发展、集体增收和投资效益，细化村集体、村民及投资者的利益，2015 年实现集体经济累积 2.44 万元。

7.7 利益建设机制保障旅游扶贫效果

充分发挥各级党委政府抓乡村旅游业的积极性和主动性，政府在引导中重点加强服务，在扶持政策、公共设施、引导资金、规范管理、宣传推广等方面加大支持力度。鼓励支持农民和各类经济实体参与乡村旅游开发建设，优化资源配置，发挥社会资金在乡村旅游中的作用。坚持以农民作为受益主体，把农民利益放在重要位置，尊重农民意愿，鼓励成立乡村旅游合作社，村民以土地使用权、固定资产、资金、技术等多种形式入股合作社，享有薪金收入和财产收入等稳定长期的收益回报。

第一，明确旅游资源要素产权。将房屋建筑、村落风貌、民俗文化、田园风光、生态环境等乡村旅游资源要素，按照国家评估标准，量化为村集体和村民的旅游产权，作为村集体和全体村民参股分红的重要依据和利益保障。

---

① 关于建立健全黔东南州乡村旅游扶贫利益分配机制的指导意见[N]. 黔东南旅游发展改革委员会，2016-11-08.

把明晰乡村旅游资源产权作为利益分配的重要基础和前提，必须以保障村集体和村民旅游资源产权分红作为前置条件。村寨成立旅游公司或旅游合作社进行开发经营的，要将旅游资源产权量化为全体村民的股份。

第二，保障旅游开发投入的股权。积极开展招商引资，吸引企业到旅游村寨投资经营。鼓励乡村旅游合作社和村民个人投资乡村旅游占股获利。例如，麻江县乌羊麻嘎尤苗寨乡村旅游扶贫示范点，按照村集体10%、合作社90%进行分红。"公司+合作社+贫困户"的发展模式是一种社会资本进入的利益共享模式，一是乡村旅游建立合作社形成自然资源股份，老百姓以自然资源入股，股份占比不低于30%，其中2%应留作集体股份。二是引入社会资本，通过有实力有资质的旅游公司全额投资，股份占比70%。①

第三，拓宽村民参与旅游建设的渠道。根据村寨的建筑、民俗、歌舞、节庆、餐饮、民宿、旅游商品等资源禀赋，为村民设计因地制宜的参与路径，增加村民的就业机会，拓展受益渠道。制定完善相关政策和准入制度，促进村民参与旅游开发形式的多样化。引导村民提供民族文化产品、农特产品等旅游消费品，鼓励村民参与景区基础设施建设等劳动服务，多渠道获取经济收入。例如，通过旅游与扶贫的不断融合发展，黔东南州乡村旅游产品数量增多、种类丰富、品质精优，现有旅游产品一是传统的民族村寨民俗体验。二是依托大景区的"农家乐"。三是城郊休闲度假。四是现代农业观光体验。②

第四，建立旅游利益分配、调节和激励机制。其一，为了增强农民的服务意识与技能，提高旅游素质，体现其主人翁的价值，积极开展"农家乐"服务比赛、旅游者满意度调查等活动，奖励一批服务意识好、服务水平高、经营能力强的农民；通过增加股份或设立文化传承基金等方式，对鼓藏头、活路头、寨老、歌师和各级民族文化传承人进行奖励，引导农村年轻一代投身民族文化传承和乡村旅游发展。其二，保障旅游收益的直接分配，维护村民的股权收益和参与旅游的直接收益。建立旅游收益间接分配制度，从旅游收益中划出一部分利润设立资助基金，对不能直接从旅游中获利但为村寨保护、文化景观、自然生态环境的营造作出贡献的村民进行合理补偿，对在乡村旅游中受益较少的贫困群众进行补助，保障贫困村民和景区边缘村民的利益分配要求，充分体现利益分配的合理性。

---

① 关于建立健全黔东南州乡村旅游扶贫利益分配机制的指导意见[N].黔东南州苗族侗族自治州人民政府，2016-11-18.
② 黔东南州2016年乡村旅游专项扶贫工作总结[N].黔东南旅游发展改革委员会，2016-12-28.

7.8 学生资助体系保证教育扶贫普惠

为落实好教育惠民政策,黔东南州教育部门加大学生资助政策宣传力度,认真实施各项学生资助政策,实现学生资助"五个全覆盖",即各类教育阶段资助政策全覆盖、农村学生(儿童)营养餐全覆盖、农村中小学贫困寄宿生生活补助费全覆盖、中职学生免学费全覆盖、农村建档立卡户子女就读高中、高校免学费全覆盖。

一是深入宣传"两书一体",使资助政策得到广泛了解。为让每一个贫困学生及其家长和广大群众更加了解学生资助政策,黔东南州教育局通过编印《学生资助政策明白书》,将其张贴到全州 8000 多个苗乡侗寨和 3000 多所各级各类学校(幼儿园),并保证全州所有建档立卡户贫困学生和各级党政领导以及教育等相关部门、驻村干部、村"两委"、学校领导和学生资助工作者手中至少有一本《学生资助口袋书》。采用"两书"的方式深入宣传学生资助体系,让更多的贫困学生及其家长知道"有什么补助、补多少、怎么申请"[1],增加了全州申请学生资助的人数,让贫困学生得到了应有的资助。

二是困难学生建档立卡精准到位,控辍保学渐见成效。为了切实加强控辍保学工作,州教育局与各县市双线签订了《教育工作目标责任书》,对各县市招生、控辍人数、入学率、辍学率等指标进行了明确和分解,确保适龄少年儿童能够及时接受教育。建立了以居住证为主要依据的随迁子女入学政策,切实简化优化随迁子女入学流程和证明要求,确保易地扶贫搬迁和进城务工子女接受教育的权利。印发了《关于保障建档立卡贫困家庭子女有学上、上好学的通知》(州教办通〔2017〕41号),要求各县市在完成农村建档立卡贫困家庭子女和移民搬迁户子女入学(学前到高中教育阶段)情况摸底调查工作后,制订出切实可行的返学安置方案,确保建档立卡贫困家庭子女有学上、上好学。

三是全面落实营养餐计划并利用技术手段全方位监督。为了推进营养餐计划的实施,州教育局积极探索推行"一个模式""两项建设""三个到位"。[2]推行"完整营养午餐"的统一模式,其中的"4+X"模式得到了国务院副总理的充分肯定和了省教育厅的推广。搞好"两个建设",即搞好寄宿制学校及学生食堂建设和加强制度建设,确保食品安全和资金安全。落实"三个到位",即机构人员到位、学生食堂工勤人员到位和营养改善计划资金到位。为了加强

---

[1] 聚力教育扶贫,助推脱贫攻坚[N]. 黔东南州教育局,2017-07-19.
[2] 实施营养改善计划,促进学生健康成长[N]. 黔东南州教育局,2017-04-05.

监督，制定了专门的监管（管理）办法（措施、制度），充分运用"制度+科技"手段实施远程监控，通过使用"电子眼"，实现了学校食堂的食材验收、过秤、入库、出库、加工、供餐等环节的全程监控。

7.9 教学改革办法提升教育扶贫质量

为了提升教育扶贫质量，州教育局扎实推进教育扶贫工作，深入实施"七大计划"，促进教育均衡发展，优质发展，公平发展。加大投资改善和优化学校的硬软件设施力度，优化教学师资队伍水平，创新育人方式，阻断贫困代际相传的根源，实现"造血"式扶贫。

一是不断改善教学基础设施条件。为了改善贫困地区教学基础设施条件，加快推进乡镇农村寄宿制学校"十有"标准化建设，完善各类设施设备，全州实施"全面改薄"项目、"城镇义务教育学校"项目、"学前教育"项目、"普通高中"项目和"教师周转宿舍"等项目。加大资金投入，积极支持极贫乡镇改善办学条件，使学校成为广大学生的学园、家园、乐园。

二是大力优化教学师资队伍水平。加强以名优骨干教师为重点的教师队伍建设。发挥省级名校长、名师工作室作用，积极利用杭州市对口帮扶机会，邀请杭州市各学段骨干教师来开展各类讲学交流活动。通过积极引进免费师范生、充实中小学教师队伍、开展"特岗教师"接转工作、实施乡村教师生活补助、做好贫困地区支教工作和依法依规组织教师资格认定工作等多项举措，抓好教师队伍招录管理，推进"特岗计划""国培计划"向贫困地区基层学校倾斜。为促进教师专业化发展，重点组织选派边远贫困山区校（园）长、教师参加"国培""省培""州培"计划项目培训，加强民族地区师资培训。

三是逐步扩大数字教育资源覆盖面。实施教育信息推广计划，扩大贫困地区优质数字教育资源覆盖面，在教学点数字教育资源全覆盖基础上，大力推进基于大数据的智慧校园建设，努力办好贫困地区远程教育，使得全州的高中、初中、小学学生能够同步享受"北、上、广"等发达地区乃至国外的优质教育资源，"外地名师讲课，本地教师辅导"的模式逐渐成为常态化，教育资源短板得到进一步补齐，教育均衡逐步实现。

四是开展"特设班"提高教学质量。州教育局依托黔东南州民族高级中学举办民族高中班，面向州内特定民族区域招收50名家庭经济贫困品学兼优的少数民族应届初中毕业生。在凯里一中开设"精准扶贫希望班"，面向全州农村建档立卡贫困户的子女，招收50名应届初中毕业生。在凯里一职校创设中职学生"中职宏志班",采取由学生自荐、学校推荐或各县政府推荐的招生方式。依托凯里市一职校,成立了新型职业农民培训学校,面向全州部分具有特色产业县的农民群众和农村建档立卡贫困户开办农家乐、蔬菜种植和中草药种植等培训。①

7.10 苗侗医药产业深化健康扶贫要素

苗侗民族医药具有独特的医药理论和技术方法,是苗族侗族人民同疾病作斗争的经验总结和智慧结晶,是中国传统医药的重要组成部分,具有品种丰富、药效纯正的特点。黔东南州苗侗医药产业依托国家火炬黔东南州苗侗医药特色产业基地这个重要平台,医理研究自成一派,特色诊疗成效显著,药品采制地道规范。更重要的是,14万余户少数民族贫困人口直接依托苗侗药草种植或加工拔穷根甩穷帽,和全国人民一起迈向同步小康的新目标。

一是强化组织保障,舞动产业龙头。在全州颁布施行《黔东南苗族侗族自治州苗医药侗医药发展条例》,并配套一系列支持苗侗医药产业发展的政策措施,州人大定期组织人大代表视察苗侗特色医药产业发展情况,听取州人民政府贯彻落实汇报并审议工作情况,并成立了以州长为组长、分管副州长为副组长的国家火炬黔东南苗侗医药特色产业基地建设工作领导小组,印发了《国家火炬黔东南州苗侗医药特色产业基地建设实施方案》,形成全州上下各相关单位合力推进的工作格局。将民族医药产业发展作为脱贫攻坚抓手,分从种植、加工、营销、研发等多个环节按县市进行任务分解,纳入脱贫攻坚年度考核体系,确保基地建设目标承担主体清晰、时限明确。

二是加强技术指导,提供不竭动力。以州民族医药研究院为核心,聚集州内外高校、科研院所、企业各类科技资源,培育建设工程技术(研究)中心、企业技术中心等科技创新平台,加强对苗侗医药相关产品研发应用力度,重点加强对苗侗民族医药保健食品、保健用品、消毒用品、医院制剂及相关健康产品研发及产业化生产。积极推进产学研合作,基地骨干企业分别与浙江大学、四川大学、南京农业大学、上海中医药大学等一批高校和科研院所开展合作,共同组建科技创新人才团队和产业技术创新战略联盟。

三是扩大种植规模,推动产业集群。基地建设秉承了"龙头企业+"组织生产链,"工业龙头+农业龙头+专业合作社+大户+农户"辐射带动14余万农户在苗侗医药种植业上创业致富。黄平县野洞河是火炬基地建设促进脱贫攻

---

① 创新育人方式,实施"造血"扶贫[N]. 黔东南州学生资助中心, 2017-07-14.

坚战取得实效的一个缩影，黄平县野洞河药材种植专业合作社是"黔东南州农业产业化经营龙头企业"，合作社有本"扶贫账"，记录了合作社自我发展的历程，更记录了带动农民致富的精彩。它的精彩就在于："从大户带动到覆盖乡村，从大户种植到户户参与。"①

7.11 医疗救助体系满足健康扶贫需求

"因病致贫、因病返贫"是长期以来困扰贫困户脱贫致富的主要问题之一。2015年以来，黔东南州先后召开了全州扶贫开发大会、医疗卫生事业发展大会、卫生与健康发展大会等，成立了以州长为组长，分管副州长为副组长，发改、民政、财政、人社、卫生计生、扶贫、审计等部门组成的医疗健康扶贫工作领导小组，形成了科学系统的领导体系，统筹安排全州的健康扶贫工作。

一是构建财政兜底制度，解决慢性病救助难题。为了确保贫困人口慢性病救助兜底资金到位，黔东南州大力构建财政投入机制，对建档立卡农村贫困人口53种慢性病进行医疗救助，实行政策范围内医疗费用经新农合基本医疗、大病保险补偿和卫生计生、民政部门救助后，剩余部分由财政专项资金解决，实行100%兜底救助。州委、州政府明确要求各级政府建立建档立卡农村贫困人口慢性病救助基金，州县两级财政按照2∶8的比例纳入财政预算，由各县（市）新农合经办机构统筹管理使用。2017年州县两级预算慢性病财政兜底资金4000万元，其中州级财政800万元，县级财政3200万元。目前，慢性病救助资金全部配套到位。

二是完善大病保险政策，提高新农合保障水平。为了提高参合群众特别是农村贫困人口群众大病保险保障水平，州卫计委调整完善了大病保险补偿标准：大病保险起付线普通参合群众从原来的6000元下调至3000元；农村贫困人口起付线下调至3000元、补偿标准较普通群众提高10%、保底补偿提高到200元。2017年一季度，全州获得大病保险理赔6208人，理赔资金1762.42万元，补偿比在基本医疗基础上提高11.4%、同比提高1.4个百分点。②

三是推行"133"健康模式，助力医疗精准扶贫。为了进一步深化医药卫生体制改革，发挥好健康促进在扶贫攻坚工作中的积极作用，贵州省黔东南州推行"133"健康促进模式改革，助推医疗精准扶贫。"133"健康模式即"一

---

① 打造苗侗医药新高地 助力脱贫攻坚促发展——国家火炬黔东南州苗侗医药特色产业基地建设纪实[N]. 黔东南州高新技术发展与产业化科，2017-07-31.
② 构建财政兜底制度 解决慢性病救助难题——黔东南州医疗健康扶贫工作情况汇报[N]. 黔东南州卫计委，2017-06-10.

个目标，三项计划，三件事"。一个目标："以保健为中心，面向群体、面向基层、预防为主、减少疾病"。三项计划：一是计划整合医院、疾控、卫生监督、妇幼、中医、爱国卫生、健康教育等7部门和单位人员，组成强大的巡诊、巡查队伍，形成常态化的服务体系；二是计划将政策宣传、健康教育、环境卫生、中医保健、优生优育、体检摸排、签约服务等7项工作纳入日常日程；三是计划建好健康社区、健康家庭、健康医院、健康学校4个阵地，健全基层服务保障体系。三件事：一是压实基本公共卫生服务，降低因病致贫因病返贫风险，持续抓好健康档案和规范高血压、糖尿病、重性精神病患者管理。二提供健康保障，在州、县、镇、村四级普及健康文化墙、村民健康沙龙和中医适宜技术进家庭，16个县（市）207个乡镇414个村都建起村级健康文化大院，并创建3571个育龄妇女活动室、36个生殖健康检查室，利用媒体、广播开辟"人口与健康"栏目。三是爱国卫生运动"三个力争"，力争镇远县、岑巩县、雷山县、施秉县等创建成"国家卫生县城"；力争创建12个国家卫生乡镇、16省级卫生乡镇和30个省级卫生村寨；发动农村群众开展旱厕改建，力争年全州农村卫生厕所普及率达50%。这些目标均已实现。

7.12 有机农产品构筑扶贫特色高地

立足黔东南州气候、资源和生物多样性的特点和优势，因地制宜，贵州省很多贫困地区基本上无污染源头，具有发展有机农业的先天优势。运用有机产品认证扶贫是提升农业发展的有效手段，使贫困地区的土地、劳动力、自然资源开发转化成效益，带动贫困人口增收。运用有机产品认证服务精准扶贫工作，能够与生态保护相互促进协调发展，最终实现环境友好、经济可行和社会公平的可持续发展模式。

一是有机农产品品牌化助力产业扶贫。天柱县从三个方面因地制宜打造农产品品牌化，一是重视品牌建设。坚持"整合特色农产品品牌，支持做大做强名牌产品"发展路线，把农产品品牌化作为提升农产品市场竞争力、农业增效和农民增收的重要途径，大力发展农业规模化、品牌化，将农业资源优势转化为品牌优势。①二是抓好认证工作。切实抓好"三品一标"认证工作，制定工作计划，提出了认证规划，并按年度组织开展认证工作。目前已完成"天子米"农产品产品、产地认证，家凤蔬菜专业合作社基地、渡马万里养殖场、扶贫办脐橙基地3个产地认证。三是强化品牌推广。试运营天柱特色农

---

① 天柱县因地制宜打造农产品品牌化[N]. 黔东南州扶贫办，2014-06-10.

产品专卖店，并积极组织企业和农产品参加国内各项农产品展览和农产品质量评比活动。近年来，"清水江"牌脐橙、"黔丰宝"牌天子米、"三星岩"牌纯天然山茶油在国内各项农产品评比中获奖5次，品质得到广泛赞誉。这些为天柱县脱贫攻坚提供了强大助力。

二是有机农产品与合作社耦合发展推动精准扶贫。剑河县柳川镇柳堡村成立了种养殖合作社，以村民意愿为原则，自愿加入合作社，实现统一化管理，创造统一的销售渠道，为村民的增收提供了相应的保证。此外，规范的合作社运营模式，也为柳堡村的发展联动了品牌机制。结合当地实际，有机绿色农产品将是柳堡种植养殖合作社的发展方向。柳堡大米在各地颇享盛誉，饱满而硕大的米粒、纯白而透亮的色泽，还有那含入口中久久萦绕的回甜都是柳堡大米的特质。借助合作社的发展，可实现柳堡大米规模化的发展模式，达到高品质的广告效果。

三是有机农产品供应商成立提高精准扶贫水平。州委会政府历来重视有机农产品的发展，从政策、资金、技术、信息各方面都予以大力支持，矢志打造"有机第一州"。黔东南州成立了有机农产品供应商联合会，一是解决了规模化问题，聚指成拳，抱团发展；二是解决了品牌化问题；三是解决了对市场供需信息不对称问题。此商会不仅是对全州农产品供应效应的凝聚整合，也对黔东南州的扶贫工作产生了积极的推动作用。

8 贵州精准扶贫多元共治模式的经验总结

党的十八大以来,党中央对扶贫开发工作做出了新的战略部署,围绕打赢脱贫攻坚战的总目标,中央各部委共出台了 129 个政策文件,完成脱贫攻坚顶层设计的四梁八柱。①从中央政策的顶层设计,到地方实施的具体行动都离不开多元协同合作的模式,将该模式应用到贵州大扶贫——多元协同合作大扶贫的工作中来,在八个方面形成了独特的具体经验。

8.1 战略协同经验

战略协同是指各级部门和组织在中央统一战略部署下,结合当地的实际情况,实施协调一致的战略、方针,充分调动、周密组织和有效协调各种资源,密切配合,打赢脱贫攻坚战的一种协同模式。具体政策来源有:① 中央层面:《中国农村扶贫开发纲要(2011—2020 年)》和《中华人民共和国国民经济和社会发展第十三个五年规划纲要》等;② 贵州省层面:中共贵州省委、贵州省政府颁布了《关于坚决打赢扶贫攻坚战确保同步全面小康的决定》《中共贵州省委 贵州省人民政府关于落实大扶贫战略行动坚决打赢脱贫攻坚战的意见》以及《贵州省大扶贫条例》《贵州省发展蔬菜产业助推脱贫攻坚三年行动方案(2017—2019 年)》等 13 个脱贫攻坚方案等。从中央到地方,各层级各部门都在统一的战略意图部署下,井然有序、协调一致地进行扶贫开发工作。

为了深入贯彻习总书记扶贫开发战略思想,全面落实《中共中央、国务院关于打赢脱贫攻坚战的决定》,贵州省委省政府的总体战略分两步实现扶贫攻坚目标任务:第一步,扎实推进"33668"扶贫攻坚计划,大力实施"六个到村到户"和"六个小康建设"。到 2017 年末,实现农村贫困人口脱贫 300 万人以上,按照省定标准 24 个贫困县、375 个贫困乡镇脱贫"摘帽",5800 个

---

① 肖禹,深化精准扶贫的路径选择——学习贯彻习近平总书记近期关于脱贫攻坚的重要论述[J]. 南京农业大学学报,2017(4).

贫困村出列，贫困县农村人均可支配收入达到 8000 元。第二步，深入落实发展生产、易地搬迁、生态保护、加强教育、社会保障兜底等"五个一批"扶持措施，到 2020 年末，50 个国家扶贫开发工作重点县全部"摘帽"，实现 623 万现有贫困人口全部脱贫，贫困群众收入迈上新台阶，贫困地区生产生活条件明显改善，基本公共服务水平大幅提高，扶贫对象自我发展能力显著增强，全面消除绝对贫困。[①]例如，黔东南在深入贯彻省"1+10"文件的同时，还增加了电商扶贫、乡村旅游扶贫等 9 个专项扶贫行动，形成黔东南州推进精准扶贫、精准脱贫的"1+10+9"政策体系，并出台了一系列脱贫攻坚文件，不断建立健全责任链和任务链，创新帮扶模式，压实了各级各部门脱贫攻坚的主体责任，全力推动"两山"（月亮山、雷公山）地区扶贫攻坚三年行动计划。[②]

在战略协同的引导下，贵州省精准扶贫逐步走出了一条以政府援助、企业合作、社会帮扶、人才支持为主要内容的道路，战略协同的特征日渐凸显。① 具有很强的全局性。"三位一体"（专项扶贫、行业扶贫、社会扶贫）的大扶贫是自上而下的指导思想与自下而上的发展意愿的结晶，是一种典型的战略协同。战略协同通观全局、把握全局，处理好地方与中央、局部与整体的关系，抓住主要矛盾，解决关键问题。在实施中，以中央统筹为指导，各层级之间进一步协同，达到预期效果。② 具有很强的指导性。脱贫攻坚是全党全社会的共同责任，全面建成小康社会人人有责、人人参与，脱贫攻坚主体复杂多元化，需要合理的指导才能集万众之力助力脱贫攻坚。战略协同便于因地制宜做好每个区域的定位布局和发展规划，整合有效资源，合理分配多种资源，保障脱贫攻坚稳步推进。

8.2 组织协同经验

脱贫攻坚是全党全社会的共同责任，全面建成小康社会人人有责。只有建立健全正确合理的组织体系，才能保障人人参与到脱贫攻坚的伟大事业中来。所谓组织协同，是指各级党委、政府和社会组织在上一级的领导下，合理设置组织机构，科学配置相关人员，有效安排职能事务，形成信息互通、相互协调、全面对接的高效性组织网络，以达到扩大资源总量、高效整合资源、优化资源配置，最终实现全面建成小康社会的目的。具体政策来源有：一是中央层面，国务院办公厅颁布了《国务院办公厅关于调整国务院扶贫开

---

① 关于坚决打赢扶贫攻坚战确保同步全面建成小康社会的决定[EB/OL]. http://fpb.zunyi.gov.cn/gzdt/ 201510/t20151019_365476.html.
② 黔东南州：谱写决战脱贫攻坚新篇章[EB/OL]. http://www.sohu.com/a/125809152_114731.

发领导小组组成人员的通知》《国务院办公厅转发教育部等部门关于实施教育扶贫工程意见的通知》等一系列政策文件。二是贵州省层面：精准扶贫精准脱贫"十项行动"省委"1+10"文件，大力实施精准扶贫精准脱贫"十项行动"：① 实施基础设施建设扶贫行动。② 实施产业和就业扶贫行动。③ 实施扶贫生态移民行动。④ 实施教育扶贫行动。⑤ 实施医疗健康扶贫行动。⑥ 实施财政金融扶贫行动。⑦ 实施社会保障兜底扶贫行动。⑧ 实施社会力量包干扶贫行动。⑨ 实施特困地区特困群体扶贫行动。⑩ 实施党建扶贫行动。①在课题组调研过程中，获得的有关十项行动的材料是丰富的，不同地方呈现的面貌尽管不一样，但是最后在整体上展示的经验基本保持一致，这说明省委省政府的工作是卓有成效的。

为了加强组织领导，片区内各个州市成立了扶贫开发工作领导小组，实行重要领导挂双组长制；同时，成立脱贫攻坚指挥部，指挥部下设综合协调组、产业发展组、教育扶贫组等多个专项工作组，每个专项工作组的组员来源于各个不同的部门的领导干部。以铜仁市为例，在铜仁市脱贫攻坚指挥部下成立的教育扶贫专项工作组，由市教育局牵头，市政府副市长担任组长，市政府副秘书长和市教育局局长担任副组长，组员由市委组织部副部长、市民宗局局长、市财政局局长、市住建局局长、市农业局局长、市扶贫办副主任等 9 人构成。要做好教育扶贫这一专项工作，就得由该教育扶贫专项工作组的各个成员共同努力，而该工作组的各个成员来源于各个不同的政府部门。他们利用自己所在部门的各种有效资源，形成多部门互相协同、共同发力的高效性组织网络。

除了各级政府部门之间的组织协同外，铜仁市的群团组织也参与了这个高效性的协调组织网络。铜仁市道路运输行业协会、铜仁市茶叶行业协会、铜仁市银行业协会、铜仁市律师协会等社会组织纷纷发言，汇报参与农村脱贫攻坚工作的情况，介绍取得的成果，分享成功的经验，分析存在的问题和原因，并提出了合理的建议和意见。全市各级社会组织积极响应市委、市政府号召，充分发挥社会组织联系广泛、人才聚集、信息灵通的优势，扎实参与脱贫攻坚，取得了实实在在的效果。在具体工作中，一是各级社会组织要提高政治站位，增强责任感和使命感，把参与脱贫攻坚作为一项重大的政治任务抓紧抓实。二是社会组织要在脱贫攻坚中发挥优势，精准发力，通过产业帮扶、智力帮扶、商贸帮扶、捐赠帮扶、志愿帮扶等形式积极参与扶贫。三是要加强宣传，弘扬社会正能量。要加大对社会组织参与脱贫攻坚的宣传

---

① 贵州省扶贫政策明白卡[EB/OL]. https://www.majiang.gov.cn/ztzl/tpgj/fpzc/201606/t20160618_616846.html.

力度，认真总结先进个人、团体的典型事迹，弘扬社会正能量，大力开展宣传表彰活动，努力营造扶贫济困的浓厚社会氛围。[①]其中，素质扶贫是指广泛开展现代农业科学技术、农村劳动力转移就业培训和电子商务、"互联网+"培训，从而提升能力素质；创业扶贫是指争取政策和资金支持，不断提升相关创业政策服务贫困村贫困户的水平；产业扶贫是指积极发展特色产业和贫困户有能力经营的产业项目；关爱扶贫是指通过实施关爱行动，对没有发展能力的特殊贫困群体进行帮扶；文化扶贫是指充分发挥群团组织密切联系群众的优势，激发干部群众以精神脱贫为指导和引领，最终实现全面脱贫。

组织协同具有下面两个特征：① 有限理性。每个组织所占有的资源决定了他的局限性，仅仅依靠个别组织的力量是无法打赢脱贫攻坚战、实现脱贫致富的，所以组织间须借助相互依赖、协同的组织网络，进行多部门间的合作，科学合理地整合有限资源。② 高效性。组织协同是通过建立一个信息互通、相互协调、全面对接的高效性组织网络来进行多部门、多组织之间的协同合作，跳过了一系列复杂的程序，多部门、多组织直接沟通交流，加快信息的流通，从而促进脱贫攻坚工作的快速开展。组织协同的形式把中央统筹、省负总责、地方抓落实的从上而下的管理体制真正落到了实处。

8.3 政策协同经验

所谓政策协同，是指中央在产业、教育、旅游、健康等方面出台政策，再由各地区分析当地的情况因地制宜制定适合发展的具体政策，与市场和社会等主体共同合作，确保广大农户脱贫。就本课题研究来看，政策协同的来源主要有：中共中央颁布的《关于打赢脱贫攻坚战的决定》以及习近平等中央领导同志关于扶贫开发的一系列重要指示精神；在贵州省层面，《贵州省"十三五"脱贫攻坚专项规划》《贵州省脱贫攻坚政策汇编（精要版）》《贵州脱贫攻坚最新政策》，各州、市均制定并实施了扶贫开发的重要政策。例如，中共铜仁市委、市政府颁发了《铜仁市易地扶贫搬迁三年行动计划》《铜仁市人才行动扶贫计划》《铜仁市基础设施建设精准扶贫行动计划》《铜仁市教育精准扶贫实施方案》等。这些不同层次的政策充分发扬了政策协同优势，从不同层面推动了反贫困治理，具有较强的政策协同特点。

政策协同在区域的体现和落实主要体现在具体的扶贫类型政策上。以产

---

① 铜仁召开全市性社会组织参与脱贫攻坚座谈会[EB/OL]. http://www.gznpo.gov.cn/webinfo/fupin/2018-06-21/792.html.

业扶贫政策为例,产业发展是支持一个地区经济经久不衰的命脉,也是扶贫攻坚格局中最为重要的环节,关系到脱贫后是否会返贫,探索可持续扶贫模式的关键。贵州省全面深入贯彻落实中共中央国务院《关于打赢脱贫攻坚战的决定》,将产业扶贫作为完成脱贫目标任务最重要的举措,并形成了贵州省产业扶贫的多元协同合作体系。① 多元协同合作组织领导,促进产业融合发展。由省政府领导,省农业厅、林业厅、商务厅、科技厅、供销合作社联合社等共同负责,积极发展产品加工,如烟草制造业、矿产业等,拓展产业多功能结构,大力发展农旅一体化的现代农业新模式。② 多元协同合作新型经营主体,发挥带动作用。贵州省发改委、贵州省扶贫办、贵州省商务厅等各相关部门支持和鼓励新型经营主体在贫困地区发展特色产业,提供产业链服务,缓解贫困地区的就业压力,提高产业增值能力。③ 多元协同合作产业扶贫投入力度加大。围绕"村有特色产业、户有增收项目"的脱贫产业发展目标,不断加大省财政投入、中央财政补贴以及中央专项扶贫资金向贫困地区特色产业的倾斜力度。①随着资金投入的不断增加,贫困群众的增收渠道进一步拓宽。

在习近平总书记考察贵州重要讲话精神的指导下,各级政府采取非均衡策略,集中要素投入,优化发展环境,着力供需两侧,突出龙头带动,推进创新驱动,实施品牌撬动,促进内外联动,坚持龙头引领与整体推进并重。这种模式摒弃了传统扶贫中政府推动的单中心模式,整合了其他市场和社会资源,如专业合作社、致富带头人、发展协会等,协同合作,结对帮扶,产业政策协同实现了不同扶贫主体的共赢并具备可持续的发展能力。2018年省委、省政府开展脱贫攻坚"春风行动"以来,全省各地迅速行动,深入落实农业产业革命"八要素"全面推广"五步工作法",狠抓产业发展关键环节,全力推进产业扶贫工作。省农委及时印发《贵州省调减玉米种植三年行动方案(2018—2020年)》《省农委关于大力发展蔬菜、中药材、水果等产业推动种植业结构调整的指导意见》,明确结构调整的目标和措施。事实证明,政策协同产生的合力是不可估量的。例如,2018年的数据显示,截至8月底,全省茶园面积753万亩、投产茶园面积560万亩、产值342亿元;生态家禽出栏16851万羽、禽蛋产量29万吨、产值145.86亿元,同比分别增加85%、105%、88%;中药材种植面积434万亩,产量9.45万吨、产值10.10亿元。截至9月底,全省蔬菜种植面积累计1926万亩(次)、产量2826万吨、产值

---

① 贫困地区发展特色产业促进精准脱贫指导意见[EB/OL]. 中国网, http://finance.ifeng.com/a/20160526/14427322_0.shtml, 2016-05-26.

688亿元，同比分别增加22%、11%和17%；食用菌种植规模17万亩（亿棒）、产量51万吨、产值67亿元，同比分别增长193%、117%和35%。①

立足区域扶贫攻坚，深入调研，扎实思考，归纳出政策协同的两个根本特征。一是不同类型的政策共同发力。不同类型政策是多样的，主要是集中在不同扶贫主体所主导的扶贫模式不同，具体可划分为产业扶贫、旅游扶贫、健康扶贫、教育扶贫、社会保障扶贫、易地扶贫搬迁等。虽然不同区域的扶贫类型重点不同，但在整体上都形成了政策协同的格局。政策协同在流程上主要是政策制定、执行与评估，在扶贫任务还未完成的情况下，政策评估环节的协同较为薄弱，但作为一项举全国之力开展的国家治理中心任务，反贫困治理的政策制定和执行都体现了较强的政策协同特点。政策本身需要协同，如果没有协同，政策就变成真空运作，毫无意义，而实践中的政策协同形式是丰富的。

8.4 社会协同经验

所谓社会协同，是指在政府政策的引导和支持下，全社会力量包括民营企业、社会组织和个人通过多种方式充分参与到精准脱贫活动中来，社会扶贫日益显示出巨大的动力空间。社会协同要求坚持政府引导、多元主体、群众参与、精准扶贫的基本原则，培育多元社会扶贫主体，创新参与方式，完善保障措施。在本课题的调查研究中，社会协同有以下两个特征：① 政策的直接支持。如：中央于2014年公开发布的《国务院办公厅关于进一步动员社会各方面力量参与扶贫开发的意见》就直接支持全社会力量全面参与扶贫开发事业。在政策支持下，各级地方党委政府引导全社会力量开展扶贫志愿行动，打造扶贫公益品牌，构建信息服务平台，更好、更快、更深入地参与到我国扶贫开发事业中来。② 贵州省层面，铜仁市出台"五项"政策文件。一是针对民政领域政策优势，综合出台《铜仁市民政部门深入推进脱贫攻坚"十项"行动方案》，即"十招法"，被各级媒体广泛报道；二是针对深度贫困村因地施策，出台《铜仁市民政部门深入推进贫困村提升工程实施方案》；三是针对特困救助的"短板"，出台《铜仁市特困人员救助供养实施办法》；四是针对临时救助、医疗救助制度的"碎片化"，出台《铜仁市困难居民医疗救助实施办法》《铜仁市临时救助实施办法》；五是发挥社会组织作用，出台《铜仁市"百家社会组织帮百村"助力脱贫攻坚行动实施方案》。这一系列文件为

---

① 贵州：产业扶贫带动143万贫困人口增收[EB/OL]. http://www.gzgov.cn/xwdt/gzyw /201810/t20181017_1672169.html.

社会力量参与扶贫开发事业提供了政策支持，同时也为社会力量如何参与扶贫开发提供了指导性意见，激发了社会力量在扶贫开发方向的灵活性与潜力。①

多元协同合作打造社会力量扶贫经验特色就是要聚合各类资源实现与全省9000个贫困村"一对一"帮扶全覆盖；鼓励支持各类企业、社会组织、个人参与扶贫开发。贵州省委、省政府发布《关于深入贯彻落实党中央国务院脱贫攻坚重大战略部署的决定》等文件，其目的是大力弘扬社会主义核心价值观，大兴扶贫济困、爱心奉献的社会风尚，形成了贵州省社会扶贫体系。① 建立了多元协同合作社会扶贫体系。在精准扶贫理念的引领下，形成了政府、社会、市场协同推进的社会扶贫大格局，建立了跨地区、跨部门、跨单位和全社会共同参与的社会扶贫体系，最大限度调动当地群众的积极性。②政府力量领导民营企业、社会组织和个人通过旅游、教育、产业、科技、技术等多个方面、多中心协同下，政府、社会与市场正确参与社会扶贫工作，实现社会扶贫重心下移到村、对接到户，加强扶贫开发的成效，帮助贫困地区、贫困人员脱贫。② 形成了多元协同合作社会扶贫机制。坚持政府引导，完善政策支撑，健全动员机制，搭建参与平台，畅通参与渠道，营造良好的社会参与扶贫氛围，充分调动社会各方面力量参与扶贫，多元主体形成合力，取得了较好效果。

首先，贵州省社会扶贫全覆盖。社会扶贫是多元协同合作大扶贫治理模式中最有代表性、最典型的扶贫方式。其源于参与主体的多元性、参与过程的多样性及参与效果的显著性，不仅有国有企业、非国有企业（民营企业），还有社会组织乃至于网络信息平台，这些均适用于多元协同合作的社会扶贫模式。开展国有企业结对帮扶贫困县整县脱贫行动。2015年，从省国资委监管和中央在黔国有企业中，选择21家实力较强的国有企业"一对一"结对帮扶20个扶贫开发任务重的贫困县，实现了国有企业结对全省帮扶14个深度贫困县全覆盖。引导和动员民营企业参与脱贫攻坚，开展"民营企业对口帮扶整县脱贫行动"。使用"扶贫日"平台，动员社会各界开展扶贫济困活动。通过开展"扶贫日"的募捐活动，在全省范围内采取现场捐赠和认捐的形式，2018年全省共募集到捐款和捐物折款共计75.53亿元用于扶贫开发。③此外，还通过网络扶贫方式支持全省脱贫攻坚，动员支持社会组织和个人开展扶贫济困活动。先后争取到中国扶贫基金会、中国扶贫开发协会等慈善机构在全

---

① 铜仁：市民政局五举措 全力助力脱贫攻坚[EB/OL]. http://mini.eastday.com/mobile/171209154329850.html#.
② 李程骅. 精准扶贫彰显超强国家治理能力扶贫减贫的中国智慧[N]. 人民日报，2017-09-04.
③ 实现多个全覆盖 贵州省"社会扶贫"硕果累累[EB/OL]. http://www.chinaguizhou.gov.cn/system/2018/10/12/016854154.shtml.

省贫困地区开展多形式、全方位社会帮扶。从2017年底开始，在全省推广和应用"中国社会扶贫网"，充分打造贵州省"互联网+"精准社会扶贫的大格局，将贵州省脱贫攻坚事业推向社会扶贫的新高度。①

其次，贵州省各地方纷纷开展社会扶贫工作，取得显著成效。遵义市汇川区引导全区国有企业、民营企业充分发挥企业优势，参与到脱贫攻坚战略中，努力在产业结构调整、社企建设、产销连接、电商建设、利益联结机制、就业培训、项目发展、农旅一体建设、医疗卫生环境整治、捐资助学、少数民族结对帮扶、特困户结对帮扶等方面贡献力量。2017年，遵义市汇川区非公企业共计投入3571.66万元，扶持贫困村产业发展，惠及贫困人口8400余人。组织80余家非公企业开展"脱贫攻坚•春季攻势就业脱贫系列招聘会"，提供12000个就业岗位，1500余精准扶贫户与企业达成意向性协议，协调辖区企业优先解决478余户贫困户就业，进行"造血式"帮扶。②桐梓县119家非公有制企业积极响应桐梓县委、县政府"百企帮百村"号召，在县政协、县委统战部、县工商联的带领指导下，在脱贫攻坚战场上尽显优秀企业家的社会责任担当，通过不拘一格的扶贫形式、丰富多彩的扶贫内容，与其他扶贫力量一起唱出一曲曲脱贫攻坚之歌，实现了企业得发展、群众得实惠的双赢。③贵州省习水县委统战部、县社会力量扶贫指挥部、县工商联开展"百企帮百村精准大扶贫"行动，认真落实县委扶贫攻坚战略的决策部署，围绕消除贫困、改善民生、实现共同富裕的目标要求，团结凝聚广大非公有制经济人士积极参与全县脱贫攻坚工作，实现了社会力量"光彩"扶贫。④

8.5 资金协同经验

为了响应中央脱贫攻坚的号召，通过上级对贵州的重视以及全社会对扶贫项目的高度关注，社会各界对贵州采取了一定的资金扶贫政策，从教育农业农户等多个方面入手进行资金的扶贫对接工作。资金协同是指各级政府通过专项扶贫资金的投入，对贫困区域的各项建设项目，尤其是针对贫困户精准施策，帮助其有效脱贫，这是一种最直接的扶贫方式。政策来源有：① 中

---

① 打造社会扶贫网"贵州新模式"，贵州省"互联网+"精准社会扶贫工作正式启动[EB/OL]. http://www.sohu.com/a/206560889_100049995.
② 凝聚社会力量 助推脱贫攻坚[EB/OL]. http://dfp.gog.cn/system/2018/05/29/016611221.shtml.
③ 凝聚社会力量 奏响扶贫大合唱——桐梓县社会力量帮扶脱贫工作综述[EB/OL]. http://gz.people.com.cn/n2/2018/0810/c205813-31919478.html.
④ 贵州习水县：社会力量的"光彩"扶贫[EB/OL]. https://baijiahao.baidu.com/s?id=1591096870451448823&wfr=spider&for=pc.

央层面。为了加强中央财政专项扶贫资金管理，提高资金使用效益，全面贯彻落实《中共中央国务院关于打赢脱贫攻坚战的决定》，中共中央财政部不断修订《财政专项扶贫资金管理办法》，并印发了《中央财政专项扶贫资金管理办法》，不断强调了资金协同的重要性。②贵州省层面。先后制定出台了《贵州省财政扶贫资金产业项目管理暂行办法》《财政专项扶贫资金管理办法》《贵州省财政专项扶贫资金管理办法》。③地方政府层面。铜仁市出台了《铜仁市扶贫资金监管办法（试行）》，黔西南州人民政府出台了《关于创新信贷扶贫机制实施精准扶贫的意见》，黔东南州人民政府扶贫开发办公室、州财政局出台了《关于下达2015年度扶贫到户贷款计划的通知》《关于下达2017年度第一批中央财政专项扶贫资金的通知》等。

财政专项扶贫资金是指列入财政预算"扶贫支出"科目中的财政专项资金，包括发展资金、以工代赈资金、少数民族发展资金、国有贫困农场扶贫资金、国有贫困林场扶贫资金、扶贫贷款贴息资金。①以财政专项扶贫资金为主的区域资金协同方式按照贵州省脱贫攻坚确定的目标、扶持重点、工作任务进行分配。资金分配坚持向贫困少数民族地区、贫困革命老区、贫困边境地区及集中连片特困地区倾斜，包括国家、省有关部门专项资金的投入和教育机构以及社会企业等的资金投入。主要针对贫困地区基础设施建设、生态环境保护和民生工程等加大投入力度，重点支持村级公路建设、农业综合开发、土地整治、小流域与水土流失治理等。鼓励社会投资，支持贫困地区符合条件的项目借用国际金融组织和外国政府优惠贷款，资金投入用于教育基础设施建设、设立教育奖学金、办理建档立卡户实行生活补助以及用于灾后重建等。

针对经济发展水平低、产业基础薄弱、贫困程度深等特点，资金不足导致连片特困区陷入"贫困性恶性循环"，中央高度重视解决扶贫资金问题，《中国农村扶贫开发纲要（2011—2020）》专门对连片特困地区金融服务和加强扶贫资金使用管理方法提出了新的任务，进一步明确了中央财政专项资金新增部分主要用于连片特困区。在中央大力支持下，以转变经济增长方式为主线，积极调整和优化区域产业结构，加快特色农业产业和产业园区建设步伐，极大推动了贵州山区区域经济发展。①完善多中心协同金融扶贫组织体系。在贵州省扶贫开发领导小组的带领下，积极协调各州市，各级扶贫开发相关部门加强组织领导，健全责任机制，建立和完善由人民银行牵头，发改委、扶

---

① 贵州省财政专项扶贫资金管理办法[EB/OL]. http://www.qxn.gov.cn/OrgArtView/QxnGov. NB/ZTFL. TPGJ.1/213475.html.

贫办、财政局、金融监管局等多部门参与的工作联动机制，不断加快金融机构网点的建设，构建功能完善、分工合理、产权明晰的金融体系，充分发挥各类金融机构对各地扶贫开发工作的支持作用。②增强多中心协同金融扶贫资金实力。各州市各级金融机构积极支持贫困地区农村危房改造、抗震安居工程、整乡整村推进等重点项目建设，针对贫困地区实际需求，改进贷款营销模式，优化审批流程，不断加大信贷投放力度，创新发展思路，改善经营理念，为地方经济发展提供了可靠的资金来源。

8.6 宣传协同经验

自 2014 年精准扶贫战略政策实施以来，各级党委政府与中央精神高度统一，严格贯彻执行各项政策，牢牢把握在学懂、弄通、做实上下功夫的要求，精心开展各项精准扶贫宣传动员工作，推动学习反贫困工作往实里走、往深里走。所谓宣传协同，是指各级党委政府通过国家扶贫日、扶贫工作会议等形式，将中央的扶贫政策逐级执行到地方和基层，并通过宣传动员的方式使贫困户认同和接受扶贫政策。特别是由基层政府（乡镇及村支"两委"）通过召开群众大会动员农户积极加入专业合作社，激励贫困户树立主人翁意识，主动脱贫，用产业和社会共治的办法实现可持续脱贫。宣传协同的主要来源有：① 在中央层面。主要以习近平同志为核心的党中央在中央扶贫开发工作会议上的讲话精神为指导，以及习近平总书记在贵州召开部分省区市党委主要负责同志座谈会上的讲话、在银川主持召开的东西部扶贫协作座谈会等为行动指南；② 在贵州省层面。近年来，贵州坚持以习近平新时代中国特色社会主义思想为指引，扎实践行习近平总书记关于新闻舆论工作的重要指示精神，用好新时代"指南针"，立足全国脱贫攻坚主战场，充分发挥新闻媒体发现培育宣传典型的重要作用，积极构建新闻发现机制，创新新闻传播，系统培育宣传，发掘塑造了"当代愚公"黄大发、"好支书"文朝荣、"中国天眼之父"南仁东、"大山里的海伦·凯勒"刘芳等时代楷模，以及"新时期县委书记的榜样"姜仕坤等一大批在全国具有影响力的先进典型，打造起全国重大先进典型"七星共明"和脱贫攻坚群英谱"群星灿烂"的宣传格局，不断彰显激扬新时代贵州精神，也为做好新时代典型宣传工作积累了有益经验。①

---

① 中共贵州省委宣传部. 发现培育宣传典型 凝聚脱贫攻坚伟力[EB/OL]. http://www.wenming.cn/xj_pd/yw/201808/t20180816_4796777.shtml.

宣传协同在贵州省各贫困区域同样具有很好的体现和落实，主要表现在具体的扶贫会议上，要实现精准扶贫全面小康社会的建设，就必须加大扶贫宣传力度，动员广大干部群众共同致力于扶贫工作。贵州是脱贫攻坚的主阵地、主战场，也是开展"互联网扶贫""舆论扶贫"的主阵地、主战场。为了充分利用发挥省级主流媒体资源优势，围绕全省脱贫攻坚的工作重心，集中宣传、全面总结并呈现贵州脱贫攻坚工作所取得的阶段性成果，为各单位、社会各界提供学习交流平台。贵州省扶贫开发领导小组办公室与多彩贵州网联合举办了贵州脱贫攻坚大型系列宣传活动，"2016 贵州脱贫攻坚大型图片展"是此次系列宣传活动之一。①这些很好的宣传组织活动是贵州省委省政府凝心聚力、团结一致，共同在协同合作战略上作出的重要战略措施和行动步骤，在全社会营造了一种脱贫攻坚事业的良好格局，弘扬了地方政府、社会组织、企业公司三方协同合作的典型事迹和优秀案例。"做好脱贫攻坚宣传工作是贯彻落实党和政府各项扶贫方针政策的有效途径，是促进全社会了解扶贫、认识扶贫、参与扶贫的重要手段，是凝聚社会扶贫资源的重要抓手，作为一名宣传员，我一定牢记嘱托，感恩奋进，努力扮演好脱贫攻坚'宣传战士'的角色，为脱贫攻坚加油鼓劲！"沿河土家族自治县脱贫攻坚指挥部宣传组副组长任廷海在接受笔者采访时说道。②这更像是一种行动宣言，凝聚着基层干部的脱贫攻坚决心和勇气。

在贵州各地方实施宣传协同的过程中，各级党委政府纷纷召开脱贫攻坚的精神传达和工作部署会议，在"四个全面"总体战略的指引下，宣传效果十分明显。宣传协同主要具有两个特征：一是上传下达的部署与落实形式。政策的宣传是自上而下且形式灵活多变的，如中央文件的颁布、省、市级座谈会和乡、镇动员会等。在中央及贵州省的部署下，各州、市均有效落实扶贫政策在本地区的宣传政策。二是增强全社会参与扶贫的意识。传统扶贫模式大多重视金钱物资层面的馈赠和给予，忽视了精神文化层面的熏陶和培育，治标不治本，达不到扶贫的目的。现代扶贫模式加强了对扶贫主体的教育和带动，促进他们脱贫意识的觉醒。各州、市成立的农民合作社形成了一种特定的"入社动员"的模式，采取"合作参与、市场运作"的方式，带动脱贫对象积极参加技术、营销等方面的培训，使得各方力量共同致力于脱贫。

---

① 2016 贵州脱贫攻坚大型图片展在贵阳开展[EB/OL]. http://dcpp.gog.cn/system/2017/01/17/015357700.shtml.
② 任廷海. 沿河脱贫攻坚宣传战线上的"铁杆战士"[EB/OL]. http://news.gzw.net/2018/0206/1270338.shtml.

8.7 技术协同经验

技术协同的工作有两方面：一是在精准识别、精准管理和精准帮扶三大过程中采用高效科学的信息技术手段，让全社会充分了解并参与到扶贫开发事业中来，让贫困户自我了解贫困标准、脱贫方法与可持续生计的脱贫策略。二是充分发挥技能培训在脱贫攻坚中的重要作用，对建档立卡贫困户实施技能扶贫专项培训行动，转移一批适应社会发展的农民工，培育一批促进产业发展的劳动者，培训一批掌握基本技能的服务者，扶持一批贫困户以创业带动就业，培养一批适应经济社会发展的技能人才的"五个一批"技能扶贫专项行动。着力将贫困地区人口资源转化为人力资源和人才资本，有效推动脱贫攻坚。技术协同的政策来源有：① 在国家层面，中共中央、国务院制定出台的《中国农村扶贫开发纲要（2011—2020 年）》明确表明要对农村贫困劳动力进行技术培训；② 在贵州省层面，为深入推进大扶贫战略行动，促进贫困人口实现就业脱贫，经省政府同意，省政府办公厅印发《贵州省精准推进贫困劳动力全员培训促进就业脱贫工作方案》。方案提出非常明确的目标任务：以 14 个深度贫困县、20 个极贫乡镇和 2760 个深度贫困村为重点，由各级政府部门组织对全省农村建档立卡贫困户家庭中未就业劳动力开展全员培训。2017—2019 年，全省计划培训 84.53 万人次以上。2017 年培训 20.53 万人次以上，2018 年培训 34 万人次以上，2019 年培训 30 万人次以上。①

在信息化技术方面，国家建立了全国扶贫开发信息系统与全国扶贫对象基础信息管理系统；贵州省建立了精准扶贫大数据管理平台，甚至县一级为扶贫开发事业的发展，也建立了专门的扶贫网站来促进扶贫开发事业。为精准掌握贫困劳动力情况，实现贫困劳动力全员培训全覆盖，省人社系统在全省建立规范"一卡一库一台账"（即《贵州省贫困劳动力培训就业创业全程服务卡》《岗位信息数据库》《贵州省贫困劳动力就业创业信息台账》），实现人人有卡、村村有账、县乡有库的数据链。通过"一对接、六查准、三帮助"实现贫困劳动力应入尽入，将有劳动能力的建档立卡贫困人口基础信息、就失业状况、就业意愿、就业服务情况等信息全部纳入台账管理。②

---

① 贵州省精准推进贫困劳动力全员培训促进就业脱贫工作方案[EB/OL]. http://www.gzzxb.org.cn/pages/show.aspx?ID=3534108A-8930-4E97-905A-D254EF869655.
② 贵州：打出就业脱贫"组合拳"[EB/OL]. http://www.sohu.com/a/249537514_714627.

《中共中央国务院关于打赢脱贫攻坚战的决定》明确将技能脱贫作为一项重要举措。人力资源社会保障部、国务院扶贫办决定在2016—2020年，依托全国千所左右省级重点以上的技工院校，组织开展技能脱贫千校行动，[①]实施技能脱贫千校行动，旨在从"授鱼"到"授渔"精准扶贫，各级人力资源社会保障部门、扶贫部门将技能脱贫千校行动作为一项重大政治任务，从扶贫攻坚的战略高度，提高对工作重要性的认识，以更精准的举措、超常规的力度，依托优质技工院校大力开展精准技能脱贫工作。

8.8 帮扶协同经验

为贯彻落实中央与贵州省有关对口帮扶扶贫的精神指示，引导各类企业、社会组织、个人参与脱贫攻坚，切实动员和开展"挂帮包""转走访"行动，组织工作队进驻各扶贫联系点，使扶贫工作上下联动、形成合力，确保各项任务落实到位。帮扶协同的政策来源有：① 中央层面，中共中央办公厅、国务院办公厅制定发布《关于进一步做好定点扶贫工作的通知》《〈关于进一步加强全军和武警部队参与扶贫开发工作的意见〉的通知》；② 根据《中共中央国务院关于深入实施西部大开发战略的若干意见》（中发〔2010〕11号）、《国务院关于进一步促进贵州经济社会又好又快发展的若干意见》（国发〔2012〕2号）有关要求，2013年国务院制定发布《国务院办公厅关于开展对口帮扶贵州工作的指导意见》。其主要目标是：到2020年，在国家和社会各界支持下，通过自身努力和帮扶方大力支援，力争使贵州受帮扶地区城乡居民基本生产生活条件明显改善，基本公共服务水平和均等化程度显著提高；集中连片特殊困难地区扶贫攻坚工作取得突破性进展，扶贫对象大幅减少；特色优势产业体系基本形成，经济发展质量和效益明显提高，综合竞争力显著增强。

对贵州的对口帮扶合作是全方位的，以上海和浙江为代表的东部主要发达地区和城市与贵州建立了很好的对口帮扶合作机制。首先，建立对口帮扶的联席会议机制。2016年10月9日，东西部扶贫协作和对口帮扶贵州工作联席会议在贵阳召开，辽宁、上海、江苏、浙江、山东、广东和大连、苏州、杭州、宁波、青岛、广州等省、市党政主要领导，贵州省有关部门负责同志参加座谈会。东西部扶贫协作和对口支援，是推动区域协调发展、协同发展、共同发展的大战略，8个东部城市在"一对一"帮扶工作中高位推动、亲力亲

---

① 人力资源社会保障部国务院扶贫办关于开展技能脱贫千校行动的通知[EB/OL]. http://www.gov.cn/xinwen/2016-08/01/content_5096665.htm.

为、真抓实干、与时俱进，共同打造出帮扶工作的升级版，贵州人民始终感恩帮扶之情，倍加珍惜帮扶之机，期待8个东部城市在产业、招商、教育、劳务等方面继续给予贵州支持，全面深化交流合作，在东西部协作扶贫工作中更加注重抓好规划，抓好机制，抓好服务，抓好落实，扎扎实实做好东西部帮扶协作工作。其次，建立对口帮扶的实施机制。准确把握中央关于东西部扶贫协作的新要求，聚焦精准、完善结对、深化帮扶，扎实推进扶贫协作和对口帮扶各项重点工作。各帮扶城市和贵州一道，加快编制"十三五"扶贫协作规划，启动开展"携手奔小康行动"，进一步加强劳务协作，细化考核评估，努力打造东西部扶贫协作的升级版。[①]最后，总结对口帮扶的成功和成熟经验。杭州对口帮扶黔东南，两地精准对接、深入推进，扶贫协作工作取得了新的显著成效。通过杭州市13个区（县、市）对口帮扶全州15个贫困县，实现了区县结对帮扶对全州贫困县的全覆盖。建立乡镇（街道）结对帮扶关系75对，建立贫困村（社区）结对帮扶关系85对。帮扶区（县、市）区向全州贫困县投入资金7050万元，全州1.5万户约6万贫困人口直接或间接受益。[②]浙江省宁波市从1996年开始对口帮扶贵州黔东南州的16个县和黔西南州的8个县。2013年起调整为宁波市对口帮扶黔西南州，杭州市对口帮扶黔东南州。20多年来，杭州、宁波两市累计帮扶两州资金13.94亿元，实施帮扶项目3059个。具体的帮扶经验主要体现为三个方面：一是扶贫必先扶志。二是扶贫必扶智。三是扶贫尚需扶制。杭州和宁波两市主要领导多次率队到黔东南和黔西南就东西部扶贫协作开展调查研究，杭州市还编制了《杭州市对口帮扶贵州省黔东南州"十三五"规划》，签订了《东西部扶贫协作工作协议》，构建了高效流畅的对口帮扶机制，杭州市13个区（县、市）和30余个市级部门实现了对该州各县市和部门对口帮扶的全覆盖。[③]

综上，贵州省各级政府大力倡导和践行以多元协同合作为核心的大扶贫格局，提升现代化的地方政府治理能力。多元协同合作大扶贫不仅促进了各级地方政府聚焦精准扶贫工作，齐抓共管形成合力投入到全面建成小康社会的伟大历史进程中，而且还激发了各级地方政府敢于担当、敢于作为的奋斗精神，把扶贫经验转化为政府行政的其他方面工作中来，进而推动政府治理工作整体上产生协同效用。

---

① 贵州省8个市（州）与东部7个对口帮扶城市签署合作框架协议[EB/OL]. http://www.gzfp.gov.cn/xwzx/jrtt/201610/t20161014_1388841.html.
② 杭州对口帮扶黔东南：山水相连五载情 真抓实干促脱贫[EB/OL]. http://www.qdntv.com/show-1826-6766-1.html.
③ 携手共争先！我省对口帮扶贵州脱贫攻坚步入关键期[EB/OL]. https://baijiahao.baidu.com/s?id=1599490412788953973&wfr=spider&for=pc.

9 贵州精准扶贫多元共治模式的改进措施

改革开放以来，贵州省乃至全国其地脱贫攻坚工作经历了从"输血"式到"造血"式到"精准"式再到"协同"式的模式转变。在以习近平总书记为核心的党中央坚强有力领导下，我国脱贫攻坚事业先是确立了精准扶贫模式，尔后进入大扶贫格局。在课题研究的理论总结上，我们将大扶贫格局深化为一种"多元协同合作"大扶贫，即精准扶贫多元共治模式。贵州省大力推动精准扶贫、提升精准脱贫，有必要对其实践与经验进行科学客观的研究，挖掘出行之有效、可供复制的先进经验模式。贵州省是全国第一个制定颁布大扶贫条例的省份，业已形成的精准扶贫经验已经超越了同级其他省份的方法经验，可以称为"全国省级扶贫样本"。要总结贵州省精准扶贫的实践与经验，既要立足现实，又要着眼长远，从"多元协同合作"大扶贫的最新经验来加以科学呈现，以供协同合作之容，以作科学谋划之用，以满高效实施之需，以达引领提升之途。

成绩与不足相辅相成。这种基于精准扶贫多元共治模式的实践经验也存在一些问题，课题组将此归纳为：①扶贫扶志必须进取有为；②扶贫扶智必须久久为功；③资金筹措投入需要保障；④脱贫攻坚队伍需要夯实；⑤重返贫困机制有待加强；⑥技能培训效度有待提高。发展中的问题需要采用发展的眼光来对待，需要采取发展的思路来加以克服和解决。

9.1 问题与不足

所谓精准扶贫多元共治模式，是指把脱贫攻坚作为头等大事和第一民生工程，以统领经济社会发展全局，构建政府、社会、市场协同推进和专项扶贫、行业扶贫、社会扶贫等多方力量、多种举措有机结合的大扶贫格局，争取国家和其他省（区、市）支持，动员和凝聚全社会力量广泛参与，通过政策、资金、人才、技术等资源，全力、全面帮助本省贫困地区和贫困人口增强发展能力，实现脱贫致富的活动。[①]本书基于大力实施精准扶贫精准脱贫"十

---

① 贵州省大扶贫条例[EB/OL]. http://www.gzfp.gov.cn/xxgk/zdgk/zcwj/flfg/201707/t20170706_1904840.html.

项行动",总结和归纳贵州省精准扶贫中的多元协同合作大扶贫模式,形成了八大方面的具体经验。但是,经过课题组的调查访谈研究,发现在实际深入贯彻落实过程中仍然存在不足。

第一,扶贫扶志必须进取有为。党的十九大报告指出,坚决打赢脱贫攻坚战,要注重扶贫同扶志、扶智相结合。所谓"扶志",就是指各级党员干部和广大人民群众,一心一意抓扶贫,团结协作反贫困的精气神,这个精气神是影响甚至决定精准扶贫、精准脱贫和反贫困事业能否成功的重要精神力量。应该说,扶志不够强的问题普遍存在,产生这一问题的根源是多方面的。在党的十九大的重要指示下,贫困地区人民的思想转变亟需提上日程,要变被动脱贫为主动脱贫,由"要我脱贫"变为"我要脱贫"。脱贫攻坚的主体是贫困地区的群众,中央、省、贵州均倾注强大力量宣传扶贫工作、脱贫成效,但是在动员贫困农户时投入的力量不足,仅仅注重在个别贫困县、贫困村开展动员大会,并未全面覆盖到各个贫困地区,群众对自身脱贫欲望与能力的认知不足,仅仅将注意力放在政府发放的资金补助上,缺乏自身脱贫的积极性。

具体表现为:首先,在中央层面还未形成扶贫先扶志的相关法律制度。其次,各级地方政府对扶贫先扶志重视程度不够,并没在全省范围内得到全面和普遍落实。最后,人民群众特别是贫困农户对扶贫先扶志的认识还不够清晰,政府和各部门对扶贫扶志的宣传不到位,导致人民对扶贫扶志的了解不够透彻,自身主动脱贫的积极性没有被激发,大部分贫困农户的意识还停留在借助政府以及其他社会力量来脱贫,对于依靠自身力量脱贫没有足够的信心和清晰的认知。

第二,扶贫扶智必须久久为功。2015年召开的中央扶贫开发工作会议指出,治贫先治愚,扶贫先扶智,教育是最根本的扶贫,是长久脱贫的关键。贵州省的"扶智",更侧重于教育方面,是指国家、省、各州市从教育入手,让教育经费不断向贫困地区倾斜,加大对贫困地区基础教育的资金投入,这是阻止贫困家庭陷入贫困的恶性循环、阻止贫困人口返贫的直接手段。绝大多数贫困地区的父母均有通过教育改变家庭状况的想法,但还有相当部分的家庭没有认识到教育的重要性,并未将焦点放在孩子受教育的问题上。贵州省各区域虽然进行教育扶贫、扶智政策宣传,但未通过进村入户等直接的方式,向贫困地区家庭具体宣传国家的扶贫、扶智政策,并未让贫困家庭的家长孩子都认识到教育对脱贫的重要作用,并未充分开拓贫困群众的视野。

具体表现为:首先,中央在具体部署财政投入的同时无法兼顾教育扶贫政策的具体落实程度,不能及时了解各省、市、区的教育扶贫状况。未能兼顾思想文化落后、对教育重视程度不高等家庭。其次，地方教育自主创新事业空间不够。地方仅仅根据中央下发的文件来进行本地部署，并没有因地制宜出台合理的适合本地发展的政策，在教育扶贫事业上墨守成规，对于存在消极态度的家庭仍采取放任的态度。最后，贫困农户投资教育的意愿和能力不强。贫困农户在思想、文化、认识上都较为落后，对教育的重要程度没有明确的认知，对待孩子所抱有的期望是"早日工作赚钱养家"，并不对教育脱贫心存期望。

第三，资金筹措投入需要保障。脱贫攻坚事业是一项整体性、系统性、协同性的社会工程，没有大量的财政投入，没有充裕的资金支持，就不会有从输血式扶贫到协同式扶贫的进步。所以，各级政府（从中央到地方）需要不断地加大财力投入，保证财政资金供给，并给予政策的倾斜和支持。贵州精准扶贫的有效实施需要充足的物质保障：在中央层面，中央会根据地方情况，在扶贫的不同层面给予相应的资金补助；在贵州省层面，省政府投入一定资金支持各州、市的扶贫工作；在社会层面，市场、社会、人民群众等各个主体也筹措相应的资金以助力贫困地区脱贫；在地方州、市政府层面，地方政府承担的是大部分的资金投入压力。在易地搬迁扶贫、教育扶贫、产业扶贫等精准扶贫的多个方面都有所投入，巨大的财政压力随之而来，扶贫的力度也随之减弱。因此，在贯彻精准扶贫政策的过程中，贵州的资金筹措投入保障力度不够。

具体表现为：首先，中央扶贫专项财政资金的供给还需强化，中央的财政资金供给没有专门的实地考察基础，仅仅根据各地大致情况进行粗略的财政投入，忽视了各地的真实情况以及发展现状，忽视了各地政府为扶贫所承担的财政负担，忽视了中央与地方投入资金后贫困地区建设其他项目的资金需求。其次，省级政府的保障投入还要提高。虽制定了利用各级纪检监察队伍对各个项目的监督力度，以保证资金使用安全的政策，但由于资金管理任务繁重，执行力度不到位，政策在具体落实过程中还存在着偏差。最后，县级政府的统筹能力要更加科学。县级政府自身的财政负担、资金统筹能力亟须提高，贵州各州、市政府的资金统筹能力不够强，联合社会、企业筹措资金的能力也不够强。

第四，脱贫攻坚队伍需要夯实。扶贫每个层面的实施均需要具体的领导，在不同领域建设以不同内容为主的脱贫攻坚队伍。脱贫攻坚队伍由各级党员干部、各行政机关的工作人员共同组成，在精准扶贫政策实施的过程中，发挥了显著作用：整合物力、人力、时间落实扶贫政策，监督政策落实。区域内的各州、市均成立了专门的扶贫开发领导小组，全面跟进各项扶贫工作的实施、明确分工、权责一致、监督落实。但是，贵州基本职能部门的人员本身就较少，导致脱贫攻坚队伍的人力资源明显不足，形成的扶贫开发领导小组的阵容不够完善，小组成员的工作积极性不是很明显，具体分工在扶贫工作中没有具体体现；扶贫工作的后期监督与完善落实得并不明显，对扶贫工作中出现的问题及时解决的效率不高；脱贫攻坚队伍中缺少专业技术人员、少数民族语言和汉语通用人员等。

具体表现为：首先，中央成立了专门的国务院扶贫开发领导小组，其任务为组织调查研究，拟定贫困地区经济开发方针、政策和规划，督促、检查和总结交流经验。但地方省级政府对脱贫攻坚队伍的建设重视不够，虽成立了省级扶贫开发队伍，但脱贫攻坚队伍的组成是多元化的，由农业厅、民政局、教育局、水利局等有关部门的成员组成，但在组建队伍的时候对细节的重视和把握程度不够，对小组成员的时间、精力等没有正式统筹规划。而且，县级政府忽视对脱贫攻坚队伍后期工作的考察，在脱贫攻坚队伍建立之后，小组关于当地的政策制定、执行与监督具体落实情况，以及工作的部署与完成情况，县级政府没有进行针对性的考察，没有相关政策、制度对扶贫队伍工作状况进行评估。

第五，重返贫困机制有待加强。扶贫工作的重点之一是重返贫困机制建设，这项机制是保证人们不会因病、因自然灾害、因地理位置的特殊、因与外界联系沟通方式缺乏而返贫。这项机制需要的是达到长久脱贫而不是短暂脱贫，是在贫困人口实现脱贫后的长期观察与保障。重返贫困机制是促进扶贫工作的完美落实、加强贫困地区的有效监管、建立脱贫群众的实时保障的重要体制。贵州各区域的重返贫困机制存在缺陷，脱贫的群众没有完善的医疗保障政策体系，一旦脱贫人口生病、治疗耗费的资金数量庞大，就会从脱贫人口变回贫困人口；没有完善的农业保险机制，忽略了自然灾害给贫困户带来的风险；没有专门的部门和体系负责脱贫群众的后期生活保障；对贫困地区的管理与返贫调查不完善；没有实时追踪脱贫人口的生活状况；只注重物质上的支持，忽视了真正的技能、智力方面的培训。

具体表现为：首先，重返贫困的阻止机制有待健全。虽然集中力量对扶贫进行规划，并制定了一系列合理政策推动脱贫攻坚战的胜利，但还存在一些缺陷，针对重返贫困的农户、家庭，没有相关的法律政策制度解决重返贫困问题，没有形成解决重返贫困的行动模式。其次，各级地方政府对重返贫困机制的重视程度不高。政府注重脱贫人数、脱贫质量，却忽视了脱贫后期工作的部署，没有跟踪式重返贫困的保障，对于因病返贫等情况的制度体系保障不充分。最后，人民群众对返贫与自主脱贫的认知不明晰。大多数贫困农户对自身认知不清晰，借助政府以及社会力量成功实现脱贫后，对机会的把握程度不够是返贫困出现的另一方面原因。

第六，技能培训效度有待提高。"授之以鱼，不如授之以渔"，技能培训是培养贫困地区人口的劳作、生活、生产技能，提升贫困地区人口自主、自动脱贫的能力，这种能力在脱贫过程中占据重要地位，关乎贫困人口自身生存技能的培养和发展程度，关乎贫困人口自发摘掉贫困帽的积极程度，关乎贫困人口数量的减少趋势。贵州区域的技能培训在不断实施中，虽然有不少的农户积极响应、努力学习，但仅仅保证了前期培训。在培训后期，大范围的专业指导等问题无法全面解决，培训人员的数量、专业知识和基本素养达不到后期技能培训程度，在语言交流沟通方面达不到预期效果，技能培训过程的基础设施的建立不够完善，未根据农户自身的条件、贫困状况建立相应的培训机制，技能培训的针对性不够强。

具体表现为：首先，中共中央明确提出了技能脱贫千校行动，推动各地区重视对贫困地区技能培训，但在物质补助方面，每生每年3000元左右，资金供给方面略显不足，在对技能的具体实施中没有实验保障。其次，各级政府没有相应的岗位落实技能培训效果，在贫困户学习技能时，练习的工具、场地等没有扎实投入，在贫困户达到技能培训目的时，没有相应的工作、具体的岗位去检验技能掌握的熟练程度。最后，人民群众特别是贫困农户对技能培训的掌握不够深入。对于部分文化程度不够高的贫困农户来说，技能理论知识的掌握有所不足，在实际操作中也处于劣势。而在对他们进行技能培训时，往往忽略了这一情况，技能培训的负责人也仅仅注重课堂效果，没有因人而异，没有全面兼顾贫困农户的具体情况。

精准扶贫多元共治模式在上述六个方面的不足，一方面体现出政策制定不够科学、地方政府不够配合、社会公众不够支持、政策宣传不够到位、奖惩措施不够明确，从而导致政策执行效果大打折扣或者无法收到政策制定预期效果和达到政策决策预期目标。除此以外，还有其他一些政策执行问题。武汉大学丁煌教授很早就指出过，我国国民经济和社会发展过程中，在相当程度上还存在着诸如"有令不行、有禁不止""上有政策、下有对策"等政策在执行过程中变形、受阻乃至停滞等阻滞现象。[①]因此，务必继续加大力度，建立健全多元协同合作大扶贫格局，深化地方政府执行和实施的可持续力，推动反贫困治理良性发展。

---

① 丁煌. 我国现阶段政策执行阻滞及其防治对策的制度分析[J]. 政治学研究，2002(1)：28-29.

9.2 具体措施

发现问题是探索问题的过程,解决问题才是发现问题的最终目的。经课题组深入实践调研,我们从五个方面来构建提升策略。这些策略一方面是研究团队深入贵州省连片特困地区开展集中调研、扎根基层所掌握的第一手信息,从而提炼思考出的理论成果;另一方面这些策略也是基于精准扶贫、精准脱贫如期完成,我国顺利打赢脱贫攻坚战后如何实现精准扶贫向乡村振兴过渡,如何实现二者有效衔接的角度,坚持理论与实务相结合,为下一步继续夯实、巩固和开拓乡村振兴多元共治模式起好头、开好局、迈好步。众所周知,从精准式扶贫向协同式扶贫转变和推进,是中央决策和地方实践高度一致、保持战略决策力和执行力的重要举措,那么在这一过程中形成的多元主体参与协同扶贫的精准扶贫多元共治模式就具有极强的本土生命力,是扎根中国大地、下沉到基层社会的有效治理方式。在未来乡村战略实施乃至国家和社会治理的许多方面,这种模式都大有用武之地,也能够对整体性的治理产生指导作用,从而收获事半功倍的效果,带来切切实实的治理效能。

第一,制度性分权是精准扶贫多元共治模式的政治保障。制度性分权有两个方面:一是分权;二是制度性,其核心在于如何把握集权与分权的度,即分权的标准问题。①

习近平总书记在多次讲话中提到"中央统筹、省负总责、市(地)县抓落实的管理体制"和"党政一把手负总责的扶贫开发工作责任制",各级政府始终是我国扶贫开发工作的第一把手。按照习近平总书记的系列讲话精神,贵州省在脱贫攻坚中坚持"政府主导,分级负责"的原则,各级地方党委和政府是贵州省产业扶贫、转移就业脱贫、易地扶贫搬迁、教育扶贫、健康扶贫、生态扶贫、社会保障体系、社会扶贫、特困地区帮扶扶贫、农村基础设施建设扶贫、金融扶贫、人才扶贫、科技扶贫等政策制定者和执行者。同时,在"三位一体"大扶贫格局下,各级地方党委和政府也是社会、市场参与贵州省扶贫的发动者。为监督政府的脱贫攻坚工作,发挥其主导作用,贵州省也印发了《贫困县党政领导班子和领导干部经济社会发展实绩考核办法》《贵州省州市党委和政府扶贫开发工作成效考核实施办法》《脱贫攻坚督查巡查工作实施办法》《关于在脱贫攻坚第一线考察识别干部的意见(试行)》等重要文件。在这一系列制度和办法中,虽然贵州省多元协同合作大扶贫的模式逐

---

① 刘雅莉. 从选择性到制度性:我国中央与地方政府之间分权问题研究[D]. 山东大学硕士论文,2009.

渐形成，但随着扶贫攻坚任务的推行，多元协同合作大扶贫过程中也遇到诸多问题。比如，由于权责体系的不明确，许多部门协而不同，各自为政。由于缺乏有力的协同机制，一些部门由于权限问题，无法调动其他部门参与到反贫困过程中来。对此类问题，我们从制度性分权上提出相关政策建议。

（1）在分权上，精准扶贫多元共治模式需要自上而下实行层级授权。首先，中央政府统筹授权地方政府。中央统筹授权地方政府，中央政府积极探索集权与分权二者之间的均衡点，明确二者的权力界限，使本属于中央的权力回归中央政府，本属于地方政府的权力回归地方政府，并将部分管理权力授予地方，充分发挥中央政府的统筹性，调动地方政府的积极性，从而实现自上而下的中央统筹与放权共同为多元协同合作大扶贫服务的新局面，合力为脱贫攻坚任务与全面实现小康社会提供制度保障。其次，要在地方政府的指导下放权于基层政府。地方政府在获得中央政府的授权之后，要扮演"次统筹大指导"的角色，认真开展实地考察调研，听取民情民意，并简化不必要的行政审批环节，真正在多元反贫困过程中实现"情为民所系、权为民所用、利为民所谋"。

（2）在制度上，精准扶贫多元共治模式需要建立明确的权责体系。没有规矩，不成方圆。多元协同合作大扶贫，需要制定一系列的制度加以规范与保障。首先，在分权上，权力划分虽然是一个利益博弈的复杂互动的过程，但从本质上来说，权力既不是来自中央政府权力的向下分割，也不是来自地方政府权力的向上让渡，而应该来自于宪法和法律的规定。因此，在多元协同合作大扶贫中，中央政府和地方政府应制定相应的法律或制度来规范权力流动，做到权责统一，同时要求权力主体在法律规定的职权范围内管理好各自的事务并承担责任，且在法律的框架下进行，防止在反贫困过程中向中央与地方讨价还价、避重就轻、商量着分权的做法。其次，多元反贫困的过程，它不仅是一个持续性的过程，而且是一个联动的过程，即部门之间相互协同反贫困的持续过程，这就使得部门与部门之间为了利益难免会出现争功诿过现象。因此，必须完善相应的制度，制定相应的配套措施，从而明确部门之间各自的职责，建立长效的联动机制，从制度上防止各部门的不作为或出现"三不管""踢皮球"现象。

第二，多元主体参与是精准扶贫多元共治模式的力量来源。2014年1月，中共中央办公厅、国务院办公厅印发的《关于创新机制扎实推进农村扶贫开发工作的意见》（中办发〔2013〕25号）明确提出构建政府、市场、社会协同推进的大扶贫开发格局。2015年11月，《中共中央 国务院关于打赢脱贫攻坚战的决定》中指出要坚持强化政府责任，引领市场、社会协同发力，鼓励先富帮后富，构建专项扶贫、行业扶贫、社会扶贫互为补充的大扶贫格局的原则。在一系列的政策指导下，我国的扶贫开发工作逐渐呈现出多元协同合作的特征，形成了多元协同合作下多元主体参与的反贫困力量。

从改革开放至今，国家扶贫工作在不断的探索实践中经历了四个阶段，一是救济式反贫困（1978—1985），旨在解决人民群众的基本生活问题；二是开发式反贫困（1986—2008），国家扶贫工作在制定的贫困标准线内进行；三是精准式反贫困（2009—2015），旨在开展规划到户、责任到户的扶贫工作；四是协同式反贫困（2016至今），旨在强调多部门协同全面攻坚贫困，全面实现小康社会。从国家反贫困路线来看，国家反贫困的演变历程既是为满足人民群众生活的多元化需求，又是国家致力探索最优扶贫方式的结果；既是国家在新时代的战略规划必然要求，又是社会发展的本质需求。在国家反贫困探索历程的指导下，贵州省探索适合本省的反贫困实际，相继出台若干重要文件，并在《贵州省大扶贫条例》中明确指出巩固和发展"政府主导、部门协同、定点扶贫、对口帮扶、社会参与、群众主体"的大扶贫工作格局，形成了当前贵州省多元主体参与扶贫攻坚的战略格局。因此，结合多元协同合作下多元主体参与的实践过程，课题组也发现其存在一些问题，如政府部门协同仅成为口号，难以落实；多元协同合作下社会参与渠道较少，还没有充分利用社会资源进行扶贫等。针对当前贵州省精准扶贫多元共治模式下参与主体的不足，我们提出以下三点建议。

（1）政府内与政府间多部门协同扶贫。随着社会的发展，自1989年世界银行首次提出"治理"一词，"治理"便被广泛地应用到各个领域，治理主体已不再是统治背景下以政府为核心的单一主体模式，而是统治背景下单一主体向治理背景下多元主体转变，即由国家、社会、市场以及个人等组成的多元或多元主体治理模式，强调多主体的互动、合作共享。在这样的背景下，多元协同合作大扶贫，必然要求政府内部进行协同式反贫困，对人民群众所需的各个领域进行扶贫帮扶，如医疗、教育、技能培训等。具体而言，政府部门应该放弃传统由政府某个部门从单个领域开展扶贫的理念，转而向由政府内部各部门领导形成领导小组，各个领域内主管部门牵头，其他部门紧密配合，形成明确的责任范围，明晰各部门的具体责任与任务，从而分别在各个领域内展开协同式扶贫，形成"战略协同、政策协调、资金协同、宣传协同、资金协同"的"多层次、宽领域、全方位"扶贫力量，真正从根本上想民众所想、急民众所急、解民众所需。

（2）政府与市场和社会的主体协同扶贫。党和政府具有强大的政治优势和资源动员能力，是脱贫攻坚事业最为坚强有力的保障，也是党和国家各项事业取得举世瞩目成绩的关键。改革开放40多年来，在党的领导下，我国社会经济发展取得瞩目成就，社会参与意识与民主化程度也得到显著提高。然而，制度转型、资源匮乏、环境污染等也成为摆在政府面前的难题。治理诸多新兴公共事务仅仅依靠政府这个传统的单一治理主体显然不够，调动政府、社会和市场甚至个人参与公共事务治理已成为一种必然趋势。因此，政府必须摒弃传统统治模式下单一主体的治理理念，在反贫困战略中予以正确定位，即扮演引导者与监督者的角色，充分发挥社会组织的活跃性优势，调动各种有利于反贫困的社会力量，积极合理引导企业、社会志愿组织、公民个人等参与到反贫困战略中来，进而形成多元协同合作下各展所能、各尽其长的多元参与主体。比如，开展企业组织下乡进行对口帮扶活动，组织志愿组织新年帮扶，企业家对口资助山区贫困学生，企业、志愿组织贫困对象的技能培训等，弥补政府在反贫困过程中的不足，从而构建连片特困地区扶贫攻坚战略任务下多元协同合作的反贫困力量。

（3）搭建多主体参与的统一信息技术平台。随着隐喻维度下政府由统治向治理转变、大数据时代的来临，多元主体参与已经成为解决公共事务问题的常态化参与力量。那么，如何搭建多元主体（政府、社会、市场以及个人）的参与平台或协同机制，则逐渐成为人们普遍关注的问题。尤其是多元协同合作大扶贫背景下，搭建连片特困地区多元主体参与反贫困治理的统一技术平台，成为多元协同合作大扶贫的关键一环。就连片特困地区的反贫困治理统一技术平台而言，其零散性、碎片性，成为制约多主体参与并发挥反贫困效能的障碍。如何搭建多元参与的多元协同合作大扶贫统一技术平台，也就成为摆在各级政府面前的难题。基于此，我们认为，应该充分利用当前的大数据战略优势及快速发展的互联网资源，按照互联互通、共享共享、共享共赢的宗旨，实施"互联网+大扶贫"，建立线上线下的多元协同合作大扶贫治理平台。具体而言，就是在大数据共享和便捷互联网条件下，搭建线上虚拟的网络参与平台并向社会公开，通过该平台定期公布反贫困信息、招商引资、筹集资本、引进人才等。更重要的是，通过该平台，可以充分利用社会或个人作为横向监督的优越性，保证反贫困过程在阳光下进行。同时，搭建线下多主体参与的实体平台，如志愿者组织协会、社会或个人反贫困基金会，吸收社会志愿组织和个人参与到反贫困治理过程中来，充实多元协同合作大扶贫的力量，为多元协同合作大扶贫添油助力。

第三，差异化产业是精准扶贫多元共治模式的路径选择。作为多元协同合作大扶贫的路径，差异化注重从经济学的视角进行理解，即主要指生产者以消费者的某些喜好为标准，生产出某些既能满足顾客需要，又能在本产业中以独特的优势获得市场的广泛认可，从而使自己在本产业中独树一帜。而差异化产业作为差异化载体或实体形式，是指某产业在本行业中独树一帜，较少甚至没有行业竞争。在多元协同合作大扶贫路径下，连片特困地区实行差异化产业，才能避免不同贫困地区产业相互竞争的情况出现，才能避免连片特困地区脱贫后再返贫的情况出现，从而保护贫困地区经济长久稳定发展，实现连片特困地区长久脱贫，永远脱掉贫困的帽子。

事物的发展是内外因相互作用的结果，其中内因是影响事物变化发展的根本因素，因而无论是救济式反贫困、开发式反贫困、精准式反贫困，还是协同式反贫困，其最终目的都是实现连片特困地区困难群众真正脱贫。那么，除了必要的物质援助，其最根本的途径还是在于在多元协同合作下发展连片特困地区的差异化产业。但连片特困地区在差异化产业发展方面依旧面临着诸多不利因素。在深入实践调研过程中课题组发现，连片特困地区的资金供给还存在诸多问题。比如，中央扶贫专项财政资金的供给，根据各地大致情况进行粗略的财政投入，虽利用各级纪检监察队伍加大对各个项目的监督力度，但由于资金管理任务繁重，地方执行力度不到位，导致政策在具体落实过程中还存在偏差，不同比重财政投入各片区建设的力度不够；贵州各地级市、州政府的资金统筹能力不够强，联合社会、企业筹措资金的能力不够强，对技能培训的保障还不够完善，缺乏具体的实验保障，各级政府没有相应的岗位落实技能培训效果，没有相应的工作与具体的岗位去检验技能掌握的熟练程度，对大部分文化程度较低的贫困农户的技能培训没有因人而异，没有全面兼顾贫困农户的具体情况，等等。这些都是当前连片特困地区差异化产业发展的关键问题，也最终成为阻碍该地区发展致富的一大障碍。

基于此，根据连片特困地区各个区域的环境、资源特点，只有因地制宜地发展连片特困地区特色经济，探索各具特色的差异化产业（只有形成差异化产业，才能有效削弱产品购买者手中的权力，才能有效规避产业之间正面的碰撞与竞争，才能最终形成的品牌忠诚度，从而阻碍后来的竞争者），推动连片特困地区经济产业化发展，才能从根本上解决连片特困地区困难群众的贫困问题，实现连片特困地区真脱贫。

（1）加强资金注入，完善连片特困地区基础设施。加大资金投入，完善资金链，加大连片特困地区基础设施建设，是打造连片特困地区差异化产业的前提。老话说，要致富，先修路，因此，中央与地方政府应深入连片特困地区开展实践调研，深入了解连片特困地区实际所需的基础设施项目建设费用，并通过纵向自上而下层级监督机制与横向的社会监督机制保证资金得到充分、合理、有效的运用，从而尽可能地满足连片特困地区基础设施的资金要求，尽早尽快地完善连片特困地区的基础设施建设。同时，省政府、市/县政府等各级政府应充分利用社会主义制度的优越性，加强资金的统筹能力，筹集社会资金，开展基础设施对口帮扶。比如，村民厕所改造、厨房改造、自来水安装、电缆改造、公路建设等基本设施建设提供资金减免或报销政策，真正实现连片特困地区"三通""五通"，实现该地区的基础设施全覆盖，打通连片特困地区连接外界的生命线，开辟连片特困地区困难群众走向幸福之路的康庄大道。

（2）政府主导，加强技术投入。在政府主导下加强技术投入，这是探索连片特困地区差异化产业的关键。如何把荒野大山变为金山银山，仅仅依靠连片特困地区干部群众落后的生产技术远远不够，还需要在政府主导下，开展连片特困地区干部群众技术培训教育，使该地区干部群众深入学习现代生产技术，从而探索将荒野大山转变为金山银山的途径。具体而言，基层政府应该根据自身的差异化产业，结合困难群众自身爱好，积极建立困难群众技能培训机制，对连片特困地区困难群众开展技能培训。比如，为茶艺学习者提供优惠或减免、困难群众学驾驶证予以优惠或减免、困难群众学习厨师技术予以优惠或减免等，从而使连片特困地区的困难群众获得一技之长，也为连片特困地区差异化产业发展输入大量的技术人才，最终既解决连片特困地区差异化产业的一些基础性人才问题，实现困难群众的真正脱贫摘帽。

（3）发展连片特困地区差异化产业，实现该地区脱贫致富。发展连片特困地区差异化产业，实现该地区脱贫致富，是打造连片特困地区差异化产业的最终目的。连片特困地区经济发展现状主要呈现为起步低甚至还没有开始起步的状态，这既是一个巨大的挑战，也是连片特困地区面临的一大机会。因为在这样的背景，连片特困地区就可以在该地区缺乏经济活力的情况下借助政府的帮助，从而建立起独具特色的差异化产业经济点。因此，在多元协同合作大扶贫的大背景下，各级政府尤其是基层政府以及各个部门就必须深入连片特困地区调研，结合连片特困地区的实际情况，因地制宜地发展连片特困地区的经济。比如，有的贫困地区适合种植烤烟，有的贫困地区适合困难群众开展养殖产业，有的贫困地区适合发展旅游产业，有的地区适合发展药材产业，等等。可以根据该地区的实际情况将该地区的经济带动起来，逐渐形成产业经济，带领该地区困难群众脱贫致富。

第四，跨区域共享是精准扶贫多元共治模式的要素集合。随着科学技术发展，尤其是互联网技术的快速发展，传统意义上资源分配不均问题已得到解决，这为搭建跨区域共享平台奠定了坚实的基础。2013年9月，习近平总书记在哈萨克斯坦扎尔巴耶夫大学演讲时提出了共同建设丝绸之路经济带

（简称"一带一路"），率先提出秉持共商、共建、共享的原则，加强区域合作，实现互利共赢。随后，以习近平总书记为核心的党中央领导人在不同场合对区域合作、共建共享经济做出了系列指导，一系列区域共享、互利共赢战略相继出现在国家战略蓝图中。在此背景下，"跨区域合作，共享优质资源"已成为现代社会全方位、多角度开展学习交流，进行"优势互补，共同发展"的关键要素。

  随着社会经济的发展、大数据时代的来临，跨区域共享逐渐成为各个领域的核心要素，多元协同合作大扶贫更是如此。然而，就连片特困地区多元协同合作大扶贫现状而言，连片特困地区多元协同合作大扶贫的核心要素明显存在诸多不足，没有建立明显的跨区域共享机制。省级政府对脱贫攻坚工作的跨区域、跨领域统筹力度重视程度依然不够，虽然成立了省级扶贫开发队伍，但脱贫攻坚队伍的组成是多元化的，由农业厅、民政局、教育局、水利局等各个部门及成员构成，但在组建队伍的时候对细节的重视程度不够，对小组成员的时间、精力等没有正式统筹规划；县级政府忽视对脱贫攻坚队伍后期工作的考察，在脱贫攻坚队伍建设之后，小组关于当地的政策制定、执行与监督具体落实情况，以及工作的部署与完成情况，县级政府没有进行针对性的考察，没有相关政策、制度对扶贫队伍工作状况进行评估，缺乏考察交流的数据，分享已有材料、数据的平台。因此，针对连片特困地区的跨区域共享现状，我们提出以下两点建议。

  （1）实行跨区域共享"走出去"战略。在连片特困地区多元协同合作大扶贫过程中，要紧紧抓住跨区域共享这个关键要素，实施"走出去"战略。首先，授人以鱼，不如授人以渔。面对跨区域共享、互利共赢的战略机遇，政府在连片特困地区开展扶贫工作时，除了对困难群众提供必要的物质帮助，还必须帮助困难群众摒弃传统的"等、靠、要"思想，树立起自力更生、艰苦奋斗的理念，充分发挥连片特困地区的自身特色，推动特色经济发展，吸引外来资本的投入，实现长久脱贫。比如，贵州的地方经济特色，应利用"三变"改革过程中积累和形成的优势，推广和普及农民专业合作社建设，县委县政府不断统筹资金，壮大平台公司建设力度，打造开放性建设平台，不断吸引指标投入，推动本地区的经济增长。其次，要积极运用数据、资源共享的互联网平台，将当地的特色手工制品、养殖、药材等进行网上销售，向全省、全国乃至全球推广，逐渐形成网上特色产业链，带动连片特困地区的经济的发展，引领当地群众脱离贫困。

  （2）跨区域共享"请进来"战略。连片特困地区的多元协同合作大扶贫，不仅要走出去，还要请进来。首先，在国家的扶贫战略与跨区域共享背景下，连片特困地区的干部群众应在中央提出的"四个全面"战略布局下,全面树立"创新、协调、绿色、开放、共享"的"五位一体"发展理念,尽可能地发挥社会主义国家的政治优势与制度优势,形成中央与地方相结合的内生扶贫动力,建立社会与市场、行业专项相结合的外部帮扶力量,主动寻求全国发达城市进行脱贫帮扶对接,形成每一个发达城市帮扶每个县、乡甚至村的对口帮扶机制,从而有效运用发达城市的资源优势,积极学习发达城市的脱贫致富经验,从中获得发展红利,真正实现脱贫致富。其次,引入技术人才和新兴技术。通过区域数据共享,政府事先有针对性地了解所需技术人才状况,根据实际以签订长效合同或给予待遇优惠等方式引进人才,承接发达城市的产业转移,带特困地区经济发展。最后,完善大学生人才引进计划。制订合理完善的大学生人才引进计划,给予来到连片特困地区的大学生提供一定的保障,从而实现吸收一批有志、优质且有干劲的大学生到特困地区来,为连片特困地区输送新的血液,形成新的干部队伍,使之带领连片特困地区困难群众转变发展理念,真正脱贫致富,奔向全面小康。

第五,联席性商议是精准扶贫多元共治模式的机制创新。多元协同合作大扶贫本身需要联席性商议机制。随着社会经济的发展、民主程度的日益提升,社会组织和个人逐渐改变了以往上公共事务事不关己的态度,开始自发参与公共事务管理过程中。简而言之,反贫困已不再是传统意义上单一部门的扶贫模式,而是随着时代背景的发展,正逐步转变为多元协同合作大扶贫模式,即政府内部各个部门相互配合、互相合作共同反贫困的过程与政府主导下吸引各行各业的社会力量参与、各尽所能的反贫困过程。就连片特困地区的在多元协同合作大扶贫模式下的联席性商议而言,如何协调各方力量有序参与反贫困,如何将筹集到的各类反贫困资源以更优的方式分配到最需要的困难群众手中,如何使各参与主体心往一处想、劲往一处使,成为摆在连片特困地区的各个反贫困主体面前的一大难题。此时,作为多元协同合作大扶贫的重要机制,联系商议便在其中扮演了承上启下的关键角色,成为各参与主体相互协商反贫困战略决策的协商平台。而如何构建多元协同合作大扶贫的联席性商议机制,则成为一个关键的问题,更是关乎该地区困难群众真正实现脱贫的大问题。

(1)树立联席性商议意识。在专业分工体制下,各行政部门的工作职能、组织结构、部门利益、政策目标和工作方式都存在差异,这使得各部门之间存在着潜在的利益冲突,由此造成了"部门主义"和各自为政的现象,使得政府政策执行困难重重,在很大程度上影响了政府的形象和治理绩效。而在联席性商议下,来自不同主体的单位或个人,为了解决一些相对复杂的跨部门、跨领域，甚至跨区域的公共难题，由上级主体或一方参与主体牵头，进行相互沟通协商、相互合作来解决公共问题已经成为一种新趋势。然而，在民主化程度日益提升的当今社会，虽然社会组织和个人都具有较强的意愿参与到社会公共事务中，但大多数组织或个人仅具备参与意识而缺少协商意识，没有领会协商协同的重要性。此外，许多政府部门由于以往单独工作的惯性，往往造成资源浪费而没有做成实事，或对同一件公共事务使用不同的资源，造成资源的浪费。因此，作为构建联席性商议机制的前提，树立联席性商议意识迫在眉睫。

（2）组建联席性商议领导机制。联席商议作为民主的一种形式，主要指代表各自利益诉求的参与主体为了解决一些相对复杂的跨部门、跨领域，甚至跨区域的公共难题时相互沟通协商、相互合作的过程。对于扶贫工作而言，其工作的开展需要扶贫办、财政厅、农业厅、科技厅等多方协调才能共同完成，因此，组建联席性商议领导机制成为大势所趋。具体来说，就是由上级部门统筹下级部门，让下级部门领导组成联席性商议领导小组，在每个领域由主管部门牵头开展反贫困工作，从而形成有效的联席性商议机制。

（3）完善权责统一机制。权力具有分配社会资源的特殊优势，权力如果不在阳光下运行就容易发生腐败现象。在传统治理模式下，监督和制约权力的主要途径是加强制度建设，织密权力监督的制度笼子，形成约束权力完善制度，其基本点在于完善权责统一机制。就法理视角而言，权力与责任或义务是有机统一的正相关关系，没有没有责任或义务的权力，也没有没有权力的责任或义务，换言之，一份权力必然负有一份责任或义务，尤其是作为国家治理组织或人员而言，拥有权力的大小就决定了其负有责任的大小。基于此，联席商议作为多元协同合作的反贫困重要机制，必须使权力与责任相匹配。具体而言，要明确规定每个部门的权力与责任，进行领导和部门问责制，将责任和落实到人、落实到事，并建立事后问责制度，防止一些领导或部门办事前讲"大话、空话、套话、假话与官话"，在做事中"歪曲执行、打折执行，甚至不执行"，在做事后"功则相争、过则互诿"等不负责任的现象，从而确保联席商议的合法性与合理性，更好地发挥联席商议的作用。

10 余 论

10.1 扶贫先扶志是贵州精准扶贫多元共治的战略支撑

党的十九大报告鲜明指出要坚决打赢脱贫攻坚战。其中重要抓手，也是重要环节之一就是要坚持大扶贫格局，注重扶贫同扶志、扶智相结合。贵州省委省政府响应习近平总书记提出的"以脱贫攻坚统领经济社会发展全局"的重要精神指示，在全国率先提出"大扶贫战略"，最早制定出台《贵州省大扶贫条例》，走在同类省份前列，无愧于"省级脱贫攻坚样本"的荣誉。在这个统领经济社会发展的大扶贫格局中，要关注扶贫同扶志的关系。扶贫要先扶志，就是在扶贫过程中要注重广大党员干部和贫困群众的精气神，扶志的精气神就是文化的核心内涵。文化发展不是属于个人的，而是全社会的，是政府与社会一起共同努力、共同建设、共同维护的，因此它是公共的。脱贫攻坚统领指导着公共文化的深入推进，尤其是依托脱贫攻坚的全面和整体推进，公共文化会找到自身的依托和位置。同时，公共文化发展作为一种软实力，也必然会为贵州精准扶贫多元共治模式的深入推进提供源源不断的精神动力。

第一，脱贫攻坚战略引领为公共文化服务均等化提供方向保障。公共文化服务作为公共服务的一部分，在促进基本公共服务均等化中举足轻重。从公共文化服务的均等化发展目标来看，脱贫攻坚战略引领恰恰为公共文化服务均等化提供方向保障。其核心内容就是在脱贫攻坚事业中要均衡配置设施建设、资金使用等公共文化资源。把公共文化发展融入乡镇、村（社区）建设范畴，传承耕读文明、节庆习俗，整合农村广播电视、信息网络、农家书屋等资源，统筹实施村级综合文化服务中心建设。加强城区统筹，强化城区对乡镇、村（社区）的文化辐射带动作用，以区级文化馆、图书馆为中心推行总分馆制度建设，统筹管理乡镇（街道）、村（社区）等公共文化资源配置和活动开展，实现农村和城市社区在公共文化资源整合方面的互联互通。同时，通过"结对子、种文化"加强城市对农村文化建设的帮扶，建立城乡均等的公共文化联动机制。

第二，脱贫攻坚协同合作为公共文化服务补短板提供组织保障。在脱贫攻坚统揽公共文化发展方面，强调政府与市场和社会协同合作，其核心是脱贫攻坚协同合作为公共文化服务补齐短板提供组织保障。公共文化与我们时刻存在，老百姓喜闻乐见、口口相传、广为遵循的习俗、规范、礼仪构成脱贫攻坚事业中最朴实的文化标记。这些文化因素如何运用到脱贫攻坚事业的发展中来，需要政府部门与全社会共同来谋划。从协同合作的组织学命题来讲，新组织的出现是顺应新的外部环境产生变化的开始，要想进一步发展，就必须在新型组织之间、在新旧组织之间进行良好的协同合作。同时，协同合作为一切组织提供了强大的物质要素和信息要素分享机会。组织的发展离不开以劳动力、技术、资金和信息等硬性与软性要素相结合的资源供给，没有组织体与外部环境的协同合作精神与行为，组织的发展将面临严重的困境。

第三，脱贫攻坚资金注入为公共文化服务增实效提供物质保障。任何公共治理议题都需要聚焦资金投入，资金投入是任何一项治理活动有效完成的根本保障，资金的合理使用则是保障一项治理行动能够做出成效的根本途径。在脱贫攻坚过程中，公共文化服务属于软性要素，为区域守底线、走新路、奔小康提供的是强大的精神动力。公共文化本身的发展需要资金投入。这种资金投入主要体现在农村地区改善文化类基础设施的优质项目，如"百县万村"综合文化服务中心示范工程项目。这些文化类优质项目的立足点是惠民富民，培育贫困地区公共文化良好的积极向上风貌，培养贫困地区公共文化领头羊、乡土文化能人，特别是在非物质文化遗产方面将本地少数民族的民族特色和精神风貌全面表现出来，丰富公共文化服务内容，从而为脱贫攻坚事业注入精神动力。

第四，公共文化服务均等化为脱贫攻坚均衡资源提供方向支撑。在脱贫攻坚统揽经济社会发展全局中，坚持公共文化服务均等化为脱贫攻坚夯实基础提供方向支撑。主要体现在两方面：① 脱贫攻坚的本质就是要做到城乡公共文化服务的均等化。作为一种软性要素，老百姓精神面貌的重塑为脱贫攻坚注入内在身份和行为规范，使精准贫困农户能够树立摆脱贫困的意识，从而在行动上认同并主动融入脱贫攻坚的工作中来。对于社会一般民众来说，尤其是城市民众来说，文化的重塑也会对其人文思想、社会意识等产生积极的影响。② 脱贫攻坚需要坚持文化服务的均等化来引领其他公共服务的发展。在文化重塑的积极影响作用下，坚持的是城乡均等化原则，也必然实现某种程度的均等。这种均等化意识会扩散和传播到其他公共服务类型中，使得诸如教育、医疗等公共服务进一步夯实均等化意识，提升均等化能力。

第五，公共文化服务补短板为脱贫攻坚夯实基础提供原则支撑。在坚持城乡公共文化服务均等化发展原则基础上，脱贫攻坚统揽文化发展的重点工作是"补短板"，推动贵州贫困地区公共文化建设实现跨越式发展。第一，公共文化服务与地方政府提供其他公共服务相融合。根据公共文化本身内容的优先顺序来进行补短板工作，与公共文化服务提供和其他服务之间的融合是相互统一的关系；没有整体格局的形成和兼顾，就不可能有公共文化的成型。第二，公共文化服务与脱贫攻坚统揽其他方面发展相融合。如果把脱贫攻坚战略视为统揽公共服务的总和的话，则其包括地方政府在履行职能中的所有治理事项。公共文化服务与地方政府的其他职能紧密联系，构成地方政府治理活动的中心内容。在脱贫攻坚整体框架和战略格局中，公共文化服务提供只是其中的一个内容，必须与地方政府的其他建设相结合才能有成效。

第六，公共文化服务增实效为脱贫攻坚决胜小康提供动力支撑。在脱贫攻坚统揽公共文化发展的目标指引下，公共文化服务增实效为其注入强劲动力支撑。按照区域基本公共文化服务实施标准，补齐设施、资源短板，以农村留守妇女儿童老人文化关爱服务、乡土人才培养、文体活动场所建设、信息基础设施和广播电视网络建设、流动文化服务和乡村旅游等为重点，抢抓脱贫攻坚决胜小康机遇，策划实施一批具有惠民、富民效果的优质项目，争取中央、省的支持，实施专项计划，实施文军扶贫，推进文化扶贫。优先在贫困地区开展文化人才的培养工作，实施文艺兴边的创新工程，通过将公共文化服务发展纳入脱贫攻坚一揽子工程进行统筹安排，把"三区"人才文化工作者专项支持计划资金放到地区性的优秀文化遗产中安排，打造出一批具有浓郁民族特色、先进文化内涵的优秀公共文化产品。

综上，围绕"以脱贫攻坚统揽经济社会发展全局"目标，把公共文化服务事业发展放置于脱贫攻坚的全面格局和精准蓝图中，以社会主义核心价值观为引领，以保障人民群众基本文化权益为出发点，以基层为重点，以标准化、均等化为着力点，秉承共建共享、改革创新、统筹配置的做法，增强公共文化服务发展动力，加快重大文化惠民工程建设，丰富公共文化产品供给，提供丰富的精神食粮，推动文化事业和文化产业发展，满足人民过上美好生活的新期待，为脱贫攻坚奔小康提供强大精神动力和文化支撑。这是贵州省响应扶贫同扶志、扶智相结合，以脱贫攻坚统领经济社会发展全局的重要精神指示。

10.2　多元共治大扶贫：谱写贵州反贫困历史新篇章

深入理解《习近平谈治国理政（第三卷）》第五部分"决胜全面建成小康

社会，决战脱贫攻坚"，结合贵州省这些年所取得的精准扶贫、精准脱贫成就，更是深有启发和感悟。书中第152页写道："脱贫攻坚，各方参与是合力。必须坚持充分发挥政府和社会两方面力量作用，构建专项扶贫、行业扶贫、社会扶贫互为补充的大扶贫格局，调动各方面积极性，引领市场、社会协同发力，形成全社会广泛参与脱贫攻坚格局。"本书结合理论与实践，从打赢脱贫攻坚战的国家层面，尤其是贵州省精准脱贫实践经验，提出一种谱写人类反贫困历史新篇章的"精准扶贫多元共治模式"。

这种"多元共治大扶贫模式"内涵可概括为扶贫主体多元、扶贫手段多样、扶贫机制持久、扶贫效果长远。

一是扶贫主体多元。在扶贫主体上有专项扶贫、行业扶贫和社会扶贫。专项扶贫不管在组织、技术还是资金的获取和使用上都以精准为导向，在政府治理体系结构性条件下，各种专项扶贫领导工作的开展、推行和衔接是有效的。行业扶贫则重在产业、交通、科技、生态等主导行业的政策落实和行动实施上，坚持的是综合治理原则，发挥政府各相关部门优势，形成合力。社会扶贫是政府、市场及社会力量在本区域内、跨区域开展扶贫工作，充分发挥民政、医疗保障等体制优势，激发对口帮扶作用。以专项扶贫、行业扶贫和社会扶贫互为补充的大扶贫格局包括体制内外的所有单位、所有力量、所有资金，是真正的主体多元、多中心治理格局。

二是扶贫手段多样。从精准扶贫过程来看，有精准识别、精准管理、精准施策，由此达到精准帮扶、精准脱贫。从识别、管理和施策三方面来看，就是扶贫手段多样化。从产业扶贫、科技扶贫、教育扶贫、金融扶贫、生态扶贫、基础设施扶贫、社会保障扶贫、易地搬迁扶贫等11个方面的扶贫手段来看，不仅仅在行业上有协调，在政府、市场和社会三方力量共同参与上也有衔接，是整体协同的扶贫手段。这些多样化的扶贫手段能够从根本上增强各级领导干部、公务员队伍信心，亦能够从市场企业的扶贫投入和社会组织参与保障两方面提高整体资源投入。资源体现的是密度，信心体现的是厚度，扶贫手段具体多样、生动有效。

三是扶贫机制持久。改革开放以来，脱贫攻坚经历从"输血"到"造血"到"精准"再到"协同"的过程，机制可以总结为：一把手负总责的"三位一体力量"，依靠"五个一批"，通过"六个精准"，做到精准施策，决胜全面建成小康。习近平总书记在决战决胜脱贫攻坚座谈会上指出，要保持脱贫攻坚政策稳定。过渡期内，要严格落实摘帽不摘责任、摘帽不摘政策、摘帽不摘帮扶、摘帽不摘监管的要求，主要政策措施不能急刹车，驻村工作队不能撤。作为最权威、最准确的表述，脱贫攻坚的政策机制是可靠和持久的。① 机制靠政策，政策推动机制优化；②政策要稳定，不能中断；③措施要连贯，更要持久。所以，多元共治大扶贫模式就是要做到政策连贯、措施可靠、机制持久。

四是扶贫效果长远。扶贫效果长远有两个方面的内涵：第一，精准扶贫与乡村振兴分别为两个阶段的重大战略，二者有序衔接的时间节点分别是"十二五"向"十三五"，"十三五"向"十四五"过渡，重点是要做到有机融合、统分结合、系统推进。目前来看，二者在主体力量、手段方式和政策机制以及措施保障等方面的衔接是没有多大问题的，但是在抓重点以及落实的方式方法上，尤其是在治理文化的调整上，目前各地区的差异较大，较难统一进度和共识。第二，决胜小康和现代化建设之间的起承关系需要明确。决胜小康是百年奋斗中国梦的第一步，从社会主义现代化事业建设以及国家治理现代化建设三个时间段的战略安排来看，扶贫效果保长远必须和未来30年的战略部署相结合。所以，多元共治大扶贫模式的目标就是要以扶贫成果推进乡村振兴，以决胜小康稳固现代化成果。

贵州省是全国贫困人口最多、贫困面最大、贫困程度最深的省份，是扶贫开发的"主战场"。自精准扶贫战略实施以来，贵州创造了多项第一：减贫人数全国第一；易地扶贫搬迁人数全国第一；GDP增速连续两年全国第一；数字经济增速连续五年全国第一；高速公路综合密度全国第一；物流时效提升幅度全国第一；世界自然遗产地数量全国第一；旅游人数增速全国第一等。当前贵州脱贫攻坚取得决定性进展，即将历史性地解决千百年来的绝对贫困问题，那么，贵州精准扶贫多元共治模式做对了什么？为什么好？

第一，贵州省党政协同、上下联动，扎实践行精准扶贫多元共治模式。多年来，贵州省委省政府以钉钉子的精神，坚定目标，稳扎稳打，一茬接着一茬干，体现出了高超的地方治理现代化水平和能力。习近平总书记多次强调，不要换一届领导就兜底翻，贵州省委省政府在党政一体化推动脱贫攻坚事业上，政治站位高、队伍精神旺、工作干劲足、政策能力强，以咬定青山不放松的韧劲和不负人民、我将无我的责任担当，扎实践行多元共治大扶贫模式，成为全国脱贫攻坚省级样本。例如，贵州是全国第一个科学制定和高效实施大扶贫战略的省份,2016年9月30日贵州省第十二届人民代表大会常务委员会第二十四次会议通过《贵州省大扶贫条例》，于同年11月1号起施行，从扶贫对象和范围、政府责任、社会参与、扶贫项目和资金管理、保障和监督、法律责任等方面出台了详细规定，为科学治贫、精准扶贫、有效脱贫"保驾护航"。又如，面对易地扶贫搬迁重任，围绕"搬得出、稳得住、能致富"，探索出了"六个坚持""五个三""五个体系"等一系列工作法。

第二，贵州省干群齐心、激活力量，有力推进精准扶贫多元共治模式。贵州省干部群众心往一处想、劲往一处使，一批批干部和知识人才奔向脱贫一线，走向大山深处，投身火热的脱贫攻坚主战场。以制度作为保障，制定出台《关于进一步激励广大干部新时代新担当新作为的实施意见》《进一步关心关爱脱贫攻坚一线工作人员激发决战决胜活力办法（试行）》《贵州省支持事业单位专业技术人员助力脱贫攻坚三年行动计划（2018-2020）》等政策文件。以队伍作为依托，全省共有8542名第一书记和4.3万名干部驻村帮扶；建立省市县三级产业扶贫专家库，筛选1.3万名专家入库，每年选派1万余名农技专家服务乡村，围绕12个特色产业成立了若干技术服务小分队，深入贫困村开展农技咨询"订单服务"和农业专家"集中会诊"活动。以行动作为指南，干部和群众流传甚广的一句口头禅就是摘掉"贫困帽"才对得起"乌纱帽"。全省开展产业扶贫、易地搬迁、脱贫攻坚春季攻势、夏季大比武和秋季攻势以及"春风行动"攻坚行动，农村交通等基础设施建设、教育医疗住房"三保障"，农村"三变"改革，压缩6%的行政经费用于教育精准扶贫，实施"四重医疗保障"，严查扶贫领域"两个责任"落实不力等，形成了可在全国推广的贵州经验。

第三，贵州省内外联通、国际合作，全面深化精准扶贫多元共治模式。根据《关于开展对口帮扶贵州工作的指导意见》，在上下对口、左右对齐上主要有中央单位定点和帮扶东西部扶贫协作，主要机构和部门是中央组织部、民革中央、招商局集团、中国科技大学等中央单位定点扶贫工作队，主要区域是上海市、深圳市、广州市、杭州市、苏州市、宁波市、大连市、青岛市等东部对口帮扶城市。这不仅是党中央作出的重大决策部署，而且是中国特色社会主义政治优势和制度优势的重要体现，还是推动区域协调发展、协同发展、共同发展的大战略，有着数不胜数的脱贫攻坚"贵州战法"和精彩故事。在内外联通和国际合作方面，贵州获得世界银行贷款3.5亿美元、法国开发署贷款1亿欧元建设城乡养老服务体系项目，并成功举办全球电子商务减贫大会。2018年5月，澳门启动帮扶贵州脱贫攻坚工作，与贵州省政府签订了《扶贫合作框架协议》，共同启动澳门特区对贵州从江县的扶持工作。2018年9月9日至16日，由埃塞俄比亚、多米尼加、苏里南、蒙古、南非等11个国家的27名政府官员组成的2018年发展中国家完善精准扶贫机制与缩小收入差距官员研修班全体成员赴贵州考察学习。

第四，贵州省创新思路、抢抓机遇，前瞻设计精准扶贫多元共治模式。在百年之未有大变局的新形势下，习近平总书记高瞻远瞩、审时度势，多次强调"逐步形成以国内大循环为主体、国内国际双循环相互促进的新发展格局""加快形成以国内大循环为主体、国内国际双循环相互促进的新发展格局"。贵州抓住这一重大历史机遇,创新性地提出通过"东部企业+贵州资源""东部市场+贵州产品""东部总部+贵州基地""东部研发+贵州制造"等模式,打出系列"东部+贵州"的组合拳,开启东西部深化合作新格局。2020年7月,广东省党政代表团到贵州考察结束后,贵州省委常委会召开会议指出,要创新合作模式,推动"广东企业+贵州资源""广东市场+贵州产品""广东总部+贵州基地""广东研发+贵州制造"等新模式落地落实,携手助力畅通国内大循环,共同参与国内国际双循环,在更宽领域、更深层次、更高水平上实现合作共赢。2020年9月11日至12日,上海市代表团到贵州省开展扶贫协作,沪遵扶贫协作第十一次联席会议在遵义举行,会议提出将"上海企业+贵州资源""上海市场+贵州产品""上海总部+贵州基地""上海研发+贵州制造"落实到具体项目、企业和产品上,把帮扶经验总结宣传好,推动沪黔交流合作再上新台阶。

第五,贵州精准扶贫多元共治模式所取得的显著成效还体现在动员社会力量上。例如2020年9月12日,以"动员社会力量·助力脱贫攻坚"为主题的2020"丹寨论坛"在黔东南州丹寨县万达小镇举行。贵州省省委、省人大常委会,国务院扶贫办、国家审计署,全国工商联,万达集团等部门和单位领导共同推动横杆,启动万达丹寨扶贫2025计划。万达集团重新制定2021年至2025年帮扶丹寨新规划,计划将丹寨打造成中国全域旅游典范县,使丹寨人均收入迈上新台阶。努力推进和持续完善贵州多元共治大扶贫模式,还需要坚持"政策设计、工作部署、干部培训、监督检查、追责问责"五步工作法,科学建立分析框架,积极开展主体调查,精准测量合作程度,全面总结成熟经验,系统呈现创新启示。

贵州精准扶贫多元共治模式可总结为一句话:构建大扶贫格局是中国共产党领导的中国特色社会主义制度优越性的重要体现,贵州多元共治大扶贫模式是在中国共产党领导的中国特色社会主义制度下扶贫格局的生动体现,是对《习近平谈治国理政(第三卷)》中"决胜全面建成小康社会,决战脱贫攻坚"内容的最好诠释。

参考文献

[1] 习近平. 决胜全面建成小康社会夺取新时代中国特色社会主义伟大胜利[N]. 人民日报，2017-10-28.

[2] 郭春甫，薛倩雯. 扶贫政策执行中的形式主义：类型特征、影响因素及治理策略[J]. 理论与革，2019（5）.

[3] 金昱彤. 社会工作参与精准扶贫：从救助个案到改变系统[J]. 甘肃社会科学，2017（6）.

[4] 章亮明，万长威. 当前扶贫攻坚中维护稳定的法律建构[J]. 江西社会科学，2017（4）.

[5] 赵曦，赵朋飞. 我国农村精准扶贫机制构建研究[J]. 经济纵横，2016（7）.

[6] 刘国斌，马嘉爽. 脱贫攻坚体制机制创新研究[J]. 商业研究，2018（6）.

[7] 田丰韶. 从体制区隔走向协同治理：兰考精准脱贫的实践与思考[J]. 中国农业大学学报（社会科学版），2017（5）.

[8] 刘春腊，黄嘉钦，龚娟，谢炳庚. 中国精准扶贫的省域差异及影响因素[J]. 地理科学，2018（7）.

[9] 宋媛，张源洁，胡晶. 云南"直过民族"聚居区贫困人口能力提升机制研究[J]. 云南社会科学，2019（4）.

[10] 刘道平. 制约农村贫困群体进入全面小康的因素及对策[J]. 农村经济，2015（7）.

[11] 孙菲，王文举. 中国农村贫困成因区域差异性研究[J]. 贵州民族研究，2017（6）.

[12] 牛胜强. 乡村振兴背景下深度贫困地区产业扶贫困境及发展思路[J]. 理论月刊，2019（10）.

[13] 高帅，毕洁颖. 农村人口动态多维贫困：状态持续与转变[J]. 中国人口·资源与环境，2016（2）.

[14] 辜胜阻，李睿，杨艺贤，庄芹芹. 推进"十三五"脱贫攻坚的对策思考[J]. 财政研究，2016（2）.

[15] 李春明. 精准扶贫的经济学思考[J]. 理论月刊，2015（11）.

[16] 陈银娥，尹湘. 普惠金融发展助推精准脱贫效率研究——基于中国贫困

地区精准脱贫的实证分析[J]. 福建论坛（人文社会科学版），2019（10）.

[17] 周才云，李伟. 普惠金融助力精准扶贫的适应性、瓶颈制约与创新路径[J]. 理论探索，2017（6）.

[18] 蔡则祥，杨雯. 普惠金融与金融扶贫关系的理论研究[J]. 经济问题，2019（10）.

[19] 杜世风，石恒贵，张依群. 中国上市公司精准扶贫行为的影响因素研究——基于社会责任的视角[J]. 财政研究，2019（2）.

[20] 曾庆捷. 乡村中的国家与社会关系：理论范式与实践[J]. 南开学报（哲学社会科学版），2018（3）.

[21] 侯斌. 精准扶贫背景下家庭支持、社会支持对城乡贫困老年人口脱贫的影响[J]. 四川理工学院学报（社会科学版），2019（2）.

[22] 王晓晖. 民族地区精准扶贫与社会文化基础[J]. 北方民族大学学报（哲学社会科学版），2017（3）.

[23] 刘升. 政策边缘人：理解基层政策执行难的一个视角——以精准扶贫中的"争贫"为例[J]. 华中农业大学学报（社会科学版），2019（4）.

[24] 左停，赵梦媛，金菁. 路径、机理与创新：社会保障促进精准扶贫的政策分析[J]. 华中农业大学学报（社会科学版），2018（1）.

[25] 唐顺利. 新时代精准扶贫要紧扣社会主要矛盾变化[J]. 人民论坛，2019（18）.

[26] 卫志民，于松浩，张迪. 政策群视域下的扶贫政策体系研究：演化过程、政策衔接与路径优化[J]. 江苏行政学院学报，2019（1）.

[27] 张国建，佟孟华，李慧，陈飞. 扶贫改革试验区的经济增长效应及政策有效性评估[J]. 中国工业经济，2019（8）.

[28] 张跃平，徐凯. 深度贫困民族地区贫困特征及"扶志"与"扶智"的耦合机制建设——基于四川甘孜、凉山两州的调研思考[J]. 中南民族大学学报（人文社会科学版），2019（5）.

[29] 范莉娜，董强，吴茂英. 精准扶贫战略下民族传统村落居民旅游支持中的特性剖析——基于黔东南三个侗寨的实证研究[J]. 贵州民族研究，2019（8）.

[30] 李榛. 少数民族地区金融扶贫问题研究[J]. 贵州民族研究，2019（5）.

[31] 张丽君，罗玲，吴本健. 民族地区深度贫困治理：内涵、特征与策略[J]. 北方民族大学学报（哲学社会科学版），2019（1）.

[32] 贾毅. 基于精准脱贫视角的民族地区脱贫路径研究——以东乡族自治县为例[J]. 兰州学刊，2018（12）.

[33] 周明星. 新时代广西少数民族地区文化精准扶贫研究[J]. 广西民族研究, 2019（2）.

[34] 张继焦, 刘佳丽. 民族地区的社会结构及其转型——以广东省连南瑶族自治县为例[J]. 黔南民族师范学院学报, 2018, （1）.

[35] 邢成举, 李小云, 张世勇. 转型贫困视角下的深度贫困问题研究——以少数民族深度贫困村为例[J]. 民族研究, 2019（2）.

[36] 张同. 多民族杂居地区脱贫攻坚的阻滞问题及化解[J]. 甘肃社会科学, 2018（6）.

[37] 陆益龙. 打好"三大攻坚战"/"精准脱贫机制创新"系列笔谈之三精准有效社会扶贫机制的构建路径[J]. 改革, 2017（10）.

[38] 夏一璞. 论精准扶贫中多元主体协同运行机制[J]. 经济研究参考, 2018（37）.

[39] 代鑫, 张春颜. 精准扶贫中多元主体"主观能动性"的发挥——日、韩经验与启示[J]. 未来与发展, 2019（7）.

[40] 金梅, 申云. 易地扶贫搬迁模式与农户生计资本变动——基于准实验的政策评估[J]. 广东财经大学学报, 2017（5）.

[41] 李伟民, 薛启航. 新型农业经营主体参与精准扶贫的优势与困境：基于多元主体视角[J]. 农村经济, 2019（3）.

[42] 邵苗苗. 乡村振兴背景下多元主体协同助推精准扶贫路径分析——以潍坊市为例[J]. 时代金融, 2019（23）.

[43] 王文彬, 徐顽强. 脱贫攻坚实践与进路：一个主体自觉分析框架[J]. 甘肃社会科学, 2019（3）.

[44] 汪三贵. 扶贫体制改革的未来方向[J]. 人民论坛, 2011（36）.

[45] 刘琼莲. 脱贫攻坚需多元主体"同频共振"[J]. 人民论坛, 2018（21）.

[46] 宋媛, 张源洁, 胡晶. 云南"直过民族"聚居区贫困人口能力提升机制研究[J]. 云南社会科学, 2019（4）.

[47] 沈菊. 农村精准扶贫多元主体协同机制研究[J]. 沈阳农业大学学报（社会科学版）, 2017（3）.

[48] 胡志平. 精准扶贫：文献综述及研究展望[J]. 上海行政学院学报, 2019, 20（3）.

[49] 李文钊. 制度分析与发展框架：传统、演进与展望[J]. 甘肃行政学院学报, 2016（12）.

[50] 柴盈, 曾云敏. 奥斯特罗姆对经济理论与方法论的贡献[J]. 经济学动态, 2009（12）.

[51] 王群. 奥斯特罗姆制度分析与发展框架评介[J]. 经济学动态, 2010（4）.

[52] 王亚华. 对制度分析与发展（IAD）框架的再评估[J]. 公共管理评论, 2017（1）.

[53] 朱丽菲. 基于IAD框架的保障房多中心协同供应机制研究[D]. 东南大学硕士学位论文, 2016.

[54] 王恒尚. IAD框架下村务监督委员会抑制村庄腐败的制度运行现状研究[D]. 兰州大学硕士学位论文, 2019.

[55] 李琴. 行动情境：IAD框架下女村官治村的治理情境分析[J]. 兰州学刊, 2014（10）.

[56] 何凌霄, 张忠根, 南永清, 林俊瑛. 制度规则与干群关系：破解农村基础设施管护行动的困境——基于IAD框架的农户管护意愿研究[J]. 农业经济问题, 2017（1）.

[57] 聂飞. 农村留守家庭离散问题的制度与规则分析——基于IAD框架的应用规则模型[J]. 内蒙古社会科学（汉文版）, 2015（4）.

[58] 曹裕, 吴次芳, 朱一中. 基于IAD框架延伸决策模型的农户征地意愿研究[J]. 经济地理, 2015（1）.

[59] 朱洪蕊. 基于IAD框架的农村生活垃圾治理公共物品的供给影响因素分析[D]. 南京农业大学硕士学位论文, 2010.

[60] 王艳, 卢虹妤. 关中地区农村生活垃圾治理影响因素研究[J]. 西安电子科技大学学报（社会科学版）, 2017（2）.

[61] 王芳, 孙庆刚, 白增博. 以绿色发展引领乡村振兴——来自日本的经验借鉴[J]. 世界农业, 2018（12）.

[62] 朱玉贵. 中国伏季休渔效果研究[D]. 中国海洋大学博士学位论文, 2009.

[63] 徐靖逸. 上海基层社区文化中心的制度分析和发展（IAD框架）研究[D]. 复旦大学硕士学位论文, 2014.

[64] 王学伦. 社区运行的制度解析[D]. 山东大学硕士学位论文, 2008.

[65] 李德国. 公共服务体制改革的"海淀模式"——从制度分析与发展的视角看[J]. 东南学术, 2011（2）.

[66] 谭江华. 预算改革的制度逻辑——基于IAD框架的分析[J]. 湖南社会科学, 2016（2）.

[67] 董藩, 郑雪峰. 小产权房现实与政策要求的背离——基于制度分析与发展（IAD）框架的商榷意见[J]. 学术界, 2017（10）.

[68] 朱丽菲. 基于IAD框架的保障房多中心协同供应机制研究[D]. 东南大学硕士学位论文, 2016.

[69] 徐涛，魏淑艳.制度分析与发展框架下中国住房政策过程透析[J].东北大学学报（社会科学版），2013（3）.

[70] 柳家富，张杰.公共治理视角下我国地方政府机构改革分析[J].中国集体经济，2012（7）.

[71] 傅熠华.国家治理视阈下的精准扶贫[J].学习与实践，2017（10）.

[72] 吕方.精准扶贫与国家减贫治理体系现代化[J].中国农业大学学报（社会科学版），2017（5）.

[73] 高飞，向德平.社会治理视角下精准扶贫的政策启示[J].南京农业大学学报（社会科学版），2017（4）.

[74] 李广文，王志刚.大扶贫体制下多元主体贫困治理功能探析[J].中共南京市委党校学报，2017（6）.

[75] 唐睿，肖唐镖.农村扶贫中的政府行为分析[J].中国行政管理，2009（3）.

[76] 徐虹，王彩彩.乡村振兴战略下对精准扶贫的再思考[J].农村经济，2018（3）.

[77] 刘伟.我国电子政务绩效评估方案的综合研究[J].中国行政管理，2013（2）.

[78] 卜卫.试论内容分析方法[J].国际新闻界，1997（4）.

[79] 马文峰.试析内容分析法在社科情报学中的应用[J].情报科学，2000（4）.

[80] 李本干.描述传播内容特征 检验传播研究假设——内容分析法简介（下）[J].当代传播，2000（1）.

[81] 杨志军，耿旭，王若雪.环境治理政策的工具偏好与路径优化——基于43个政策文本的内容分析[J].东北大学学报（社会科学版），2017，19（3）.

[82] 王辉.政策工具选择与运用的逻辑研究——以四川Z乡农村公共产品供给为例[J].公共管理学报，2014，11（3）.

[83] 公衍勇.关于精准扶贫的研究综述[J].山东农业工程学院学报，2015，（3）.

[84] 施红：《精准扶贫的措施、成效及政策》，2017-8-21，来源：宣讲家网。

[85] 刘启军.Logistic回归模型及其研究进展，预防医学情报杂志，2002（5）.

[86] 刘逸爽，陈艺云.管理层语调与上市公司信用风险预警——基于公司年报文本内容分析的研究[J].金融经济学研究，2018（4）.

[87] 李长山.基于Logistic回归法的企业财务风险预警模型构建[J].统计与决策，2018（6）.

[88] 夏江山. 我国中小商业银行存款保险风险费率厘定问题研究——基于面板有序 Logistic 回归模型[J]. 现代财经（天津财经大学学报），2018（1）.

[89] 张烨，李晔. 累积 Logistic 模型在技术性贸易壁垒风险评估中的应用[J]. 福州大学学报（哲学社会科学版），2009（1）.

[90] 李振杰，韩杰. 基于 Logistic 回归模型的农户土地流转意愿实证分析[J]. 统计与决策，2019（13）.

[91] 吴凌霄，龚新蜀，岳会. 西部民族地区"新农保"参保影响因素及效果评价——基于农户调查数据的 Logistic 回归分析[J]. 西藏大学学报（社会科学版），2018（3）.

[92] 张万宽，杨永恒，王有强. 公私伙伴关系绩效的关键影响因素——基于若干转型国家的经验研究[J]. 公共管理学报，2010（3）.

[93] 盛意，谭洁. 内在因素与企业组织绩效相关性问题的 logistic 分析[J]. 统计与决策，2009（22）.

[94] 王磊，范超，解明明. 数据挖掘模型在小企业主信用评分领域的应用[J]. 统计研究，2014（10）.

[95] 田帅辉，徐瞳，王旭. 基于 Logistic 模型的交通运输业与邮政业融合发展研究——以重庆市为例[J]. 重庆大学学报（社会科学版），2019（6）.

[96] 李淼，赵轩维，夏恩君. 股权众筹项目融资成功率判别——Logistic 回归与神经网络模型的比较分析[J]. 技术经济，2018（9）.

[97] 陈浩天. 认知差异、信息分化与国家扶贫政策清单执行绩效——基于全国 20 省（区、市）3513 个贫困农户的调查[J]. 东南学术，2017（6）.

[98] 李辉. 基于 logistic 模型的深度贫困地区贫困人口致贫因素分析[J]. 西北民族研究，2018（4）.

[99] 石晶，李思琪建立科学成效评估体系 助力各方资源精准扶贫——精准扶贫成效评价指标体系的构建[J]. 人民论坛，2018（3）.

[100] 童光荣，何耀. 计量经济学实验教程[M]. 武汉：武汉大学出版社，2008.

[101] 张英奎，张诺夫. 科学发展观指导下加强社会主义国家中央权威的对策选择[J]. 中共福建省委党校学报，2010（8）.

[102] 李瑞昌. 地方政府间"对口关系"的保障机制[J]. 学海，2017（4）.

[103] 刘彦含. 地方政府精准扶贫问题与对策[J]. 地方政府精准扶贫问题与对策经济与科技，2017（7）.

[104] 刘碧强，陈雪萍. 精准扶贫中地方政府行为偏差及其调适路径[J]. 中共福建省委党校学报，2018（8）.

[105] 刘浩然，胡象明. 精神扶贫的三个维度[J]. 人民论坛，2019（15）.

[106] 张梅, 王晓, 颜华. 农民合作社扶贫的路径选择及对贫困户收入的影响研究[J]. 农林经济管理学报, 2019（4）.

[107] 张梅, 王晓, 颜华. 农民合作社扶贫的路径选择及对贫困户收入的影响研究[J]. 农林经济管理学报, 2019（4）.

[108] 徐旭初, 吴彬. 减贫视域中农村合作组织发展的益贫价值[J]. 农业经济与管理, 2012（5）.

[109] 刘建生, 陈鑫, 曹佳慧. 产业精准扶贫作用机制研究[J]. 中国人口·资源与环境, 2017（6）.

[110] 李健, 张米安, 顾拾金. 社会企业助力扶贫攻坚：机制设计与模式创新[J]. 中国行政管理, 2017（7）.

[111] 付娆. 在精准脱贫中社会组织的担当与创新[J]. 农村经济, 2018（3）.

[112] 黄建. 论精准扶贫中的社会组织参与[J]. 学术界, 2017（8）.

[113] 曲玮, 涂勤, 牛叔文, 胡苗. 自然地理环境的贫困效应检验——自然地理条件对农村贫困影响的实证分析[J]. 中国农村经济, 2012（2）.

[114] 薛美霞, 钟甫宁. 农业发展、劳动力转移与农村贫困状态的变化——分地区研究[J]. 农业经济问题, 2010, 31（3）.

[115] 刘艳华, 徐勇. 中国农村多维贫困地理识别及类型划分[J]. 地理学报, 2015, 70（6）.

[116] 杨志军. 贵州"多元共治"大扶贫模式经验总结[N]. 贵州日报, 2019-09-18（6）.

附录 1　IAD 框架下贵州精准扶贫多元共治模式调查问卷

尊敬的女士/先生：

您好，我们正在进行关于一项课题的问卷调查。希望您能在百忙之中抽出一点时间配合我们填写问卷。希望您能根据实际情况填写这份问卷。对于您所提供的内容我们只用于分析。我们会保证此次调查的匿名性，所以请您放心填写。非常感谢您的配合！

第一部分：基本信息

1. 您的性别是（　　）。
    A. 男　　　　　　　　　　B. 女
2. 您的年龄是（　　）。
    A. 20 岁及以下　　　　　　B. 21～40 岁
    C. 41～60 岁　　　　　　　D. 61 岁及以上
3. 您的文化程度是（　　）。
    A. 小学及以下　　　B. 初中　　　　　　C. 高中
    D. 大学专科　　　　E. 大学本科　　　　F. 研究生及以上
4. 您的家庭人口数量是（　　）。
    A. 1～3 人　　　　　　　　B. 4～7 人
    C. 7 人以上
5. 您的职业是（　　）。
    A. 学生　　　　　　B. 公务员　　　　　C. 农民
    D. 个体户　　　　　E. 职员　　　　　　F. 其他

第二部分：农户

6. 您的家庭年人均收入是（　　）。
    A. 1200 元以下　　　　　　B. 1200～2300 元
    C. 2300～3200 元　　　　　D. 3200～5000 元

E. 5000 元以上

7. 您对当前政府精准扶贫政策是否了解？（　　）
　　A. 非常了解　　　　　　B. 了解　　　　　　C. 一般
　　D. 不了解　　　　　　　E. 不清楚

8. 导致您的家庭致贫的主要原因是什么（可多选）？（　　）
　　A. 收入来源少　　　　　B. 家庭成员患重病或残疾
　　C. 子女上学增加经济支出　D. 赡养老人负担重
　　E. 其他

9. 您家的主要收入来源是什么（可多选）？（　　）
　　A. 种植业　　　　　　　B. 养殖业　　　　　　C. 经商
　　D. 外出务工　　　　　　E. 政府提供的保障资金和扶贫资金
　　F. 子女或亲戚援助　　　G. 其他

10. 您认为现行的扶贫政策是否使您享受到了实惠？（　　）
　　A. 是　　　　　　　　　B. 否

11. 对当地进行扶贫的主要有哪些部门（可多选）？（　　）
　　A. 政府　　　　　　　　B. 企业
　　C. 社会组织　　　　　　D. 个人
　　E. 其他

12. 您认为当前各扶贫参与部门对农村扶贫的重视程度如何？（　　）
　　A. 非常重视　　　　　　B. 较为重视
　　C. 一般　　　　　　　　D. 不重视
　　E. 很不重视

13. 您对现行的扶贫政策有什么建议？

第三部分：企业参与扶贫

14. 企业参与扶贫的资金投入规模？（　　）
　　A. 10 万元及以下　　　　B. 10 万 ~ 50 万元
　　C. 50 万 ~ 100 万元　　　D. 100 万元及以上

15. 企业的主要帮扶措施有哪些（可多选）？（　　）
　　A. 单纯的资金投入　　　B. 对农户进行技能培训
　　C. 吸引贫困户有效劳动力到企业就业
　　D. 帮助建立贫困地区特色产业
　　E. 统一收购贫困地区的产品

F. 其他

16. 企业什么情况下愿意去大力扶贫？（　　）
    A. 政府支持　　　　　　　　B. 政府补贴
    C. 政府减税　　　　　　　　D. 以上都是

17. 企业与哪个部门共同合作参与扶贫较多（可多选）？（　　）
    A. 地方政府　　　　　　　　B. 社会组织
    C. 企业间合作　　　　　　　D. 不合作

18. 企业的投资类型是什么？（　　）
    A. 资金投资　　　　　　　　B. 资源投资
    C. 人力投资　　　　　　　　D. 其他

19. 企业通过哪些形式进行扶贫帮扶？（　　）
    A. 政府+合作社+贫困户
    B. 企业+合作社+贫困户
    C. 企业+合作社+基地+贫困户
    D. 政府+合作社+银行+贫困户

20. 企业参与扶贫的意愿如何？（　　）
    A. 非常愿意　　　　　　　　B. 较为愿意
    C. 不愿意　　　　　　　　　D. 非常不愿意

第四部分：政府扶贫

21. 县级政府关于扶贫的发文数量多少？（　　）
    A. 10篇及以下　　　　　　　B. 10~30篇
    C. 30~50篇　　　　　　　　D. 50篇及以上

22. 精准扶贫的贫困户是通过什么途径确定的？（　　）
    A. 村民民主评议　　　　　　B. 村干部确定
    C. 其他　　　　　　　　　　D. 不知道

23. 是否在贫困乡设有扶贫办公室？（　　）
    A. 几乎都有　　　　　　　　B. 大部分有
    C. 小部分有　　　　　　　　D. 基本没有

24. 是否成立县乡政府扶贫领导小组？（　　）
    A. 是　　　　　　　　　　　B. 否

25. 地方政府扶贫主要覆盖领域包括（可多选）（　　）。
    A. 教育　　　　　　　　　　B. 养老保险金发放
    C. 医疗　　　　　　　　　　D. 财政转移支付

E. 基础设施　　　　　　　F. 住房　　　　　　　　　G. 其他

26. 政府是否帮助农户进行危房改造？（　　　）
    A. 是　　　　　　　　　B. 否

27. 政府教育助减免支持的形式有（可多选）（　　　）。
    A. 奖学金、助学金　　　B. 助学贷款
    C. 生活费补助　　　　　D. 其他

28. 中央政府是否对当地政府进行了财政转移支付帮扶结对？（　　　）
    A. 是　　　　　　　　　B. 否

29. 政府间进行定点帮扶的形式有（　　　）。
    A. 东西间政府帮扶　　　B. 央地间政府帮扶　　　C. 其他

第五部分：社会组织参与扶贫

30. 社会组织参与扶贫的主要形式有（可多选）（　　　）。
    A. 直接的资金援助　　　B. 宣传国家扶贫政策
    C. 协助政府定点扶贫　　D. 社会资源投入
    E. 其他

31、参与扶贫的社会组织类型有（可多选）(　　　)。
    A. 民办组织（非营利性组织）
    B. 社会团体　　　　　　C. 基金会
    D. 慈善机构　　　　　　E. 其他

32. 社会组织参与到精准扶贫中能够发挥哪些作用呢(可多选)？（　　　）
    A. 提供专业价值观念　　B. 提供专业理论
    C. 提供专业视角　　　　D. 提供专业方法
    E. 提供专业平台　　　　F. 其他

33. 社会组织与哪个部门共同合作参与扶贫较多（可多选）？（　　　）
    A. 政府　　　　　　　　B. 企业
    C. 社会组织间合作　　　D. 与农户、合作社合作

34. 社会组织参与扶贫的意愿如何？（　　　）
    A. 非常愿意　　　　　　B. 较为愿意
    C. 不愿意　　　　　　　D. 非常不愿意

35. 社会组织参与扶贫的效果如何？（　　　）
    A. 效果非常好　　　　　B. 效果一般
    C. 效果不好　　　　　　D. 效果非常不好

附录 2　IAD 框架下贵州精准扶贫多元共治模式访谈资料

访谈时间：2018 年 8 月 26 日 14：00～18：00
访谈地点：黔东南州民政局
访谈对象：夏主任、刘主任
采访者：杨志军、课题组全体成员
访谈过程：

冯老师：一、我们想了解民政局的扶贫政策文件。二、民政局在对上和同级以及对下是怎样的合作方式？三、民政局在扶贫过程中工作的特色或者亮点。

受访者：民政局的大部分政策是根据省政策文件来执行的，但因为政府的财政压力，民政局的政策制定具有一定的局限性，因此我们会在省政策的基础上进行细化，详细的规定就转发。从 2016 以来一共出台了规范性文件三个：《临时救助的实施办法》《特困人员供养的实施办法》和《困境扶贫的实施办法》。指导性的部门通知出台了很多，如建档立卡等一些政策。从保障城乡居民基本生活的职责来协助我们出台的相关政策主要有四大块，在资金、政策、报销比例方面给予最大的支持。除了低保户和特困人员之外的政策为：农村最低生活保障；医疗救助。扶贫过程中的特色在于医疗救助除了基本的医疗保险、商业保险之外，还有一部分超过一定限度的或者危及基本生活的重特大疾病的医疗救助。医疗救助分成两块，一般是以重特大疾病进行救治，资金由市里进行统筹，政策由市里出，操作在县里。从 2011 年 11 月成立开始筹集了七百多万，现在仍在修改文件，提高报销比例，等等。

杨老师：重特大疾病有分类吗？

受访者：重特大疾病采用病种和费用两种分类方式，凡是城乡居民患有 26 种重大特疾病之一的都可以申请资助。城乡患者是有分类的，分困难人员和一般人员，困难人员是我们重点扶持对象，就像我们的城乡低保、特困人员、建档立卡户是我们的重点救助对象。因此，重点救助对象的报销比例要比其他人高得多，重点对象是百分之八十，其他对象可能就是百分之七十。

因为贫困程度不同,重点对象是在法律程序过后申请审核再被调查,然后再进行核对,因此就不需再认定了。

杨老师:五保户和贫困户是分开的吗?

受访者:民政部门的救助对象就像一个同心圆,特困人员是最核心的,最需要救助的是社会的最底层,是同心圆的圆心。在外面一层的是低保对象或建档立卡对象。建档立卡对象之前是在我们的低保之外,但现在它们合二为一了。

杨老师:那我们的优惠政策是分开的还是合为一体的?

受访者:优惠政策现在合二为一了,因为保障县合二为一了,甚至我们的保障县超过我们的扶贫县了。凡是低保人员享受的优惠政策他们都可以享受,但是由于制度、针对的人群、实施的目标不一样,出现了一部分重合,出现了一部分人既是低保人群,又是建档立卡户或者特困人员,或者他是纯粹的建档立卡对象。针对这三类人,可能重合的人会享受到很多社会救助,还有扶贫政策的资助。我们的扶贫政策是对于所有的建档立卡户都实行的。从党和国家层面来讲,我们的对接还是不够紧密的,至少在我们这里是不够紧密的。我们的低保对象占我们的总人口或占农村人口的比例都是自然形成的,没有明确规定。低保政策是2007年开始实施的,是比较成熟的,扶贫政策是近来开始实施的阶段性任务,社会对此的看法是五花八门的。重合率和农村低保占农村人口的比例没有硬性要求,都是根据当地的财力、社会发展水平和城乡基本生活水平等来判断。现在,我们的低保政策已经上升到2015年国家颁布的一个办法,以前是部门的一项工作,现在上升到国家和法律的层面了,而我们是执法单位,所有执行工作我们都要进行积极细化。我们2016年在扶贫办系统里有百分之六十享受低保就不让脱贫,这一数据就导致各个县就要赶快把低保降低下去,让那些人不要享受低保。在这样的政策对接上,我们在那段时间没有办法扶贫,就像低保被扶贫绑架了。简单地举个例子:我们一个贫困的县,一个乡以前有两千多个人的低保,但是现在只有78个人,低保的覆盖率已经远远低于北京和上海,和我们的实际不相符合。但是,就是因为百分之六十这个指标,虽然这只是一个临时性的措施,但确实造成我们两个部门的对接出现很多问题,对于低保政策造成了很大的影响,我们的扶贫工作有了很大的震荡。上面的政策看似明确但事实又不明确。这就是扶贫和低保两个政策直接对接出现的问题,这几年我们的低保一直坚持我们自己的定义,坚持按照我们的标准去做好我们的低保和排查。

杨老师:我举个例子,他是农民,五六十岁,得了恶性肿瘤,但是这个肿瘤没有写在26种重特大疾病中,又不能通过26种疾病的救助方式去救助,他的孩子都在城市工作。村里说他这个小孩在城里都有车有房，老伴不在，他又有能力工作，进入不了低保，又不是精准贫困。这种情况在这里有没有出现过，怎么处理？

受访者：既没有到达低保的层次也没有建档立卡这种情况是有的。从人事方面来讲他是有健康扶贫的，也有很多优惠政策。如果他不是建档立卡户，但只要符合我们的一般救助也是可以申请救助的。不是26种重特大疾病的，我们是费用加病种进行综合考虑。比如，说费用超过三万，我们也叫重特大疾病，这是去年××市创新的政策，现在我们的标准调到了一万。看十种类型肯定进不了贫困系统，如有一条子女在事业单位的是不能进的，远远高于我们低保的标准，但是对突发性的疾病可以通过申请临时救助和医疗救助，但是子女也必须负担一部分，我们核对的过程是十分严格的，必须要从村一级报。

提问：我们从村一级往上报，这个病人已经很严重了，已经住院并且花费了很大的一笔费用但情况没有好转，村干部往上报的话太慢，那怎么处理呢？

受访者：我们出台了一个农村重特大疾病的实施办法，我们的医保对象、建档立卡人员和特困人员，这三类人可以先治疗再付费，这是弥补漏洞。以前都是事后救助，现在都是先救助然后再拨资金，而且是各部门应该支付的资金就不用经过他本人申请，就在医院的救助窗口就直接办理了。只用付你自己该支付的一小部分，就解决了他需要垫付很大一笔资金的困难。这个政策很快出台，已经征求意见完毕。我们是配合部门，由于资金不够，每年都会有资金缺口，去年就缺了4900万，今年也不够，所以我们现在重点保障的是特困人员这一块，因为没钱，所以不会全部人都享受所有优惠政策。这几年，特困人员我们是全额支付，低保户和建档立卡户就是部分支付。这些钱就只够用于这些人的参保参合，去年大概就只有两千多万，每个县大概就一两百万，今年连这个数字都没有。一站式医疗救助实行的救助是，只要病人是在我们的救助范围内生病了，他在医院的费用，除了自己支付的部分，剩余的由我们民政医疗部门来支付。但是，由于没有资金，所以我们很多县的救助只能叫停或者降低救助标准，审判标准也在降低，有些县直接叫停了，希望可以在资金问题上给我们反映一下。

提问：你们一直都在说资金不够，那除了国家拨款外有没有通过社会的一些渠道去筹集资金呢？

受访者：现在正在各个县里进行资金筹集，社会募捐也写进了筹集方式中，但是在实际执行过程中效果不好。政府部门主要资金来源还是以政府部门投入为主，还有一部分就是从福彩公益金引进，福彩每年收益的百分之十用于救助是政府规定的，是比较稳定的。政府投入不够，民事救助就没有稳定的投入。急需解决的一个问题是进不到建档立卡的救助体系内，我的建议就是通过你们的调研可以建议中央按人均配备，资金稳定了我们的政策就稳定了，也就是量入为出。我们救助的金额问题，比如说我们这儿的标准是三千块，上海是五千块，但是三千块在我们这儿可以生活得很好了，但是在上海可能还不够基本支出，这也是一个值得思考的问题。

冯老师：我们扶贫攻坚工作太急功近利了，好多领导都想分分钟见效，这怎么可能呢？我举个例子，就算你新引进了一个产业，特别是农业，从你种下种子到收获成果是有一个阶段的。因为投入了大笔资金，你又很快见不到效果。应该出一个规划，包括短期、中期和长期的规划，考核的办法也要做出相应的变化。

受访者：脱贫三个方面：① 基础设施，改善人们出行；② 中长期产业的培育；③ 社会保障，如医保和教育等。资金主要是三个方面，一块是城乡医保。我们自己投入多少就是多少，但临时医疗救助没有那么稳定的投入机制。随着我们扶贫攻坚工作的推进，我们完成的任务也比较繁重，所以建议通过你们调研去引起大家重视一下临时救助资金和医疗救助资金的投入问题，中央按人口多少、省级配多少，然后市里配多少，要有一个稳定的投入。资金稳定了，我们的政策才能稳定。现在虽然有政策，但是它救助的标准是有幅度的，是根据当年的收入来确定的。只有资金稳定了，我们的政策才能稳定，才不会出现前期计划的工作到后期无法执行。贫困救助和医疗救助这两项资金又没有稳定的投入，这就是一个非常急迫的顶层设计，今年可能来近百万，明年可能就来六七十万，我们心里没有底，这个工作没有稳定性和连续性，会影响我们整个贫困。贫困县不能超过百分之三，各个县都是百分之三，这是明显的不公平。我举个例子，我们县没有工业，只有农业，现在倒是好点了，以前是用棍子弄一个小窝，然后将种子撒下去，看天吃饭了。现在稍稍拥有了生产观念、科技观念，但经济观念比较落后，我认为是没有太大的改观的，人的思想阶段和社会是相吻合的。我们××市，十个县区的发展都是长短不一的，政府的发展、产业的发展也是不一的，贫困程度、基础建设也不一样，对每个县都要求百分之三是极度不公平的，我认为这个百分之三应该由全省统筹，全省的贫困人口要控制在百分之三，那么发达城市的可以控制在百分之一。××市贫困要严重些，你可以加到百分之七呀、百分之八呀等，这个应该是省级统筹的问题。我觉得她说得很好，去年我看到一个企业也是来调研的，当时就问存在什么问题、有什么看法，我就给他们说了，我们这个扶贫攻坚工作太急功近利了，好多领导都想分分钟见效，这怎么可能呢？因为你投入了大笔资金，但是你很快见不到效，对于脱贫的考核应该有一个三年期的、五年期的，你出台的规划应该有短期的，现今收入的有长期的、有中期的，或者长期的产业支撑你有一整套的发展计划。像长期的考核应该是三年以后，我觉得这个才是比较合理的考核办法。那个考核办法你一年甚至几个月就要见效，你就要我让你见到钱。我觉得这种考核办法简直就是逼着人造假，是不是？考核办法真的要做相应的调整。现在的一些乡镇的干部，就刚才举的那个例子，有一千多户农村低保，就担心脱不了贫，给我们下降到七十八个，他说他建了一个组织，他们乡镇脱贫的，他连续问了几家，没有一家有米的，家里面唯一的电器就是那个灯。有一家有一台小电视，家里面一点米都没有了。当时，我们书记还很愤怒地说，你们就只顾自己的帽子，就不管老百姓的死活。在会上也听说了，很多领导为了脱贫，不切合老百姓的实际。这个考核的问题，不要这么着急去考核，不要这么压。特别在乡镇一级，你没办法干工作，整天就想着考核怎么办，就顾着去应付考核了。我觉得脱贫就应该从三个方面来投入：一是改善人民生活中最基本的东西，国家就应该把路修通，因为这个不是个人、一个县、一个村能搞定的事情，这个要依靠国家政策来实施的，我们国家就应该把大的资金投入到基础设施建设，改善人们生活、出行、生活条件。二是产业，我们应该有一个大的规划，从国家来讲，现在各个部门出台的，虽然说有各个部门参与，但是太零碎了，应该是各个部门的资金整合在一起，可以做很多的事情。三是社会保障，我觉得国家投入到医保、教育、临时救助中去，像这个医保、教育，是有固定的投入机制的。像我说的这个临时救助资金是没有固定投入的，但是它又是一个相当重要的补充的救助机制。所以，我觉得国家的投入资金应该在这三个方面来投入，这才是长期发展的一种可持续性的思路。

  我们工作方面的做法刚才也陆续介绍了一些，然后对于我们的重大特疾病呢，这一块我们是有稳定的投入机制的，我们不向省级和中央要钱，除了省级资金之外，我们要求的是按照全市总人口，一人十块这样算，这个是比较明确的。为什么要规定额度呢？我们是看你去年的资金申请，去年申请的多了，我们今年可能就会少申请一点，可能今年就一块、两块、三块，所以就会有一个幅度。然后县区我们也规定了的，不是你想拨多少就拨多少，我们也要根据一到十块来投入，然后这个钱由我们市里来管理。既然是一级政府，那我们就要统筹所有的资源来救助我们的贫困人员，并且我们要不断地提高我们的标准，不断地扩大救助范围，这个就是我们上次扶贫工作的事情了，这个我觉得是我们的一个亮点。另外一个亮点就是，扩大我们的救助范围，把我们所有公民列入重特大疾病的救助范围，但是我们加以区分，一般的公民你要自付费一万元以上的才可以申请，其他的救助对象五千就可以申请。这个区别在于什么呢？既然你是公民，根据国家相关政策，你遇到困难了，你有向国家寻求救助的权利，宪法赋予你的权利。还有就是我住院了，超过了我能承受的能力，我可能工资是五万，我治病花了十万，那么医保能报的基本就是百分之六十，那我还有四万块要付。根据我们国家的政策，要把我们××市的可支配收入减掉，毕竟我还不是最困难的人群，所以我要和最困难的人群有区分，毕竟我还有能力，所以我要把我们××市的人均可支配收入，现在好像是两万三吧，把它减掉，然后在我们国家力所能及的范围内给予他们一定的救助。我觉得这就体现了政府对公民负责任的一种态度。就是说你不够了，在你力所能及的范围内，所有办法你都想尽了之后，政府再对你进行救助。对于残疾人员的救助，我们××市已经出台了一定的实施办法，在全省也是领先了的，并且发了钱了，我们与省级相比扩大了救助范围，省级的两项补贴是专指特困人员。从实际情况来讲，老百姓的救助需求比较多，比较能自理基本生活的也扩大了，并且全都是我们自己掏钱的，然后我们工作是扎扎实实地在干。在工作的过程当中，也遇到了一些难题，也向上级汇报和请示了的，因为有一些问题是我们市级无法解决的。反正希望通过你们的努力，让我们的老百姓多一点受益，从制度上更规范、更完善，这就是你们来工作的意义，也是我们希望能达到的效果。

  我们民政在脱贫工作中主要是进行兜底，我们虽然在城乡低保医疗、临时医疗救助、特困人员供养等这些方面来兜底，但是，我们在兜底的过程中，兜漏的那些，只要是符合条件的，我们都还是尽量把他们兜到。在兜底工作中，我们的目标还是全面地完成兜底工作，全部能兜的我们都还是全部把他兜起来，坚决完成我们的兜底保障任务，其他的就没有了。在我们的××市，我们的民政局和我们的财务处、扶贫办，和我们其他客户的联合，最核心、最紧要的问题是什么？我们各个部门各自为政出台的一些脱贫攻坚的政策，也有对接方面，细节不太到位，这是不可否定的。我觉得最大的问题是政府不应该把扶贫攻坚工作作为部门的工作来做，这应该是政府的工作。政府应该做一个大规划，就像刚才所说的，政府该怎么来指导各地脱贫，主要的投入方向在哪里，各地应该怎么做，应有一个大规划。在这个大规划之下，来整合各个部门的资金，来做这个事情就更有成效，现在像我们各个部门都投入了一定资金，这个是不可否认的。但是这个资金投下去以后，它分两种形式，各自为政的，我投入资金可能就是就干我们部门这点事了。那其他部门的资金可以整合起来，其他部门的资金整合之后可能效果会好很多，所以我们应该是整合。虽然它现在有资金整合的文件，但是大的规划没有，所以效果不明显，特别是中层阶级、建设方向，这一块要做好统筹规划。这一块是政府要做的，我觉得。刚才你说的，关于我们几个部门之间的配合，说实在的，像我们民政局就只能干我们民政的，像住建局也只能干好危房改造、扶贫搬迁，像扶贫办也只能干好分内的，中间会有一些交集，会有一些合作，会开个会交接。但我听说，扶贫、建筑、民政好几家都要统一建一个办公室，在县里已经形成，大家上班打考勤，到时候部门协调会比现在更紧密一些，现在这种各自干好各自事的局面应该会有所改变。

附录3 《贵州省大扶贫条例》

（2016年9月30日贵州省第十二届人民代表大会常务委员会第二十四次会议通过）

目 录

第一章 总则
第二章 扶贫对象和范围
第三章 政府责任
第四章 社会参与
第五章 扶贫项目和资金管理
第六章 保障和监督
第七章 法律责任
第八章 附则

第一章 总则

第一条 为了落实国家脱贫攻坚规划，推动大扶贫战略行动，促进科学治贫、精准扶贫、有效脱贫，加快贫困地区经济社会发展，实现与全国同步全面建成小康社会，根据有关法律、法规的规定，结合本省实际，制定本条例。

第二条 本省行政区域内的扶贫开发及其相关活动适用本条例。

第三条 本条例所称大扶贫是指把脱贫攻坚作为头等大事和第一民生工程，统揽经济社会发展全局，构建政府、社会、市场协同推进和专项扶贫、行业扶贫、社会扶贫等多方力量、多种举措有机结合的大扶贫格局，争取国家和其他省（区、市）支持，动员和凝聚全社会力量广泛参与，通过政策、资金、人才、技术等资源，全力、全面帮助本省贫困地区和贫困人口增强发展能力，实现脱贫致富的活动。

第四条 大扶贫应当树立创新、协调、绿色、开放、共享的发展理念，坚持开发式扶贫的方针，贯彻精准扶贫、精准脱贫的基本方略，遵循政府主导、社会参与、多元投入、群众主体的原则。

第五条 大扶贫应当做到扶贫对象精准、项目安排精准、资金使用精准、措施到户精准、因村派人精准、脱贫成效精准，通过基础设施建设、发展生产、易地扶贫搬迁、生态补偿、发展教育和医疗、社会保障兜底等措施实现贫困人口脱贫。

脱贫攻坚应当与区域发展相结合，通过脱贫攻坚促进区域发展，区域发展带动脱贫攻坚。

第六条 各级人民政府负责本行政区域的大扶贫工作，实行省负总责、市（州）县落实、乡（镇）村实施的管理体制，建立和完善大扶贫目标责任和考核评价制度。

省人民政府负责扶贫工作目标确定、项目下达、资金投放，组织动员、检查指导；市（州）、县级人民政府抓落实，负责进度安排、项目落地、资金使用、人力调配、推进实施；乡镇人民政府、街道办事处（社区）负责具体的组织实施。

村民委员会协助乡镇人民政府、街道办事处（社区）做好贫困户识别、退出，扶贫措施的落实等相关工作。

第七条 县级以上扶贫开发部门负责本行政区域扶贫开发工作的规划、协调、管理、督促、检查和考核。

县级以上人民政府其他有关部门应当结合自身特点，加强对本部门本行业扶贫工作的组织领导，促进部门间的沟通和合作，其主要负责人是本部门本行业扶贫工作的第一责任人。

第八条 县级以上人民政府应当采取措施，保证扶贫开发工作机构设置和人员配备适应本行政区域扶贫开发工作需要；贫困乡镇应当建立扶贫开发工作机构，根据扶贫开发任务配备相应工作人员；其他有扶贫开发任务的乡镇人民政府、街道办事处（社区）和贫困村应当安排专人负责扶贫开发工作。

第九条 鼓励社会各界积极参与扶贫开发活动。各级人民政府应当为社会各界参与扶贫开发活动搭建平台、畅通渠道、提供服务，全方位引导社会各界参与扶贫开发。

第十条 各级人民政府应当保障扶贫对象在扶贫开发活动中的发展权、选择权、参与权、知情权和监督权。

扶贫对象应当充分发挥主体作用，主动参与到扶贫开发活动中，通过自力更生，艰苦奋斗，不断增强自我发展能力。

第十一条 各级人民政府应当组织开展扶贫政策、法律法规的宣讲和解读，宣传报道先进典型，营造全社会关注扶贫、支持扶贫、参与扶贫的良好氛围。

新闻媒体应当开设专栏，宣传报道扶贫开发活动，刊播具有公益性、帮扶性的扶贫广告。

第二章 扶贫对象和范围

第十二条 扶贫对象是指符合国家扶贫标准的贫困人口。

扶贫范围包括贫困县、贫困乡镇、贫困村等贫困地区和贫困户。

第十三条 扶贫对象精准识别和贫困县、贫困乡镇、贫困村和贫困户脱贫认定，应当坚持客观公正、程序规范、民主评议、严格评估、群众认可、社会认同的原则。

第十四条 县级以上人民政府应当将扶贫对象纳入精准扶贫建档立卡信息系统。建立健全扶贫对象精准识别机制，逐户逐人核查基本情况、致贫原因，依托精准扶贫大数据管理平台，对贫困县、贫困乡镇、贫困村和贫困户实行建档立卡、动态管理。

第十五条 扶贫对象以户为单位，由农村居民户向所在村民委员会申请，经村级初审、村民代表会议评议并公示，乡镇人民政府、街道办事处（社区）审核并公示后报县级人民政府审定。审定结果在农村居民户所在乡镇、村公告。每次公示、公告时间不得少于7日。

农村居民户对审核结果有异议的，可以在公示期内提出复核申请，乡镇人民政府、街道办事处（社区）应当进行调查、核实；农村居民户对审定结果有异议的，可以在公告期内提出复核申请，县级人民政府应当进行调查、核实。

第十六条 建立健全脱贫认定机制，按照脱贫标准和程序，实现脱贫销号、返贫重录、政策到户、脱贫到人。

贫困县、贫困乡镇、贫困村、贫困户经脱贫认定后，按照国家和本省有关规定在一定时期内继续享受扶贫政策。

第十七条 扶贫对象精准识别和脱贫认定实行严格责任制，按照谁调查谁复核、谁审核谁负责的原则，建立分级签字确认制度，签字人对结果负直接责任。

第三章 政府责任

第十八条 县级以上人民政府应当制定本行政区域脱贫攻坚规划，作为国民经济和社会发展规划的重要组成部分，与本级城乡规划、土地利用规划、产业发展规划、环境保护规划等相互衔接，并组织实施。

县级以上人民政府有关部门在组织编制本部门本行业规划时，应当把脱贫攻坚和改善贫困地区发展环境和生产生活条件作为重要内容，优先安排扶贫项目、优先保障扶贫资金、优先对接扶贫工作、优先落实扶贫措施。

县级以上人民政府有关部门应当根据脱贫攻坚规划，拟定本部门本行业年度脱贫攻坚计划，安排一定比例的项目和资金用于脱贫攻坚，加大投入力度。

第十九条 县级扶贫开发部门应当根据本级人民政府制定的脱贫攻坚规划，拟定年度脱贫攻坚实施方案，报本级人民政府批准后实施。

年度脱贫攻坚实施方案应当根据致贫原因，因乡、因村、因户拟定脱贫路径、脱贫时限、帮扶措施，明确帮扶单位和责任人等。

第二十条 县级以上人民政府及其有关部门应当加强贫困地区道路、农村能源、农田水利、农业气象、危房改造、安全饮水、电力、广播电视、通信网络等基础设施建设，改善贫困地区生产生活条件。

利用扶贫资金在贫困村实施的 200 万元以下的农村基础设施建设项目，经村民代表会议讨论决定可以不实行招标投标。不实行招标投标的，应当报乡镇人民政府、街道办事处（社区）和项目审批部门备案，并在本村范围内公示。

第二十一条 各级人民政府及有关部门应当加快县域经济发展，推进农业结构调整，培植壮大优势产业、现代山地特色高效农业、农林产品精深加工等，促进贫困地区农业生产增效、农民生活增收、农村生态增值。

采取措施支持培育农民专业合作社、专业大户、农业企业、家庭农林场等新型生产经营主体发展，带动村级集体经济发展和农民增收。

县级以上人民政府及其有关部门应当为农村电子商务的发展创造条件、提供便利，帮助贫困地区建立健全流通网点，利用互联网、物联网等改造提升传统农业物流，畅通农产品物流渠道。支持发展农村电子商务扶贫网店创业，鼓励电子商务企业开展贫困地区特色产品网上销售。

县级以上人民政府及其有关部门应当加强职业技能培训，帮助有劳动能力的贫困人口掌握实用技术技能，通过劳务输出、就业指导、创业扶持等措施，实现贫困人口脱贫。

第二十二条 各级人民政府及有关部门应当把美丽乡村建设和发展乡村旅游、山地旅游作为精准扶贫的重要途径，推动乡村旅游全域化、特色化、精品化发展，带动贫困人口创业就业，增加贫困人口资产、劳动等权益性收益，实现脱贫致富。

各级人民政府及有关部门应当科学编制乡村旅游扶贫规划，与国民经济和社会发展规划、土地利用总体规划、县域乡镇村建设规划、易地扶贫搬迁规划、风景名胜区总体规划、交通建设规划等专项规划相衔接。

第二十三条 各级人民政府及有关部门应当加强旅游通道、公共服务设施等旅游基础设施建设，建立健全旅游信息咨询、安全保障等服务体系，改善贫困地区旅游发展环境和发展能力；开发形式多样、特色鲜明的乡村旅游产品，开展乡村旅游经营者、能工巧匠传承人、导游、乡土文化讲解员、创新人才等各类实用人才培训和乡村旅游扶贫公益宣传。

创新旅游扶贫投入机制，多渠道支持旅游扶贫开发。省、市州人民政府旅游发展专项资金中应当安排一定比例资金专项用于扶持贫困地区旅游扶贫项目建设。

实行旅游扶贫奖励和扶持制度。县级以上人民政府对带动贫困人口稳定脱贫的旅游经营者给予一定奖励；对到贫困地区发展乡村旅游的经营者、录用有劳动能力贫困人口的旅游经营者和自主开展乡村旅游的贫困户给予贷款贴息、资金补助和其他政策扶持。

第二十四条 建立健全重点景区与贫困村、贫困户利益联结机制和收益分配机制，发挥旅游景区的辐射作用。根据贫困村、贫困户意愿，可以依法采取土地经营权、林权、房屋资产入股或者将财政专项扶贫资金量化为贫困村、贫困户的股金等方式入股参与乡村旅游开发，享受景区门票、停车场等经营收益分红。

第二十五条 县级以上人民政府及其有关部门应当围绕脱贫目标，按照搬得出、稳得住、能致富的要求，根据群众自愿、因地制宜、量力而行、保障基本、规划引领的原则，鼓励和引导居住在深山、石山、高寒、石漠化、地方病多发地区等生存环境差、不具备基本发展条件，以及生态环境脆弱、限制或者禁止开发地区的贫困户易地扶贫搬迁，改善生产生活条件，实现稳定脱贫。

第二十六条 易地扶贫搬迁应当合理确定安置方式和选择安置点，综合考虑水土资源条件、就业吸纳能力、产业发展潜力、公共服务供给能力和搬迁户生活习惯等因素，选择交通便利、基础设施完善的中心村、小城镇、产业园区等进行集中安置或者分散安置。

易地扶贫搬迁应当与其他扶贫措施相衔接，同步做好产业发展、技能培训、劳务输出、社会保障兜底等扶贫工作，完善水、电、路、信息等基础设施和教育、医疗等公共服务配套设施建设。

易地扶贫搬迁方案应当公开征求搬迁户意见，尊重其意愿。搬迁户应当自力更生、积极主动发展生产，鼓励有劳动能力的贫困人口在工程建设中投工投劳。

第二十七条 县级以上人民政府及其有关部门应当加强贫困地区生态建设和环境保护，建立健全生态补偿机制，增加重点生态功能区转移支付。优先实施贫困地区退耕还林、水土保持、天然林保护、防护林体系建设和石漠化综合治理等生态修复工程，加强贫困地区土地整治、饮用水水源保护、污染治理等生态建设。

因地制宜利用山、水、林、田、湖、气候等生态资源发展绿色经济，促进贫困人口增收。有劳动能力的贫困人口可以聘用为护林员等生态保护人员。

第二十八条 县级以上人民政府及其有关部门应当加强贫困地区和贫困人口的基础教育和职业教育，教育经费和师资向贫困地区和贫困人口倾斜，创造良好教育条件；制定和完善建档立卡贫困学生教育精准扶贫资助制度，逐步提高资助标准。

实施乡村教师支持计划和贫困地区定向人才培养计划，完善城市教师到贫困地区支教、任教和城乡教师交流制度，对有贫困地区任教经历或者长期在贫困地区任教的教师，在职称晋升、招考录用、教育培训等方面给予适当倾斜；提高贫困地区教师补助标准，保障贫困地区教师平均工资水平不低于当地公务员平均工资水平。

第二十九条 县级以上人民政府及其有关部门应当保障农村贫困人口享有基本医疗卫生服务，实施健康扶贫工程，防止因病返贫、因病致贫。加强贫困地区县、乡、村三级医疗卫生服务网络标准化建设，制定和完善贫困地区医疗卫生人才定向培养和引进制度，建立城市医疗卫生人员支援贫困地区制度和基层医疗卫生人员激励机制，对有贫困地区医疗工作经历或者长期在贫困地区基层工作的医疗卫生人员，在职称晋升、招考录用、教育培训、薪酬待遇等方面给予适当倾斜。

完善贫困人口大病医疗保障和疾病应急救助制度，建立健全重特大疾病保障机制。县级以上人民政府应当建立基本医疗保险、大病保险、疾病应急救助、医疗救助等制度衔接机制，形成保障合力。

提高参加新型农村合作医疗贫困人口医疗费用报销比例，贫困人口在县域内定点医疗机构住院实行先诊疗后付费，并逐步推行市域、省域先诊疗后付费制度；加强贫困地区传染病、地方病、慢性病防治工作。

第三十条 建立健全省、市、县三级扶贫投融资平台，依法设立脱贫攻坚投资基金和县级扶贫贷款风险补偿基金。

县级以上人民政府通过优惠政策、贴息和风险补偿等措施，鼓励金融机构创新农村金融产品和服务方式，向贫困户发放扶贫小额信贷，发展普惠、特惠贷金融等；鼓励保险机构在贫困地区建立基层服务站点，发展农业特色保险。

第三十一条 县级以上人民政府及其有关部门应当加强贫困地区图书馆、文化馆、体育活动中心等农村文化和体育设施的建设，实施文化、体育扶贫工程。

第三十二条 建立健全与扶贫政策相衔接的城乡居民基本养老保险、医疗保险、医疗救助、最低生活保障、特困人员供养等社会保障制度，逐步提高农村最低生活保障标准，实现农村最低生活保障制度与扶贫开发政策协调一致。

完善以最低生活保障为基础，以特困人员供养、受灾人员救助、医疗救助、教育救助、住房救助、就业救助、临时救助等专项救助为辅助，以社会力量参与为补充的新型社会救助体系，整合救助资源，提高救助标准，实现精准救助。

第三十三条 鼓励通过创新农村集体资产管理、财政资金投入等方式推动扶贫开发，探索实行资源变资产、资金变股金、农民变股东的扶贫开发模式，增加贫困村、贫困户资产收益。

鼓励通过土地经营权流转等方式发展农业适度经营规模。土地经营权流转应当坚持依法、自愿、有偿原则，不得违背承包农户意愿、损害农民权益、改变土地用途、破坏农业综合生产能力和农业生态环境。

县级以上人民政府应当为贫困村、贫困户参与涉农项目投资入股、委托经营、土地流转提供指导和服务，建立健全法律、经营、道德等风险防控机制，依法保障贫困村、贫困户履行股东职责，享有股东知情权、参与权、收益权、监督权、决策权等，保护贫困村、贫困户和生产经营主体的合法权益。

第四章 社会参与

第三十四条 各地区、各行业、各单位应当积极争取中央国家机关、各民主党派中央、全国工商联、中央大型国有企业等定点扶贫部门和单位对本省贫困地区和贫困人口的精准帮扶，促进定点扶贫资源和地方资源相结合，形成扶贫合力。

相关单位应当根据定点扶贫部门和单位的行业特点和资源优势，合理编制定点扶贫规划和年度工作计划，做好定点扶贫部门和单位对本省贫困地区和贫困人口帮扶的对接和落实工作。

第三十五条 县级以上人民政府及其有关部门应当积极争取对口帮扶城市对本省贫困地区和贫困人口的精准帮扶，加强与对口帮扶城市在产业合作、人才交流、劳务协作、园区共建、教育卫生、文化旅游、新农村建设等领域的交流合作。

县级以上人民政府及其有关部门应当根据对口帮扶城市的区域发展特点和资源优势，结合自身实际，合理编制对口帮扶规划和年度工作计划，积极开展东西部扶贫协作，实行对口帮扶定期沟通联络，推动区县结对帮扶、突出帮扶重点、扩宽协作领域、扩大合作成果。

第三十六条　鼓励民主党派、工商联和工会、共青团、妇联等人民团体、群众团体和其他社会组织积极引进项目、资金、人才和技术等参与扶贫开发活动，帮助贫困地区发展教育、科技、文化、卫生等社会事业，改善基础设施条件，促进特色优势产业发展。

第三十七条　建立健全驻村帮扶工作制度，组建驻村帮扶工作队，明确有关部门和单位的扶贫对象、扶贫任务和扶贫目标。

有关部门和单位应当发挥各自优势，组织资金、项目、技术、市场、培训等资源，帮助贫困地区和贫困人口发展经济社会事业。

驻村帮扶工作队负责宣传并协助农村基层组织落实扶贫政策，指导农村基层组织建设和村级集体经济发展，参与资金筹措、信息服务、技术支持等扶贫开发工作。

第三十八条　鼓励公民、法人和其他组织到贫困地区投资兴业、培训技能、吸纳就业、捐资助贫，通过订单采购农产品、共建生产基地、联办农民专业合作经济组织、投资入股、科技承包和技术推广等方式参与扶贫开发活动。

鼓励有条件的企业依法设立扶贫公益基金和开展扶贫公益信托。

第三十九条　鼓励和引导各类社会组织、社会力量捐款捐物，开展助教、助医、助学、助残等扶贫公益活动。

鼓励组建扶贫志愿者队伍、扶贫志愿者网络和服务体系，探索发展公益众筹扶贫。

第四十条　大中专院校、科研院所、医疗机构应当为贫困地区培养人才，组织和支持技术人员到贫困地区服务。

第四十一条　县级以上人民政府应当建立扶贫工作人才库，积极推进金融、农业林业技术、教育、卫生、科技、文化等专业技术人才到贫困地区从事扶贫工作。

鼓励大中专毕业生到贫困地区创业就业；大中专毕业生到贫困地区创业的，按照贫困人口自主创业政策，在项目、资金、智力等方面给予支持。

第四十二条　县级以上人民政府及其有关部门应当加强反贫困领域的国际交流与合作，积极引进项目、资金和技术等，开展扶贫开发项目合作。

第四十三条　建立健全各级人民政府面向市场购买服务机制。扶贫开发项目规划编制、实施、验收、监管、技术推广、信息提供、培训、法律顾问等工作，可以采取市场化方式，按照公开竞争、择优确定的原则由政府面向社会购买服务。

鼓励参与扶贫开发活动的各类主体通过公开竞争的方式承接政府扶贫开发公共服务、承担扶贫开发项目的实施。

第四十四条 对到贫困地区兴办符合国家和本省产业政策的扶贫开发项目的公民、法人和其他组织，实现贫困人口脱贫的，有关部门应当依照国家有关规定优先给予税收优惠、社会保险补贴、职业培训补贴、贷款贴息、资金补助、风险补偿等优惠政策，并依照有关规定减免行政事业性收费。

第四十五条 各级人民政府应当建立健全定点扶贫、对口扶贫等社会参与帮扶定期沟通、协调和联络机制，协调解决相关问题。

第四十六条 各级人民政府应当采取措施提高社会参与扶贫资源配置和使用效率，通过社会扶贫援助方和求助方信息发布与互动救助网络平台，及时发布供求信息，推动社会扶贫资源供给与扶贫需求有效衔接，实现援助人对求助人精准帮扶。

第五章 扶贫项目和资金管理

第四十七条 扶贫项目主要分为：

（一）产业扶贫项目；

（二）扶贫对象基本生产生活条件改善项目；

（三）扶贫对象能力培训项目；

（四）其他扶贫项目。

扶贫资金主要包括：

（一）财政专项扶贫资金；

（二）社会捐赠资金；

（三）定点扶贫和对口帮扶资金；

（四）其他用于扶贫开发的资金。

财政专项扶贫资金按照使用方向分为发展资金、以工代赈资金、易地扶贫搬迁资金、少数民族发展资金、国有贫困农场扶贫资金、国有贫困林场扶贫资金、扶贫贷款贴息资金等。

第四十八条 财政专项扶贫发展资金按照目标、任务、资金和权责到县的原则，项目由县级人民政府负责审批。省财政、扶贫开发等部门应当做好规划、管理、协调、指导、服务和监督工作，县级人民政府及其有关部门应当按照规划和项目投向使用。

建立财政涉农资金县级整合机制。县级人民政府应当围绕突出问题，以摘帽销号为目标，以脱贫成效为导向，以脱贫攻坚规划为引领，以重点扶贫项目为平台，根据需要把目标相近、方向类同的财政涉农资金统筹整合使用，带动金融资本和社会帮扶资金投入扶贫开发，提高资金使用精准度和效益。

第四十九条　县级人民政府应当根据本行政区域发展情况与脱贫攻坚规划，建立完善扶贫项目库，并按照规定程序报扶贫项目管理部门备案。

县级扶贫项目管理部门应当编制年度项目申报指南，并在本级政府门户网站公开发布。

申报扶贫项目，由乡镇人民政府、街道办事处（社区）按照年度扶贫项目申报指南要求编制项目申报书，并按照规定程序向县级扶贫项目管理部门申报。项目申报书应当如实载明项目区扶贫对象受益方式及情况。

第五十条　到村到户扶贫项目的立项、设计、实施，应当公开征求受益贫困户的意见，尊重其意愿。

项目申报单位不得虚构或者伪造扶贫项目，除续建项外，已批复的项目不得以相同内容向有关部门重复申报。

第五十一条　扶贫项目批准立项后，项目申报单位应当根据项目立项批复编制项目实施方案，报原审批部门同意。

扶贫项目应当按照批准的实施方案组织实施，任何单位和个人不得擅自变更；确需变更扶贫项目实施方案的，除本条例第四十八条第二款规定的情形外，应当报原审批部门同意。

第五十二条　对主要使用财政专项扶贫资金的扶贫项目，项目实施单位一般为项目申报单位。在建立贫困村、贫困户利益联接机制，确保贫困人口受益并征得其同意后，可以委托村民委员会、村级集体经济组织实施，或者协议由扶贫龙头企业、农民专业合作社或者专业大户实施。项目实施用工应当优先安排贫困人口。

第五十三条　扶贫项目批准立项后，县级人民政府和乡镇人民政府、街道办事处（社区）应当在10日内通过本级政府门户网站或者当地主要媒体公开项目资金名称、规模、来源、用途、使用单位、分配原则、分配结果等相关信息。

项目实施单位应当按照扶贫项目建设管理的有关规定开工建设项目，并在开工建设后10日内建立公示牌，公开项目名称、建设内容、实施单位及责任人、实施地点、实施期限、资金来源、资金构成及规模、政府采购及招投标情况、预期目标、受益农户、主管部门监督投诉方式等情况。

第五十四条　扶贫项目应当实行项目法人责任制、合同管理制、质量和安全保证制、公示公告制、项目档案登记制、竣工验收制、绩效评估制，并依法进行环境影响评价。

第五十五条 扶贫项目管理部门应当指导项目实施单位实施扶贫项目，并组织有关部门或者委托有相应资质的第三方对竣工项目进行验收。验收应当邀请受益贫困户代表参加。

产业扶贫项目和扶贫对象基本生产生活条件改善项目竣工验收后，由扶贫项目管理部门或者项目所在地县级人民政府和乡镇人民政府、街道办事处（社区）帮助受益地区或者扶贫对象建立管护制度，明确管护责任和相关权利义务。

实施扶贫项目所形成的各类资产权益依法受到保护。任何单位和个人不得损坏、非法占用或者变卖扶贫项目设施、设备和资产。

第五十六条 建立健全扶贫项目信息化管理机制，依托精准扶贫大数据管理平台，对扶贫项目立项、审批、实施、验收、监督、评估等进行全过程精准管理。

第五十七条 县级以上人民政府应当在本级财政预算中安排一定规模的财政专项扶贫资金，并建立与脱贫攻坚任务相适应的财政专项扶贫资金投入增长机制。省级财政每年安排的财政专项扶贫资金规模应当达到中央补助我省财政专项扶贫资金规模的30%以上。

在脱贫攻坚期内，省、市州和贫困县分别按照当年地方财政收入增量的15%增列专项扶贫预算，各级财政当年清理回收可以统筹使用的存量资金中50%以上用于扶贫开发。

第五十八条 财政专项扶贫资金主要用于：

（一）产业扶贫、资产收益扶贫和扶贫产业政策性保险补助；

（二）扶持农民专业合作社、村级集体经济组织；

（三）扶贫贷款贴息和小额扶贫贷款风险补偿；

（四）扶贫对象培训和资助、扶贫工作人员培训；

（五）扶贫对象基本生产生活条件改善；

）扶贫对象新型农村合作医疗和城乡居民基本养老保险等个人缴费部分的补助；

（七）其他与扶贫开发相关的支出。

第五十九条 各级财政部门应当设立财政专项扶贫资金专户，做到专账核算、封闭运行、专款专用。

扶贫项目实施单位应当设立财政专项扶贫资金核算专账，按照国家有关财政专项扶贫资金财务管理制度实施管理。

扶贫开发、发展改革、民族宗教、农业、林业、残联等部门或者单位分别会同财政部门，根据扶贫政策，制定年度财政专项扶贫资金使用计划，按照程序上报审定。

第六十条　财政专项扶贫资金实行谁使用谁报账的原则，扶贫开发部门负责支出审核，财政部门负责复核审核，以乡级报账为主，财政、扶贫开发部门应当按照扶贫项目实施进度及时拨付财政专项扶贫资金。

第六十一条　财政、扶贫开发部门可以建立财政专项扶贫资金有偿使用、滚动发展、先建后补机制。

财政专项扶贫资金实行先建后补的，应当建立贫困村、贫困户利益联接机制，并主要用于农业生产发展。

第六十二条　财政部门应当对财政专项扶贫资金的拨付、使用、报账和管理实行全程监控。

财政和扶贫项目管理部门应当建立扶贫资金使用情况信息平台，公开年度扶贫资金安排数量、来源、项目安排去向、项目实施单位、受益群体以及实施效益等内容。

财政专项扶贫资金使用管理按照国家和本省有关规定实行绩效评价制度。

第六十三条　定点扶贫和对口帮扶资金由帮扶单位根据帮扶对象的实际需要确定用途。

社会捐赠资金应当按照捐赠者的意愿安排使用，使用情况应当向捐赠者反馈，并依法进行管理和监督。

第六十四条　对本省行政区域内武陵山区、乌蒙山区、滇桂黔石漠化地区和麻山、瑶山、月亮山等集中连片特殊困难地区以及革命老区、少数民族地区和人口数量较少民族实行重点帮扶，扶贫项目和资金优先予以保障，推进规模化、区域性、产业化连片开发。

第六章　保障和监督

第六十五条　省级财政根据本级预算安排的财政专项扶贫资金规模（不含扶贫贷款贴息资金），按照2%的比例提取扶贫项目管理费，并由省扶贫开发部门会同财政部门按照程序主要安排到县，专门用于扶贫规划编制、项目管理、检查验收、成果宣传、档案管理、项目公告公示、报账管理等方面的经费开支，不得用于机构、人员开支等。

除前款规定情形外，禁止从中央和省级财政补助地方财政专项扶贫资金中提取任何费用。

各种扶贫资金不得用于规定以外的地区，不得用于地方其他建设，不得用于与扶贫无关的项目。

第六十六条 省人民政府应当建立健全全省统一的精准扶贫大数据管理平台，为本省扶贫工作提供信息技术支撑，实现各级各部门数据交换、联通与共享，推动扶贫工作动态化、数字化、常态化精准管理。

逐步通过大数据实现识别对象、帮扶措施、项目安排、资金管理、退出机制、监督管理、考核评价等精准化。

第六十七条 各级人民政府应当将农村扶贫与农村基层组织建设相结合，加强对贫困村村民委员会的建设和指导，帮助建立和发展村级集体经济组织，建立健全章程、财务会计和收益分配等制度，增强其带领村民自力更生、脱贫致富的发展能力。

第六十八条 县级以上人民政府及其有关部门应当对扶贫项目的建设用地给予优先保障，新增用地计划指标优先满足扶贫项目建设用地需求。

合理调整贫困地区基本农田保有量指标，贫困地区的城乡建设用地增减挂钩结余指标可以在全省范围内流转使用。

第六十九条 县级以上人民政府及其有关部门应当加强扶贫诚信体系建设，建立和完善项目管理、资金使用等扶贫脱贫全过程诚信记录及违法信息归集、共享和公开机制，实行守信激励和失信惩戒。

对申报、实施扶贫项目的单位或者组织以及贫困户建立信用档案，实行诚信等级评定。

第七十条 建立健全扶贫工作激励机制。对通过勤劳致富稳定实现脱贫的贫困人口以及在扶贫开发工作中成效显著、有突出贡献的单位和个人，按照国家有关规定给予表彰和奖励。符合条件的，可以授予相应荣誉称号；对国家工作人员在晋职、晋级、立功、职称评定、评先推优等方面应当给予优先考虑；对高等院校、科研院所等事业单位在单位评级、经费投入、学科或者重点实验室建设等方面给予优先考虑。

第七十一条 建立健全扶贫开发工作重大决策机制，完善公众参与、专家论证、风险评估、合法性审查、集体讨论决定等法定程序，确保决策制度科学、程序规范、过程公开、责任明确。

对扶贫开发工作可能产生较大影响的重大政策和项目，应当由县级以上人民政府或省扶贫工作领导机构组织开展贫困影响评估。

第七十二条 建立独立、公正、科学、透明的扶贫成效第三方评估机制，可以委托有关科研机构和社会组织，采取专项调查、抽样调查和实地核查等方式，对各级人民政府、有关部门和单位的扶贫成效进行评估。

第七十三条 县级以上人民政府统计部门和扶贫开发部门应当建立扶贫

开发监测、统计体系,加强对贫困状况、变化趋势、资金使用和扶贫成效的监测评估,联合发布贫困地区扶贫情况,准确反映贫困状况和贫困人口变化趋势。

第七十四条 建立重大扶贫项目督办制度。县以上扶贫开发部门应当会同发展改革、财政、教育、农业、交通运输、水利等部门,建立年度脱贫攻坚重大项目明细台账,明确完成时限、完成效果和责任人,实行重点督办并向社会公开,接受社会监督。

第七十五条 县级以上人民代表大会常务委员会、乡镇人民代表大会应当将扶贫工作作为监督的重要内容,每年听取有扶贫任务的同级人民政府扶贫工作专项工作报告。

县级以上人民代表大会常务委员会、乡镇人民代表大会主席团应当围绕扶贫工作,组织代表深入贫困县、贫困乡镇、贫困村开展集中视察和专题调研,了解脱贫攻坚工作开展情况,广泛听取民意,向有关部门和单位提出脱贫攻坚意见和建议。

支持民主党派对精准扶贫、精准脱贫全过程开展监督。

第七十六条 县级以上人民政府应当建立健全扶贫开发考核机制,优化细化扶贫成效考核指标,实行分级考核、排名公示和结果通报制度,将扶贫政策落实情况及目标任务完成情况作为各级人民政府和有关部门及其主要负责人考核评价的重要内容。

易地扶贫搬迁考核应当将脱贫成效、住房建设标准、工程质量、资金使用、搬迁户负债情况等作为重要内容。

对口帮扶实行双向考核,按照国家有关规定建立健全考核机制。

第七十七条 县以上扶贫开发、财政、审计、监察等有关部门应当定期对扶贫资金、项目进行审计和监督检查。

审计和监督检查扶贫资金、项目时,有关单位和个人应当予以配合,如实提供有关情况和资料。

任何单位和个人不得滞留、截留、挪用、侵占和贪污扶贫资金。

第七十八条 在扶贫对象精准识别和脱贫认定工作中,任何单位和个人不得采取弄虚作假或者胁迫等不正当手段,骗取扶贫政策待遇。

第七十九条 扶贫政策、项目、资金实行省、市、县、乡、村五级公告公示制度,纳入政务公开、村务公开范围向社会公开,接受社会监督。

第八十条 鼓励新闻媒体加强对各地各部门扶贫政策的落实、扶贫项目的实施、扶贫资金的使用等扶贫开发工作的监督。

第八十一条 村民会议、村民代表会议、村务监督委员会和村民有权对本村扶贫项目资金使用情况及使用效益进行监督，有关部门和单位应当创造便利条件。

第八十二条 任何单位和个人有权对扶贫工作中的违纪、违法、违规行为和相关人员的不作为、乱作为进行举报。有关单位应当及时进行调查核实，并依法、依规予以处理。

各级人民政府应当设立扶贫专线，接受社会各界关于扶贫工作的建议、投诉和举报，并将受理问题的处理情况及时公布。

第七章　法律责任

第八十三条 在扶贫对象精准识别工作中不作为、乱作为，未按照规定程序及时将符合条件的农村居民纳入扶贫对象或者故意将不符合条件的农村居民纳入扶贫对象的，对直接负责的主管人员和其他直接责任人员依法给予处分。

在脱贫认定工作中虚报数据、虚构事实，或者违反脱贫认定标准和程序的，对直接负责的主管人员和其他直接责任人员依法给予处分；造成恶劣影响或者其他严重后果的，对其主要负责人应当给予责令辞职、引咎辞职、免职等处理。

第八十四条 违反本条例第四十八条第二款规定，不符合财政涉农资金整合条件进行资金整合或者整合资金未用于扶贫开发的，对直接负责的主管人员和其他直接责任人员依法给予处分。

第八十五条 违反本条例第五十条第二款规定，虚构或者伪造扶贫项目，尚不构成犯罪的，由扶贫项目管理部门依法取消该项目，并配合财政部门追回已拨付项目资金，对直接负责的主管人员和其他直接责任人员由有关部门依法给予处分；重复申报相同内容的扶贫项目的，由扶贫项目审批单位责令限期改正或者提出处理建议。

第八十六条 违反本条例第五十三条第一款规定的，由上一级人民政府责令限期改正；逾期不改正的，予以通报，并按照有关规定处理。

违反本条例第五十三条第二款规定的，由有关部门责令限期整改，并按照有关规定处理。

第八十七条 违反本条例第五十五条第三款规定，损坏、非法占用或者变卖扶贫项目设施、设备和资产，尚不构成犯罪的，由县以上扶贫开发部门或者有关部门责令限期改正，对直接负责的主管人员和其他直接责任人员依法给予处分；造成损失的，依法赔偿损失。

第八十八条 违反本条例第七十七条第三款规定，滞留、截留、挪用、侵占和贪污扶贫资金，尚不构成犯罪的，对直接负责的主管人员和其他直接责任人员依法给予处分。

第八十九条 违反本条例第七十八条规定，弄虚作假，骗取扶贫政策待遇的，由有关部门列入诚信黑名单进行管理并取消其受助资格；获取经济利益的，由有关部门依法追回，并追究相关责任人的责任；造成损失的，依法赔偿损失。

第九十条 各级人民政府、扶贫开发等有关部门、其他有关国家机关、国有企业事业单位及其工作人员在扶贫开发工作中有下列情形之一的，按照国家和本省有关规定进行行政问责：

（一）经批准列入脱贫计划，未在规定时限内实现脱贫或者未完成年度脱贫攻坚任务的；

（二）未执行脱贫攻坚政策或者违反扶贫项目、资金管理相关规定的；

（三）决策失误或者工作失职，造成严重后果的；

（四）未建立与脱贫攻坚任务相适应的机构和资金保障机制的；

（五）扶贫成效考核中问题严重的；

（六）滥用职权、玩忽职守、徇私舞弊或者有其他不作为、乱作为情形的；

（七）干扰、阻碍对扶贫工作的监督检查或者弄虚作假、隐瞒事实真相的；

（八）其他不履行或者不正确履行扶贫工作职责的。

第九十一条 违反本条例规定的其他违法行为，有关法律、法规有处罚规定的，从其规定。

第八章 附 则

第九十二条 本条例自 2016 年 11 月 1 日起施行。2013 年 1 月 18 日贵州省第十一届人民代表大会常务委员会第三十三次会议通过的《贵州省扶贫开发条例》同时废止。